CAHIERS D'ÉCONOMIE POLITIQUE

HISTOIRE DE LA PENSÉE ET THÉORIES

54

2008

Publié avec le concours du CNRS, de l'université de Paris X Nanterre et de l'Institut d'Etudes Politiques de Lille

5-7, rue de l'Ecole polytechnique ; 75005 Paris

http://www.librairieharmattan.com
diffusion.harmattan@wanadoo.fr
harmattan1@wanadoo.fr

ISBN : 978-2-296-06063-0
EAN : 9782296060630

Les *Cahiers d'économie politique* sont ouverts à l'ensemble des sensibilités qui traversent la science économique. Depuis 1974, leur originalité est de montrer que l'étude des auteurs passés et les débats actuels en analyse économique peuvent mutuellement s'enrichir. Leur ambition est d'être un lieu privilégié pour les discussions théoriques qui prennent en compte toute la dimension historique de la discipline économique.

Page Web : http://phare.univ-paris1.fr/cep/

Éditeur : Éditions L'Harmattan, 5-7 rue de l'École Polytechnique, 75005 PARIS, Tél. : 01 40 46 79 10, Télécopie : 01 43 25 82 03
Adresse Internet : http://www.editions-harmattan.fr

Recommandations aux auteurs

Tout projet d'article doit être envoyé en trois exemplaires à l'adresse suivante : Cahiers d'Economie Politique, 142 rue du faubourg Saint-Martin, 75010 Paris, France, et sous forme électronique au format Word à cahiers_eco_po@laposte.net

Le projet d'article doit être un texte original, n'ayant pas déjà été publié ailleurs. De plus, l'auteur s'engage à ne pas soumettre son texte à une autre revue durant un délai de 3 mois.

Sur la première page de chaque exemplaire ne doit figurer en haut et à gauche que le nom, le prénom, la qualité de l'auteur, le nom de l'institution à laquelle il appartient, ainsi que l'adresse, le téléphone, le fax et le courrier électronique où il peut être contacté, puis deux lignes en dessous, mais centré, le titre de l'article. Au-delà de la première page, l'auteur veillera à n'introduire aucun indice qui permette de l'identifier.

Sur la seconde page doit le titre de l'article, suivi de deux résumés, l'un en français et l'autre en anglais, et, le cas échéant, un résumé dans la langue de l'auteur, si celle-ci n'est ni le français, ni l'anglais. Ces résumés seront placés dans l'ordre suivant: résumé en français, résumé en anglais et, le cas échéant, l'autre résumé. L'auteur indiquera également la classification J.E.L. de l'article.

La liste des références bibliographiques doit être disposée à la fin du corps du texte. Les références doivent être classées par ordre alphabétique d'auteur, et pour chaque auteur par ordre chronologique, selon les règles données en exemple ci-dessous:

> Addison Peter T. et Torrance Albert S. (1980a), « A propos de la notion d'inflation », *Cahiers d'économie politique*, no 10, pp. 140-156
>
> Addison John T. and Torrance Thomas S. (1980b), *La nouvelle macroéconomie*, Paris, PUF.
>
> Hume David (1987) [1752], *Essays Moral, Political and Literary*, Indianapolis, Liberty Classics.

Les renvois bibliographiques dans le corps du texte, comme dans les notes de bas de page, doivent avoir la forme suivante:

> Comme cela est bien connu depuis le XVIIIème siècle (Hume 1987, p. 34)...

Les notes de bas de page sont numérotées sur l'ensemble de l'article.

Si son projet d'article est accepté par le Comité de rédaction de la revue, l'auteur s'engage:

1° **à fournir un fichier informatique** de son texte au format Word pour Windows.

2° **à mettre son texte en forme** selon les normes typographiques qui lui seront alors fournies.

SOMMAIRE

LE MODÈLE KEYNÉSIEN (1937) DE JAMES MEADE : STABILITÉ ET FLEXIBILITÉ DES SALAIRES

Michaël ASSOUS[1]

Résumé

L'étude porte sur le modèle keynésien de Meade de 1937. Son objectif est de montrer qu'il préfigure les travaux (Kalecki (1944), Tobin (1975)) qui récusent l'idée que la rigidité des salaires monétaires est la marque distinctive des modèles keynésiens. Partant de l'article de Peter Rappoport (1992), elle montre notamment que le modèle de Meade, parce qu'il repose sur un traitement original des anticipations, permet de mettre en évidence des situations dans lesquelles l'ajustement à la baisse des salaires monétaires peut réduire l'emploi.

La première section rend compte de la manière dont Meade amende l'analyse de l'investissement de Keynes. Alors que Meade ne connaissait certainement pas la critique que Kalecki adresse à l'analyse de l'investissement de Keynes (1936), les modifications qu'il propose constituent une réponse. Dans une deuxième et troisième section, l'étude montre que ce modèle permet de décrire des situations où partant d'une situation d'équilibre de sous-emploi instable à salaire fixe, des ajustements des salaires monétaires à la baisse réduisent l'emploi.

Abstract

The present study centres on Meade's Simplified Keynesian Model (1937) presented in 1936. The objective of this paper is to show that Meade's model foreshadows the studies (Kalecki (1944), Tobin (1975)) which refute wage rigidity as the benchmark between Keynesian and Classical models. In particular, developing upon Peter Rappoport's paper (1992), we show Meade's model, by emphasising the role and the nature of expectations displays cases in which falling money wages decrease employment.

The first section relates Meade's expectation treatment to Keynes discussion of investment. The analysis then shows Meade's model can be interpreted as a response to a critique Kalecki made in his 1936 review of the *General Theory* that Meade certainly did not know. Section II and III then show this model allows displaying cases in which, starting from an unstable position of unemployment equilibrium with fixed money wages, falling money wages are accompanied by falling output.

Classification JEL : B22, E12

---

1. PHARE, Université de Paris 1 Panthéon-Sorbonne, Maison des Sciences Économiques, bureau 326, 106-112, boulevard de l'Hôpital, 75647 Paris cedex 13. E-mail : michael.assous@univ-paris1.fr.Une première version de ce papier a été présentée à l'université d'été en Histoire de la Pensée et Méthodologie Économique de Nice, en 2004, et à la journée d'étude du CLERSE et de l'ADEK à Paris, en 2004. Il a aussi été présenté dans les séminaires externes de l'Université de Saint Etienne et de l'Université de Marne-La-Vallée. L'auteur remercie vivement Carlo Benetti, Alain Béraud, Claude Marguet et les deux rapporteurs anonymes des *Cahiers d'Économie Politique* pour leurs remarques et suggestions et tout particulièrement Antoine Rebeyrol pour son aide précieuse. L'auteur reste évidemment seul responsable des omissions et erreurs qui pourraient exister.

INTRODUCTION

L'objectif de cet essai est de revisiter le modèle keynésien de Meade (1937). Meade le présente pour la première fois en 1936 au meeting de l'*Econometric Society* dans une session consacrée à la *Théorie générale* de Keynes à laquelle Hicks était également présent pour exposer son célèbre article "M. Keynes et les 'Classiques'". Ces deux modèles sont très proches. Comme Hicks, Meade décrit une économie à deux secteurs de production : le secteur des biens d'investissement et le secteur des biens de consommation, dans laquelle, d'une part, le taux de salaire monétaire est donné et, d'autre part, la demande de monnaie, conformément à l'analyse keynésienne de la préférence pour la liquidité, dépend du taux d'intérêt. Pourtant, ces deux modèles ne sont pas identiques : de profondes différences existent, la plus importante relevant sans doute du traitement des anticipations. Meade admet que les profits courants conditionnent les perspectives de profit des entreprises et montre que la stabilité de l'équilibre keynésien dépend de l'élasticité des profits anticipés vis-à-vis des profits courants. Cette différence est d'une importance cruciale en ce qui concerne l'analyse du chômage. C'est elle qui permet au modèle de Meade de s'interroger sur les conditions permettant de retrouver deux propositions développées par Keynes notamment dans le chapitre 19 de la *Théorie générale*[2] : 1) pour un niveau donné des salaires monétaires, l'économie peut être bloquée dans une position stable caractérisée par du chômage 2) partant de cette situation, un ajustement des salaires à la baisse est susceptible de rendre l'économie instable et de réduire l'emploi.

Dans un premier temps, cette étude rendra compte de la manière dont Meade se démarque de Keynes en proposant d'endogénéiser les anticipations de long terme, s'inscrivant en réalité dans le prolongement de la critique que Kalecki adresse à l'analyse de l'investissement de Keynes. Dans un second temps, l'étude proposera une représentation graphique de l'équilibre du modèle de Meade afin de mieux analyser sa stabilité. Enfin, les conditions dans lesquelles un ajustement à la baisse des salaires monétaires est susceptible de provoquer des baisses de la production globale et de l'emploi seront examinées.

---

2. Ironiquement, il semble que ce soit précisément ces caractéristiques à partir desquelles ces propositions peuvent être déduites qui ont conduit à délaisser la formalisation de Meade. Frisch et Tinbergen notamment se sont interrogés sur la validité de l'analyse de la stabilité de Meade. Leurs réticences ont sans doute contribué au succès de l'approche de Hicks. La correspondance entre Frisch et Meade à ce propos est éclairante. Dans une lettre du 8 octobre 1936, Frisch écrit : "I was much interested in your paper on the stability question in connection with Mr. Keynes' system. If the definition and the fundamentals of the stability situation could be discussed in more exact terms than those you use in your paper, I think the paper would be an excellent one and I should be very glad to see it appear in *Econometrica*. I feel rather definitely, however, that before it appears a thorough-going overhauling ought to be made, particularly with a view to bringing out the exact meaning stability and the assumptions under which your conclusions hold good. May I suggest that you discuss this matter with Marshak?' (Young, 1987 : 37). Cependant, Meade ne modifiera pas son analyse de la stabilité, préférant publier son article dans la *Review of Economic Studies*.

D'autres études, notamment celle de Darity et Cotrell (1987) et celle de Peter Rappoport (1992) ont montré que le modèle de Meade était plus fidèle à l'esprit de la *Théorie générale* que celui de Hicks. Darity et Cotrell considèrent les anticipations comme exogènes à partir d'un modèle bisectoriel. Peter Rappoport considère que les anticipations sont endogènes mais raisonne à partir d'un modèle amendé réduit à un secteur de production. Ici, l'étude prend en compte simultanément le caractère endogène des anticipations et le caractère bisectoriel de l'économie.

1. LES ANTICIPATIONS DE LONG TERME ET L'ANALYSE DE L'INVESTISSEMENT

L'analyse de l'investissement de Meade est proche de celle de Keynes. À l'équilibre :

> 'The rate of interest equals the marginal efficiency of capital. We shall suppose that the same yield is expected in each future year on a unit of capital installed now and that this expected yield depends solely upon the profits being made at present in industry — a rise in present profits causing some rise in the yield expected in future years. The expected annual yields divided by the current cost price of a unit of capital goods is the rate at which we must discount the future annual yields to make the present value of a unit of capital equal to its present supply price; and in equilibrium this must equal the current rate of interest." (Meade 1937 :80)

Pour bien mesurer la signification de cette relation d'équilibre entre le taux d'intérêt et l'efficacité marginale du capital, il est utile de la rapprocher de l'analyse keynésienne de la décision d'investir fondée sur les concepts marshalliens de prix d'offre et de prix de demande du capital. Le prix d'offre du capital est le prix qui est juste suffisant pour décider un producteur à produire une unité supplémentaire de ce capital. Keynes appelle efficacité marginale du capital le taux d'escompte qui égalise la valeur présente actualisée des rendements nets attendus de ce capital avec le prix d'offre courant d'une unité de capital. L'efficacité marginale du capital est donc un taux d'escompte, ρ, tel que :

$$\sum_{j=0}^{n} \frac{\pi_{t+j}}{(1+\rho)^j} = p_{i\,t}^{s}$$

où π_{t+j} représente le rendement net attendu au temps $t+j$, $p_{i\,t}^{s}$ le prix d'offre du capital au temps t et n la durée de vie de ce capital.

Le prix de demande du capital est quant à lui la valeur présente des rendements nets attendus de ce capital escomptés par le taux d'intérêt courant. Au temps t, le prix de demande $p_{i\,t}^{d}$ du capital i, se définit donc :

$$p^d_{i\,t} = \sum_{j=0}^{n} \frac{\pi_{t+j}}{(1+r)^j}$$

où r représente le taux d'intérêt qui est supposé donné.

Keynes admet qu'en raison des rendements décroissants, le rendement escompté du capital diminue lorsque sa quantité augmente. En désignant par i la quantité de capital, on aboutit ainsi à la fonction de prix de demande du capital $p_i^d = p_i^d(i,r)$ décroissante par rapport à la quantité de capital et par rapport à son autre argument, le taux d'intérêt. Le prix d'offre du capital est quant à lui fonction croissante de sa quantité en raison des rendements décroissants des entreprises[3] (il serait constant dans le cas limite de constance des rendements d'échelle). On aboutit ainsi à la fonction de prix d'offre du capital $p_i^s = p_i^s(i)$ croissante par rapport à la quantité de capital.

L'équilibre sur le marché du capital impose l'égalité du prix de demande de ce bien et du prix d'offre correspondant donnée par l'égalité $p_i^s(i) = p_i^d(i,r)$ représentée sur la Figure 1 à l'intersection des courbes de prix de demande et de prix d'offre.

Figure 1: Une représentation de l'analyse de l'investissement de Keynes (chapitre 11 de la *Théorie generale*)

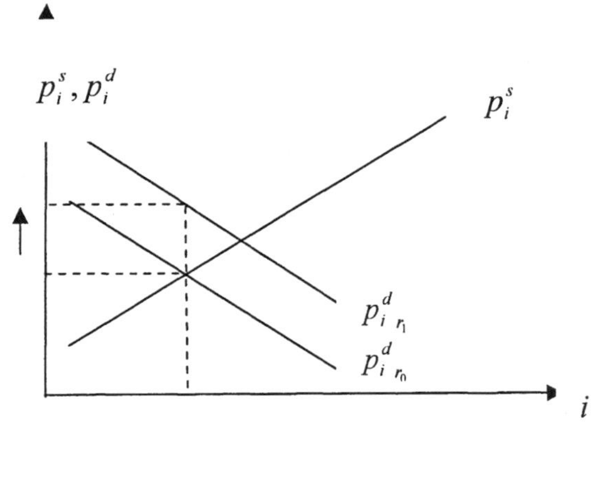

3. 'If there is increase investment in any given type of capital during any period of time, the marginal efficiency of that type of capital will diminish as the investment in it is increased... because, as a rule, pressure on the facilities for producing that type of capital will cause the supply price to increase' [Keynes 1936: 136]

Cette présentation graphique met en évidence un point essentiel de l'analyse de l'investissement de Keynes : les conditions de production du capital - représentées par la pente de la courbe de prix d'offre - jouent un rôle aussi déterminant dans la détermination du niveau d'investissement que les conditions d'utilisation de ce capital - représentées par la pente de la courbe de prix de demande. Admettons en effet que le taux d'intérêt baisse. L'équilibre est rétabli à la fois par une baisse du prix de demande et une hausse du prix d'offre. L'économie glisse en effet vers la droite le long de la nouvelle courbe de prix de demande et de la courbe de prix d'offre initiale jusqu'à atteindre le nouvel équilibre.

Considérons maintenant la proximité entre l'analyse de Meade et cette analyse de l'investissement. D'après ce qui précède, quand l'efficacité marginale du capital, ρ, est égale au taux d'intérêt, r, le prix de demande du capital, $p^d_{i\ t}$, est égal au prix d'offre du capital, $p^s_{i\ t}$. Quand la durée de vie du capital est infinie, $n \to \infty$, et que π^a représente les rendements attendus de ce capital, on obtient la condition d'équilibre de Meade.

$$p_i^s = \frac{\pi^a}{r}$$

Jusque là, à la différence près qu'elle suppose un flux de revenus infini et stationnaire, l'analyse de Meade est identique à celle de Keynes. Elle s'en démarque cependant nettement quand elle suppose, contrairement à Keynes, que les anticipations de profit sont endogènes et dépendent des profits courants. Grâce à cette modification, il est intéressant de voir que l'analyse de l'investissement de Meade ne tombe pas sous le coup de la critique que Kalecki (1936) avait adressée à Keynes dans son compte rendu de la *Théorie générale*. Pour Kalecki, il est en effet incorrect de supposer que pendant le processus d'ajustement qui conduit à l'équilibre entre le taux d'intérêt et l'efficacité marginale du capital, les anticipations de long terme ne seront pas modifiées.

> 'Let us assume that the rate of investment has really, say, risen so much that the new level of investment prices and the *initial* [souligné par l'auteur] state of expectations give a marginal efficiency equal to the rate of interest. The increase of investment, however, will cause not only the prices of investment goods to rise, but also a rise of prices (or, more precisely, the upward shift of marginal revenue curves) and employment in all branches of trade. Thus, because the 'facts of the existing situation enter, in a sense disproportionately, into the formation of our long-term expectations', the state of expectations will improve and the marginal efficiency of assets appears again higher than the rate of interest. Conse-

quently equilibrium is not reached and investment continues to rise.' (Kalecki (1990) :538)[4]

Pour Kalecki, les anticipations de long terme ne resteront donc pas inchangées pendant le processus d'ajustement du marché du capital. Keynes indique en effet au chapitre 12 de la *Théorie générale* que les anticipations de long terme sont de nature conventionnelle et précise qu'elles résultent de manière déterminante de l'extrapolation du présent vers le futur. Si ces anticipations réagissent donc aux variations de l'investissement, l'efficacité marginale du capital devra donc varier et l'équilibre de courte période, relativement aux anticipations initiales, sera perturbé :

> "we see now that the Keynesian conception, which tells only how great investment will be if the given disequilibrium changes into an equilibrium, encounters a difficulty in this respect also, for it appears that the rise of investment does not lead to equilibrium at all (in any case, not to immediate equilibrium).' (Kalecki 1937 (1990): 539)[5]

Pour Kalecki, il s'agit donc de décrire les ajustements du marché du capital en tenant compte de la modification des anticipations de long terme des investisseurs.

Ainsi, l'analyse de Meade ne tombe pas sous le coup de la critique de Kalecki dans la mesure où la courbe de prix de demande du capital tient compte de l'influence des profits courants sur les profits anticipés mesurée par l'élasticité des profits anticipés vis-à-vis des profits courants. Pour une valeur élevée de l'élasticité d'anticipation, Meade est notamment en mesure d'envisager le cas où la courbe de prix de demande est croissante. Si la pente de la courbe de prix de demande est plus forte que la pente de la courbe de prix d'offre, pour un ajustement par les quantités, l'équilibre devient instable. L'analyse graphique permet ici d'illustrer cette situation d'instabilité.

---

4. "Admettons que le taux d'investissement s'est effectivement élevé à un niveau tel que le nouveau prix des biens d'investissement, conjointement à l'état initial [souligné par Kalecki] des anticipations, détermine une efficacité marginale égale au taux d'intérêt. Toutefois, l'augmentation de l'investissement entraînera non seulement une augmentation du prix des biens d'investissement mais aussi une augmentation des prix (ou plus précisément le déplacement vertical des courbes de revenu marginal) et de l'emploi dans toutes les industries. Etant donné que "les faits de la situation présente jouent un rôle disproportionné dans la formulation de nos anticipations à long terme", l'état de nos anticipations s'améliorera et l'efficacité marginale des actifs sera plus élevée que le taux d'intérêt. Par conséquent, l'équilibre n'est pas atteint et l'investissement continue de croître." (Kalecki, 1990 : 538)

5. "Nous pouvons à présent constater que la conception keynésienne, qui nous indique seulement quel sera le niveau de l'investissement si le déséquilibre donné se transforme en équilibre, rencontre une difficulté sur ce point, car il apparaît que l'augmentation de l'investissement ne conduit pas du tout à un équilibre (et en tout cas, pas à un équilibre immédiat)." (Kalecki, 1990 : 539).

Figure 2 : Instabilité de l'équilibre quand les anticipations de long terme sont endogènes

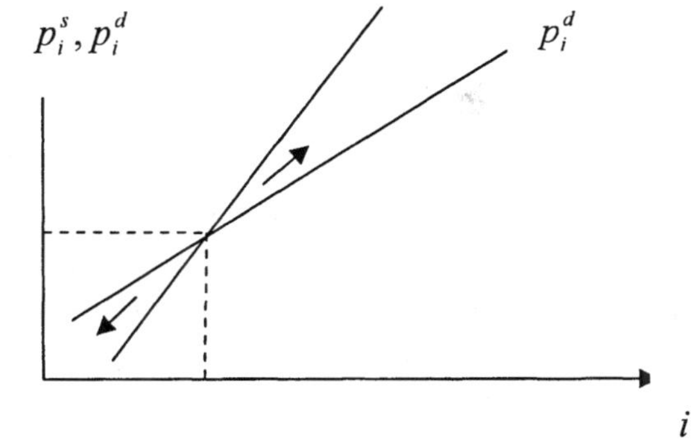

Cette analyse de l'investissement de Meade a permis d'avoir une première approche des relations entre le traitement des anticipations et la question de la stabilité. Afin de rechercher en quoi ce traitement des anticipations joue un rôle dans l'analyse du chômage, il est nécessaire de considérer le modèle de Meade dans sa totalité. L'analyse graphique sera un des moyens d'y parvenir.

2. Le modèle de Meade (1937)

Meade représente le modèle de la *Théorie générale* par le système d'équations suivant.

$$i = f_i(n_i) \qquad (1)$$

$$c = f_c(n_c) \qquad (2)$$

$$W = p_i^s f_i'(n_i) \qquad (3)$$

$$W = p_c f_c'(n_c) \qquad (4)$$

$$Y = p_c c + p_i^s i \qquad (5)$$

$$Y = \pi + Wn \qquad (6)$$

$$n = n_i + n_c \qquad (7)$$

$$p_i^d i = sY \qquad (8)$$

$$p_i^d = \frac{E(\pi)}{r} \qquad (9)$$

$$L(r) = \frac{p_i^d k}{\overline{M} - vY} \quad \Leftrightarrow \quad \overline{M} = vY + \frac{p_i^d k}{L(r)} \qquad L_r' > 0 \qquad (10)$$

$$p_i^d = p_i^s \qquad (11)$$

Le modèle comprend donc onze équations[6]. La production de biens d'investissement, i, est une fonction du niveau de l'emploi, n_i, dans ce secteur (équation (1)). La production de biens de consommation, c, est une fonction de l'emploi, n_c, dans ce secteur (équation (2)). Dans les deux secteurs, le taux de salaire monétaire, W, est égal à la productivité marginale du travail, où p_i^s désigne le prix d'offre des biens d'investissement et p_c désigne le prix des biens de consommation (équation (3) et (4)). Les valeurs $p_c c$ et $p_i^s i$ des productions des deux biens s'ajoutent pour former le revenu nominal Y (équation (5)). En terme de revenu, le produit national se définit comme la somme des salaires versés, Wn, et des profits, π (équation (6)). L'emploi total est noté n. Il est égal à la somme des quantités de travail demandées dans les deux secteurs (équation (7)). Les ménages épargnent une fraction s de leur revenu qui est égale à la valeur de la production globale. L'investissement est égal à l'épargne en l'absence d'un Etat (équation (8)). Le prix de demande des biens d'investissement est égal aux profits anticipés escomptés par le taux d'intérêt (équation (9)), où $E(\pi)$ est le rendement attendu du capital, lié à l'état des anticipations de long terme, fonction des profits courants, et p_i^d le prix de demande du capital. Le portefeuille des agents comprend de la monnaie, des titres et des actifs réels. Les agents souhaitent détenir une quantité de monnaie $\overline{M} - vY$ dans leur portefeuille. Le rapport entre la valeur des actifs physiques qu'ils détiennent $p_i^d k$ (k étant le volume des équipements fixes) et cette monnaie thésaurisée est une fonction croissante du taux d'intérêt (équation (10)). Enfin, l'équation (11) désigne la condition d'équilibre entre le prix de demande et le prix d'offre des biens d'investissement.

Les variables endogènes sont les quantités de biens d'investissement, i, et de biens de consommation, c, les prix d'offre et de demande des biens d'investissement, p_i^s et p_i^d, les prix des biens de consommation p_c, le produit global nominal Y, l'emploi dans le secteur des biens de consommation, n_c, l'emploi dans le secteur des biens d'investissement, n_i, l'emploi global, n, les profits monétaires totaux, π et le taux d'intérêt, r.

Les variables exogènes sont la masse monétaire $\overline{M}$, le taux de salaire monétaire W, la propension marginale à épargner s, le stock de capital k et la propor-

6. Meade définit en réalité un modèle de 10 équations dans lequel n'apparaît pas explicitement la condition d'équilibre (11) entre prix de demande et prix d'offre des biens d'investissement.

tion de revenu nominal détenu sous forme d'encaisses liquides à des fins transactionnelles, v.

Meade suppose que la part des salaires dans le revenu est constante et que cette part est la même dans les deux secteurs d'activités. Les fonctions de productions de chaque secteur peuvent donc s'écrire comme des fonctions Cobb-Douglas telles que $i = An_i^{\lambda}$ et $c = Bn_c^{\lambda}$ où λ désigne la part des salaires dans le revenu et A et B des coefficients fixes.

De (1) il vient :

$$n_i = \left(\frac{i}{A}\right)^{\frac{1}{\lambda}}$$

dont on déduit de (3):

$$p_i^s = \frac{1}{\lambda} A^{-\frac{1}{\lambda}} W i^{\frac{1-\lambda}{\lambda}}$$

Autrement dit le prix d'offre des biens capitaux s'accroît proportionnellement quand le taux des salaires monétaires augmente[7]. Il croît quand le niveau de la production augmente. Cette équation permet donc de tracer la courbe de prix d'offre de biens capitaux. Celle-ci est croissante dans le plan (p_i, i) et se déplace vers le haut quand le taux de salaire monétaire s'accroît.

D'après (5), l'épargne est égale à l'investissement. Le produit national s'écrit donc :

$$Y = \frac{p_i^d i}{s}$$

Sachant que :

$$\pi = (1-\lambda)Y$$

7. De la même façon, le prix des biens de consommation s'accroît proportionnellement quand le taux de salaire augmente. Il croît quand le niveau de la production augmente. Meade note μ l'élasticité de courte période de l'offre de biens capitaux, autrement dit le rapport de l'accroissement de la production à l'accroissement du coût marginal du travail :

$$\mu = \frac{di}{i}\frac{dn_i/di}{d(n_i/di)} = -\frac{[f_i'(n_i)]^2}{f(n_i)f_i''(n_i)} = \frac{1-\lambda}{\lambda}$$

On tire:

$$\pi = (1-\lambda)\frac{p_i^d i}{s}$$

Le taux d'intérêt est égal au rapport des profits anticipés à la valeur du stock de capital (équation (9)):

$$r = \frac{E(\pi)}{p_i^d}$$

Quand $E(\pi) = \pi^{\alpha}$ où $\alpha = \frac{dE(\pi)}{E(\pi)}\frac{\pi}{d\pi}$ représente l'élasticité d'anticipation, le taux d'intérêt s'écrit :

$$r = \frac{\left[(1-\lambda)\frac{p_i^d i}{s}\right]^{\alpha}}{p_i^d}$$

ou encore:

$$r = (1-\lambda)^{\alpha} p_i^{d^{\alpha-1}}\left(\frac{i}{s}\right)^{\alpha}$$

L'équilibre sur le marché de la monnaie implique, si l'on traite la monnaie comme variable exogène:

$$M = \upsilon\frac{p_i^d i}{s} + \frac{p_i^d k}{L\left[(1-\lambda)^{\varepsilon} p_i^{d(\alpha-1)}\left(\frac{i}{s}\right)^{\alpha}\right]}$$

On peut déterminer une fonction de prix de demande de biens capitaux en partant de cette relation. Quand les profits anticipés dépendent des profits courants, on obtient une courbe croissante ou décroissante dans le plan $p_i - i$.

Figure 3 : Une représentation graphique du modèle bisectoriel de Meade

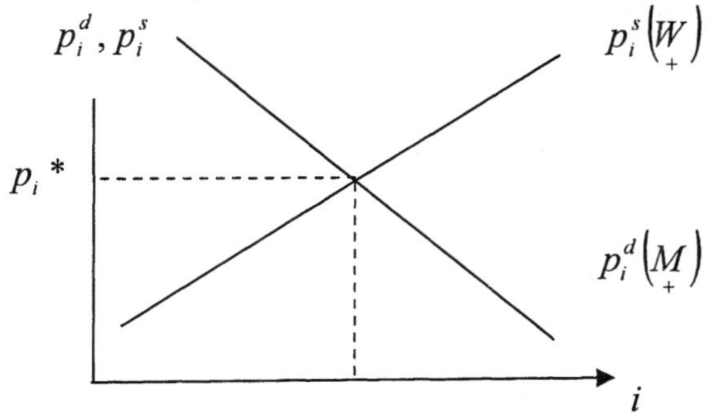

Considérons maintenant en détail la manière dont la sensibilité des profits anticipés au profit courant agit sur la stabilité de l'équilibre global et quelles sont ses implications du point de vue des effets de la flexibilité des salaires sur l'emploi.

3. STABILITÉ ET FLEXIBILITÉ DES SALAIRES

Considérons les mécanismes d'ajustement suivants :

$$\dot{i} = h\left(p_i^d - p_i^s\right) \qquad h \succ 0$$

$$\dot{W} = g\left(n - \bar{n}\right) \qquad g \succ 0$$

où $\bar{n}$ est l'offre de travail (supposée inélastique) et n la demande de travail. La première équation indique que l'investissement croît en fonction de l'excès du prix de demande sur le prix d'offre du capital, autrement dit de l'écart entre l'efficacité marginale du capital et le taux d'intérêt. Le second mécanisme d'ajustement indique que les salaires monétaires baissent quand l'offre de travail excède la demande de travail.

Au voisinage de l'équilibre, on a :

$$\dot{i} = h\left(p_i^d - p_i^s\right) = h\left[p_i^d * + \left.\frac{dp_i^d}{di}\right|_{\substack{i=i* \\ p_i=p_i*}} (i - i*) - p_i^s * \left.\frac{dp_i^s}{dW}\right|_{\substack{i=i* \\ p_i=p_i*}} (W - W*) - \left.\frac{dp_i^s}{di}\right|_{\substack{i=i* \\ p_i=p_i*}} (i - i*)\right]$$

$$\dot{W} = g\left(n - \bar{n}\right) = g\left(n * + \left.\frac{dn}{di}\right|_{\substack{i=i* \\ p_i=p_i*}} (i - i*) - \bar{n}\right)$$

On a donc[8]

$$\dot{i}=h\left(p_i^d-p_i^s\right)=h\left[p_i^d*+\frac{dp_i^d}{di}(i-i*)-p_i^s*-\frac{A^{\frac{1}{\lambda}}}{\lambda}i^{\frac{1-\lambda}{\lambda}}(W-W*)-\frac{1-\lambda}{\lambda^2}A^{-\frac{1}{\lambda}}Wi^{\frac{1-2\lambda}{\lambda}}(i-i*)\right]$$

$$\dot{W}=g\left(n*+\frac{1}{s\lambda}\left(\frac{i}{A}\right)^{\frac{1-\lambda}{\lambda}}(i-i*)-\bar{n}\right)$$

La matrice jacobienne s'écrit:

$$J=\begin{vmatrix} h'\frac{dp_i^d}{di}+h'\frac{1-\lambda}{\lambda^2}A^{-\frac{1}{\lambda}}Wi^{\frac{1-2\lambda}{\lambda}} & -\frac{A^{\frac{1}{\lambda}}}{\lambda}i^{\frac{1-\lambda}{\lambda}} \\ \frac{1}{s\lambda}\left(\frac{i}{A}\right)^{\frac{1-\lambda}{\lambda}} & 0 \end{vmatrix}$$

Les deux conditions nécessaires et suffisantes de stabilité sont :

$$h'\frac{dp_i^d}{di}+h'\frac{1-\lambda}{\lambda^2}A^{-\frac{1}{\lambda}}Wi^{\frac{1-2\lambda}{\lambda}}<0 \quad (T<0)\ (12)$$

$$\frac{1}{s\lambda}\left(\frac{i}{A}\right)^{\frac{1-\lambda}{\lambda}}\frac{A^{\frac{1}{\lambda}}}{\lambda}i^{\frac{1-\lambda}{\lambda}}>0 \quad (D>0)\ (13)$$

8. De (5), (8) et (11), il vient :

$$Y=\frac{p_i^d i}{p_c c}=\frac{s}{1-s}$$

De (1), (2), (3) et (4), il vient:

$$\frac{p_i^d i}{p_c c}=\frac{n_i}{n_c}$$

Par (7), on a donc:

$$n=\frac{1}{s}n_i$$

Si les salaires sont rigides, la première de ces deux conditions est suffisante pour la stabilité, c'est la condition donnée par Meade. Elle requiert que la pente en valeur absolue de la courbe de prix de demande, p_i^d ne soit pas plus forte que celle de la courbe de prix d'offre, p_i^s[9]. A taux d'intérêt constant, cette condition signifie que les variations de la production de biens d'investissement exerce une influence plus faible sur la courbe de prix de demande, via l'effet des profits courants sur les profits anticipés, que sur la courbe de prix d'offre, via son effet sur le coût des entreprises.

Si les salaires sont flexibles, la stabilité de l'équilibre stationnaire dépend à nouveau de (12). Si (12) est vérifiée, l'équilibre stationnaire est stable et l'ajustement à la baisse des salaires, en partant d'une situation de chômage, ramène l'économie à une position d'équilibre de plein-emploi. En revanche, si (12) n'est pas vérifiée, le modèle est instable et un ajustement des salaires à la baisse est susceptible de déstabiliser l'économie. Ce cas est celui où la pente de la courbe de prix de demande est supérieure celle de la courbe de prix d'offre. Ce cas d'instabilité correspond donc à un défaut de stabilité statique.

La dynamique de l'économie est représentée par les deux diagrammes de phases (voir annexe).

9. Quand (12) est vérifiée, on a :

$$h' \frac{dp_i^d}{di} + h' \frac{1-\lambda}{\lambda^2} A^{-\frac{1}{\lambda}} Wi^{\frac{1-2\lambda}{\lambda}} < 0$$

$$\frac{dp_i^d}{di} < -\frac{1-\lambda}{\lambda^2} A^{-\frac{1}{\lambda}} Wi^{\frac{1-2\lambda}{\lambda}}$$

$$\left|\frac{dp_i^d}{di}\right| < \left|\frac{dp_i^s}{di}\right|$$

Figure 4.a. Instabilité

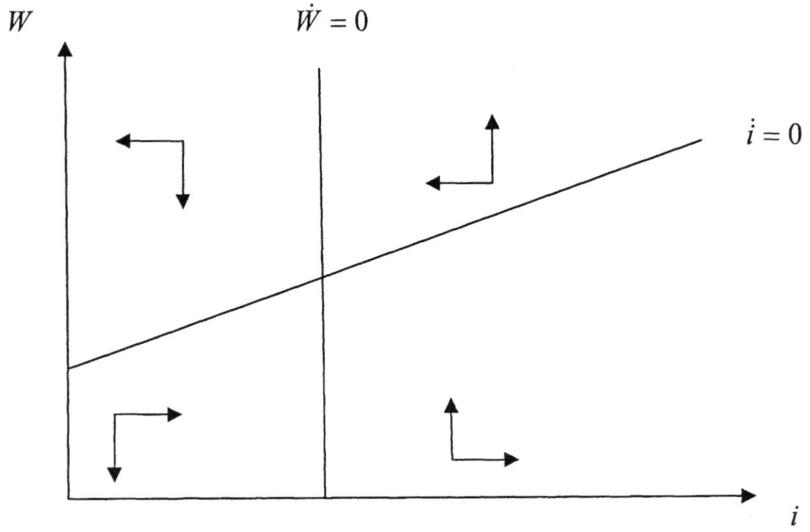

Figure 4.b. Stabilité

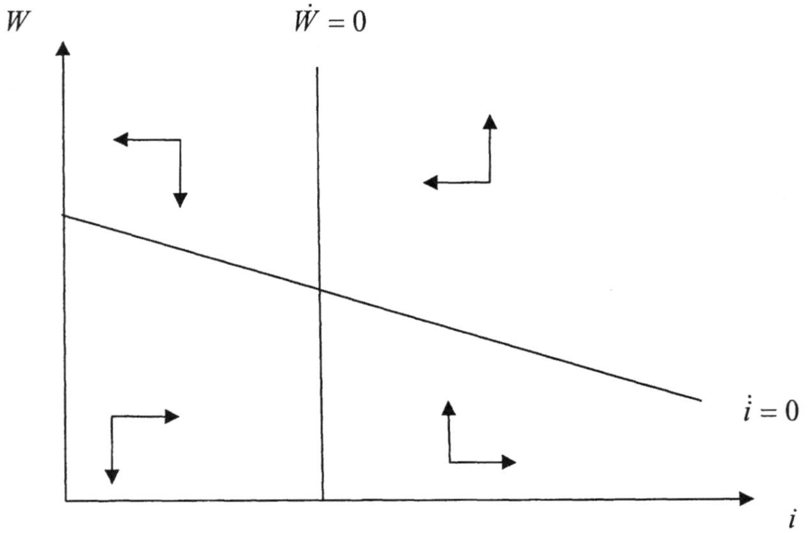

Admettons que l'économie est bloquée dans le cadran nord-ouest de la figure 4.A. Dans cette situation d'équilibre avec chômage, les deux variables commencent par baisser. Dans le repère investissement-prix des biens d'investissement, les courbes des prix de demande et d'offre des biens d'investissement se déplacent vers le bas, entraînant du même coup une baisse des profits nominaux. Pour un niveau inchangé de la production des biens d'investissement, l'effet de la baisse des profits nominaux courant sur le prix de demande des biens d'investissement dépendra de la réaction des profits anticipés à la variation des profits courant déterminée par l'élasticité d'anticipation ($dE(\pi)/E(\pi) = \alpha \; d\pi/\pi$)[10]. Pour que le produit diminue quand les salaires baissent, il faut donc que pour chaque niveau de produit, la baisse du prix de demande des biens d'investissement soit plus forte que la baisse du prix d'offre des biens d'investissement. Sur le diagramme, la trajectoire s'incurve vers la verticale au fur et à mesure que l'on se rapproche du lieu de stationnarité de i et que l'on s'éloigne de celui de W. Lorsque l'on touche le lieu $\dot{i} = 0$, la trajectoire est verticale parce que, si i ne se modifie pas, le fort taux de chômage fait évoluer les salaires à la baisse. Ce qui entraîne cette fois, dans le cadran sud-ouest, un accroissement de la production de biens d'investissement et du produit global, et permet la reprise économique. La trajectoire s'incurve alors vers l'horizontale au fur et à mesure que l'on se rapproche du lieu de stationnarité de W, etc. Une évolution en forme d'escargot divergent se dessine ainsi.

Cette propriété d'instabilité de l'équilibre stationnaire ne peut manquer de faire échos au chapitre 19 de la *Théorie générale*. Pour autant, ce modèle s'en démarque sur deux points essentiels. Premièrement, l'ajustement des salaires monétaires se révèle déstabilisant seulement dans le cas où l'économie se trouve initialement dans une position d'équilibre avec chômage et salaire fixe instable. Or la situation décrite par Keynes est celle où une baisse des salaires déstabilise l'économie initialement bloquée dans une position d'équilibre stable. Un point qui permet d'ailleurs à Keynes de conclure que la rigidité des salaires, plutôt que d'être la cause du chômage est au contraire la garantie d'un certain niveau d'emploi. Deuxièmement, tandis qu'un ajustement des salaires à la baisse est susceptible de plonger l'économie dans une phase de récession longue chez Keynes, elle se traduit chez Meade par l'alternance de phases de récession et d'expansion.

10. $\alpha = \dfrac{dE(\pi)}{E(\pi)} \dfrac{\pi}{d\pi}$. Par conséquent, quand $dp_i / p_i = dW/W = d\pi/\pi$,
$dE(\pi)/E(\pi) = \alpha \, dW/W = \alpha \, d\pi/\pi$

CONCLUSION

L'analyse de Meade ne s'est pas révélée capable d'exprimer simultanément deux propositions centrales de la *Théorie générale* : l'équilibre avec chômage, quand les salaires sont rigides, est stable et partant de cette situation, un ajustement à la baisse des salaires peut réduire l'emploi. Dans le modèle de Meade, l´ajustement des salaires monétaires se révèle déstabilisant seulement dans le cas où l´économie se trouve dans une position d´équilibre avec chômage et salaire fixe instable.

Pour autant, par son traitement des anticipations, le modèle de Meade offre un cadre adéquat à une analyse des phénomènes dynamiques décrits par Keynes dans le chapitre 19 de la *Théorie générale.* C´est en effet précisément à partir d'un modèle de ce type mais dans lequel jouent les effets "dynamiques" de la baisse des prix et des salaires sur la structure financière des entreprises, que Tobin (1975) parvient presque 40 ans plus tard à exprimer simultanément ces deux propositions de Keynes.

Ne peut-on imaginer brièvement les conséquences pour le développement de la macroéconomie si on avait pris en compte cet article de 1937 ? Peut-être les économistes keynésiens d'après-guerre seraient plus rapidement arrivés à ce résultat et n'auraient pas conclu aussi rapidement que la rigidité des salaires est la cause du chômage mais plutôt la garantie d'un certain niveau d'emploi. Peut-être auraient-ils défendu la thèse que le clivage entre classiques et keynésiens porte autant sur les propriétés de stabilité de l'équilibre de plein emploi que sur celle de l´équilibre keynésien à salaire fixe.

ANNEXE

$$\dot{i}=h\left(p_i^d-p_i^s\right)=h\left[p_i^d*+\left.\frac{dp_i^d}{di}\right|_{\substack{i=i*\\p_i=p_i*}}(i-i*)-p_i^s*-\left.\frac{dp_i^s}{dW}\right|_{\substack{i=i*\\p_i=p_i*}}(W-W*)-\left.\frac{dp_i^s}{di}\right|_{\substack{i=i*\\p_i=p_i*}}(i-i*)\right]$$

$$\dot{W}=g\left(n-\bar{n}\right)=g\left(n*+\frac{dn}{di}(i-i*)-\bar{n}\right)$$

Ou encore

$$\dot{i}=h\left[\left[\frac{dp_i^d}{di}-\frac{dp_i^s}{di}\right]i-\frac{dp_i^s}{dW}W+\left[p_i^d*-p_i^s*-\frac{dp_i^d}{di}+\frac{dp_i^s}{dW}(W*+i*)\right]\right]$$

$$\dot{W}=g\left[\frac{dn}{di}i-\left[\frac{dn}{di}i*+n*-\bar{n}\right]\right]$$

$$\dot{i}=Ai+BW+C$$
$$\dot{W}=Di+E$$

où

$$A=\frac{dp_i^d}{di}-\frac{dp_i^s}{di}$$

$$B=-\frac{dp_i^s}{dW}$$

$$C=p_i^d*-p_i^s*-\frac{dp_i^d}{di}+\frac{dp_i^s}{dW}(W*+i*)$$

Les lieux $\dot{i}=0$ et $\dot{W}=0$ de stationnarité sont donnés par :

$$W=-\frac{A}{B}i-\frac{C}{B}$$

$$i=-\frac{E}{D}$$

Quand la condition de stabilité sur la trace (condition 12) n'est pas vérifiée, l'équilibre à salaire fixe est instable : la pente de la droite de prix de demande (p_i^d)

est plus forte que la pente de prix d'offre des biens d'investissement (p_i^s). Dans ce cas, on a donc $A > 0$ et le lieu $\dot{i} = 0$ est une droite croissante de pente $-A/B$ et d'ordonnée à l'origine $-C/B$. En dessous de cette droite, i augmente car la relation $\dot{i} = Ai + BW + C$ est croissante en i et inversement au dessus. Le lieu $\dot{W} = 0$ est une droite verticale à $-E/D$. A droite, W augmente car la relation $\dot{W}$ est croissante en $\dot{i}$: lorsque i est 'élevé', le taux de chômage est faible et le taux de croissance des salaires est plus fort. Et inversement à gauche du lieu $\dot{W} = 0$.

BIBLIOGRAPHIE

Assous, M. (2003b), "Kalecki's Contribution to the Emergence of Endogenous Business Cycle Theory: an Interpretation of his 1939 Essays.", *History of Economic Ideas*, XI, 1, p. 109-123.

Barens, I. and Caspari, V. (1999), 'Old Views and New Perspectives: on Re-reading Hicks's 'Mr. Keynes and the Classics.", *European Journal of History of Economic Thought*, vol 6., n° 2, p.216-241.

Béraud, A. (2002), "A propos des relations entre le chômage et le taux de salaire monétaire", contribution aux journées d'étude de l'Association Charles Gide, "John Maynard Keynes, Bilan et Perspectives", Université du Québec à Montréal.

Béraud, A. (1999), Introduction à l'analyse macroéconomique, *Economica*, 4ème ed.

Béraud, A. et Faccarello, G. (2000) (dir.) *Nouvelle histoire de la pensée économique*, tome 3, Paris, La Découverte.

D'Autume, A. (1996), "L'essor de la macro-économie", in Béraud, A. et Faccarello, G (2000) (dir.), tome 3, p. 417-444.

Cottrell, A. et Darity, W. (1987), "Meade's General Theory Model: a Geometric Reprise", *Journal of Money, Credit and Banking*, vol. 19, n° 2, p. 210-221.

Darity, W. et Young, W. (1995), "IS-LM. An Inquest", *History of Political Economy*, vol 27, n° 1, p. 1-41.

De Vroey, M. (2000), 'IS-LM à la Hicks versus IS-LM à la Modigliani', *History of Political Economy*,vol.32, n° 2, p. 293-316.

Dos Santos Ferreira, R. (2000), 'Keynes et le développement de la théorie de l'emploi dans une économie monétaire', in *Nouvelle Histoire de la Pensée Economique*, tome 3, Paris, La Découverte, p. 236-293.

Hansen, A. (1967), *Introduction à la pensée keynesienne*, Paris, Dunod. (Traduit par Bernard-Béchariès, J.-F.).

Hicks, J. R. (1937), "Mr. Keynes and the 'Classics' : a Suggested Interpretation", *Econometrica* 5, reprinted in J. Hicks's Money, Interest and Wages, *Collected Essays on Economic Theory*, Vol. 11, Basil Blackwell, Oxford, 1982, p. 101-115.

Hicks, J. R. (1939), *Value and Capital*, 2nd edition, Oxford: Clarenton Press, 1946.

Kalecki, M. (1936), "Pare uwag o teorii Keynesa", *Ekonomista,* 36, p. 18-26, translated in Kalecki, (1990), as "Some Remarks on Keynes's Theory", p. 223-232.

Kalecki, M. (1944), "Prof. Pigou on "the classical stationary state". A comment", *Economic Journal*, Avril, p. 131-132.

Kalecki, M. (1990), *Collected Works of Michal Kalecki*, vol. 1: "Capitalism, Business Cycles and Full Employment", Oxford, Clarendon press.

Keynes, J. M. (1936), The General Theory of Employment, Interest and Money, London, Macmillan.

Leijonhufvud, A. (1968), *On Keynesian Economics and the Economics of Keynes: a Study in Monetary Theory*, Oxford University Press, New York.

Meade, J. E. (1937), 'A Simplified Model of Mr. Keynes's System', *Review of Economic Studies*, p. 98-107.

Modigliani, F. (1944), 'Liquidity preference and the theory of interest and money', *Econometrica*, vol. 12, n° 1, p.44-88.

Patinkin, D. (1956), *Money, Interest and Prices, an Integration of Monetary and Value Theory*, New-York; Harper and Row.

Phelps-Brown, H.-E. (1937), "Report of Oxford Meeting", *Econometrica* 5, Sept, p. 25-29.

Pigou, A. (1943), 'The Classical Stationary State', *Economic Journal*, 53, p. 343-351.

Precious, M. (1987), *Rational Expectations, Non-market Clearing, and Investment Theory*, Oxford; Clarendon press.

Rappoport, P. (1992), "Meade's 'General Theory' model: stability and the role of expectations", *Journal of Money, Credit, and Banking*, vol. 24, n°. 3, p. 356-369.

Tobin, J. (1975), 'Keynesian models of recession and depression', *American Economic Review* 65, may.

Young, W. (1987), *Interpreting Mr. Keynes: the IS-LM enigma*, London, Polity Press.

LA THÉORIE DE LA RÉFLÉXIVITÉ LIMITÉE UNE CONTRIBUTION AU DÉBAT SUR L'ACTION ENTRE L'ÉCONOMIE DES CONVENTIONS ET LA THÉORIE DE LA RÉGULATION[1]

Franck BESSIS[2]

Résumé :
De quelle hypothèse a-t-on besoin sur l'action pour restituer la dynamique des règles ? Postuler la réflexivité limitée consiste à reconnaître aux agents la capacité, activée sous certaines conditions (première limitation), à déconstruire les règles et interroger leurs croyances, sans jamais s'en affranchir complètement (seconde limitation). Cette réponse dessine les contours d'une théorie de l'action commune à l'Économie des Conventions et la Théorie de la Régulation. La théorie de la réflexivité limitée traite autant des relations justifiées que des rapports de force. Elle intègre l'action rationnellement planifiée et l'ajustement spontané comme deux moments d'un même processus réversible de constitution des règles.

Abstract: The theory of bounded reflexivity. A contribution to the debate between the Economics of Conventions and the Regulation Theory
This article develops an action theory which explains the dynamics of rules. This theory emphasises two kinds of limitation. First, agents can only recognize the constructed dimension of rules under specific conditions. Second, agents question their beliefs without ever completely freeing themselves from these beliefs. This answer provides the framework to a general action theory potentially common to the Economics of Conventions and to the Regulation Theory. This theory deals with the orders of worth as well as balances of power. It reconciles rationally planned action with spontaneous adjustments as two moments of the same reversible process of rules' construction.

Classification JEL : A12, B52, D8

1. Je remercie Bernard Billaudot, Denis Duperthuy, Olivier Favereau, Bernard Guibert, Frédéric Lordon, Jacques Merchiers, Olivier Servais et Fabrice Tricou pour leurs précieux commentaires sur différentes versions de ce texte. Leur responsabilité n'est pas engagée.
2. EconomiX, Université de Paris X - Nanterre, fr.bessis@gmail.com

Introduction

Cet article vise l'élaboration d'une théorie de l'action commune à l'Économie des Conventions et la Théorie de la Régulation, à partir d'un examen critique de leur conception de l'action établi à la lumière de leur capacité à restituer le changement. Notre démarche consiste à avancer simultanément dans la résolution de deux problèmes classiques : celui, crucial pour tout institutionnalisme, de la dynamique des règles ; et celui, crucial pour l'institutionnalisme radical[3], des relations entre conventions et régulation. Traiter ensemble les deux questions précédentes permet d'avancer sur la première tout en se dotant d'un critère d'évaluation pour la seconde, indépendant des deux approches mais appropriable par chacune, de telle sorte qu'un traitement symétrique puisse être maintenu, en lieu et place d'une lecture prenant d'emblée parti pour l'un des camps en présence. Toutefois, cette contribution ne porte pas directement sur le changement institutionnel, mais d'abord sur la théorie de l'action nécessaire à la restitution du changement par les deux approches. Il s'agit donc d'une étape intermédiaire dans la perspective d'unification de l'institutionnalisme radical. Choisir de faire discuter sur ces questions deux hétérodoxies en cours de développement revient à exclure de notre champ d'investigation l'ensemble des travaux inscrits dans d'autres démarches. Il s'agit donc également d'une étape intermédiaire dans la perspective d'élaboration d'une théorie générale des institutions.

Cette étape porte sur les conceptions de l'action de l'Économie des Conventions (EC, par la suite) et de la Théorie de la Régulation (TR, par la suite). Sur cette question, ce n'est plus le clivage entre holisme et individualisme qui oppose les deux approches[4], mais trois tensions cristallisées autour de la théorie de l'action de Pierre Bourdieu entre (i) réflexivité et logique de la pratique, (ii) justice et rapports de force et (iii) déterminisme et libre-arbitre. Le sociologue constitue en effet l'une des sources d'inspiration majeures de la TR. Tout comme cette approche, il se situe dans une perspective de dépassement du structuralisme, une perspective marquée par le souci d'exploiter la place des pratiques que peut ménager une approche en termes de rapports – qui constitue la marque première du structuralisme – sans oublier l'aspect contradictoire de ces rapports – les structures que sont les *champs* chez Bourdieu étant toujours des *champs* de lutte. La TR et Bourdieu occuperaient ainsi

3. Nous reprenons à Postel et Sobel (2006) l'appellation "institutionnalisme radical" pour faire référence à la prise en compte, tant par l'Économie des Conventions que par la Théorie de la Régulation, de l'incertitude au sens de Keynes (dite encore incertitude "radicale") et à son projet "radical" (Favereau, 1985 et 2005) qui consiste à généraliser la prise en compte de cette incertitude. On tient là l'une des principales raisons du rejet du cadre néoclassique par les deux approches et, très certainement, leur tout premier socle commun (Bessis, 2008).

4. Sur ce point, voir en particulier Thévenot (1995), Bessy et Favereau (2003) et Billaudot, (2004).

dans l'espace poststructuraliste des positions théoriques symétriques[5]. C'est sans doute ce qui incita Lipietz (1987) à suggérer la convergence parfaite en définissant le mode de régulation comme l'"ensemble des habitus et des formes institutionnelles concourant à la reproduction". Vingt ans plus tard, c'est encore la théorie de l'habitus qui alimente la majorité des développements régulationnistes sur l'action (Amable et Palombarini 2005, Billaudot 2001, Boyer 2003, Lordon 2003a, Reynaud 2004). Elle donne aussi bien lieu à des utilisations directes qu'à des tentatives d'approfondissement[6]. L'EC entretient pour sa part des rapports plus ambivalents avec cet héritage. Son versant sociologique (Boltanski et Thévenot, 1991) peut être lu autant comme un prolongement du travail de Bourdieu, à travers son investigation de régimes d'action qui échappent à la logique de l'habitus[7], que comme une prise de distance à travers son rejet d'une position de surplomb du chercheur par rapport aux agents (Boltanski, 1990). Ce rapport d'opposition est plus prégnant pour le versant économique de l'EC, depuis la mise en question par Favereau (2001) de la capacité du couple *champ-habitus* à restituer analytiquement changements et failles de la reproduction. L'argumentation réaffirmée par Bessy et Favereau (2003) souligne les difficultés symétriques du couple rationalité-marché à rendre compte des défauts de coordination, sans pour autant réduire la théorie de l'*habitus* à une simple figure inversée de la théorie néoclassique[8].

Parce que l'œuvre de Pierre Bourdieu occupe une place centrale pour l'EC et la TR, le débat sur l'action entre ces deux approches ne peut pas faire l'économie d'un examen détaillé de sa théorie de l'*habitus* – c'est l'objet de la première partie. Construite afin de restituer la spontanéité de l'action réalisée dans l'urgence, par opposition au temps long de la réflexion élaborée par le chercheur, cette théorie s'interdit de penser les différents degrés de réflexivité critique nécessaires à la restitution endogène du changement. L'idée de réflexivité limitée, présentée dans la deuxième partie, permet à l'inverse d'articuler sens pratique et sens critique et de restituer ainsi la dynamique des règles et représentations, comme construits sociaux saisis dans un

5. Mobilisé de manière approximative, cette idée de symétrie peut toutefois être précisée utilement : il s'agit d'une symétrie par rapport au croisement d'un premier axe traçant la frontière entre économie et sociologie et d'un second axe séparant approches micro et macro.
6. Pour l'heure, la plus importante et la plus dynamique d'entre elles s'appuie sur la philosophie de Spinoza (Lordon, 2003a). En nous centrant à la fois sur ces développements et sur ceux de Bourdieu, nous restituons alors bien l'essentiel des thèses régulationnistes sur l'action. Et ce d'autant mieux que l'autre voie principale empruntée par la TR pour modéliser les comportements individuels, à savoir l'hypothèse mimétique (Aglietta et Orléan, 1982, 2002), a également était restituée à partir des catégories d'analyse spinozistes (Lordon et Orléan, 2008).
7. Sur les notions d'habitus et de régime d'action, voir respectivement les points 1.1. et 3.2.
8. "L'individu, dans le schéma Taylor-Bourdieu, diffère de l'individu de la théorie économique, qui n'est qu'un support de représentations, en ce qu'il a un corps. Il n'est pas question de nier que l'équation "individu = corps + représentations", entre les mains du sociologue, conduit à des résultats autrement plus riches et réalistes que l'équation "individus = représentations", entre les mains de l'économiste orthodoxe" (Favereau, 2001, p. 290).

processus réversible de consolidation. Pour développer cette théorie de la réflexivité limitée, nous prenons ensuite appui, dans la troisième partie, sur la pluralité des régimes d'action mise en avant par l'EC. Celle-ci permet d'intégrer la logique de la pratique telle que délimitée par l'habitus au sein d'une construction plus large susceptible de ménager une place tant aux relations de domination non questionnées par l'*habitus* qu'aux contraintes de légitimité soulevées par les critiques auxquelles peuvent se livrer les agents. En tenant cette théorie pluraliste de l'action à distance de toute idée de libre-arbitre, nous la complétons enfin, dans la quatrième partie, par une conception de la personne issue de la philosophie de Spinoza et développée aujourd'hui au sein de la TR. Celle-ci permet d'expliquer le passage d'un régime à un autre. Ainsi construite, la théorie de la réflexivité limitée permet de rassembler sans syncrétisme les contributions de chaque approche dans un principe de rationalité alternatif capable de générer une dynamique des régularités de comportements et d'attentes.

1. Sortir de l'opposition entre logique théorique et logique pratique

1.1. Pas de changement sans réflexivité

1.1.1. Le domaine de pertinence de la notion d'habitus : une spontanéité sans conscience

Pierre Bourdieu a construit sa théorie sur l'opposition entre la perspective de l'agent pris dans l'action (*logique de la pratique*) et celle d'un observateur extérieur (*logique théorique*). Le recours à la notion d'*habitus* vise à rendre compte de régularités de comportement sans les concevoir comme le résultat (i) d'un calcul systématique de stratégie optimale, ni (ii) de l'application mécanique d'une règle préétablie, ni même (iii) de l'interprétation *délibérée*[9] d'une règle.

(i) Le calcul que postule la théorie du choix rationnel sur la base d'un processus bayésien de révision des croyances est inadapté à l'urgence de l'action et réfuté par l'expérience. Il requiert l'hypothèse d'une finalité clairement identifiée par l'agent, dont la logique de la pratique fait l'économie.

(ii) L'application mécanique d'une règle n'est pas plus réaliste, en vertu de l'impossible spécification de toutes les situations dans lesquelles cette règle interviendrait.

---

9. La notion d'habitus n'est pas étrangère à toute idée d'interprétation, mais d'*interprétation délibérée*. L'interprétation produite par l'habitus ne souffre pas de la moindre hésitation, ni interrogation (voir 1.2.2.).

(iii) L'interprétation de la règle associée à l'idée de délibération est encore étrangère à la logique de la pratique, puisque celle-ci ne concerne pas d'abord l'existence d'une règle explicite ou implicite, mais celle d'une régularité observable sans que la règle que peut expliciter le théoricien pour en rendre compte ne soit présente à l'esprit de l'agent.

Bien que conçu pour dépasser les alternatives qui structurent les débats sur l'action, dont celle entre la conscience et l'inconscient, l'*habitus* se présente comme une "spontanéité sans conscience" (Bourdieu, 1980, p.94) produite par l'expérience incorporée (et non théorisée) des situations passées (c'est ici qu'interviennent les *champs* qui structurent l'*habitus*) et par là accordée à ces règles qui n'existent pas pour l'agent.

La traduction de la régularité en règle par le théoricien n'épuise pas les marges d'action de l'*habitus*, capable en pratique de générer une infinité de variations de l'énoncé théorique en rapport avec l'infinité de variations des situations possibles dans lesquelles la régularité s'est jusque-là pertinemment manifestée. Par exemple, un sportif expérimenté reproduira avec réussite le "même" geste en l'adaptant au cours de différentes phases de jeu, en différents endroits du terrain, selon différentes conditions climatiques, etc.

1.1.2. Les difficultés à restituer le changement : une théorie de la créativité limitée

Générateur de pratique, l'*habitus* est, nous venons de le voir, source de créativité - "système acquis de schèmes générateurs, l'habitus rend possible la production libre de toutes les pensées, toutes les perceptions et toutes les actions..." - mais de *créativité limitée* - "...inscrites dans les limites inhérentes aux conditions particulières de sa production". Par cette créativité limitée, Bourdieu tente justement de dépasser l'alternative "du conditionnement et de la créativité" tout en reprenant chacun de ses termes opposés sans les rapporter à un cadre explicatif plus général. La production d'oxymores qui en résulte ("capacité infinie d'engendrer en toute liberté (contrôlée)"), si elle ne vaut pas dissolution du problème, commande au moins de maintenir une distinction entre cette créativité limitée, capacité à fournir dans l'action des variations adaptatives ajustées (l'exemple du sportif), et la création de nouveauté historique (innovation radicale par lesquelles les transformations continues deviennent ruptures et sont identifiées comme telles) à laquelle peut être associé le *changement*. La "liberté conditionnée et conditionnelle [que l'habitus] assure est aussi éloignée d'une création d'imprévisible nouveauté que d'une simple reproduction mécanique de conditionnements initiaux" (Bourdieu, 1980, p.92). L'*habitus* ne condamne donc pas à une reproduction mécanique. Mais il ne peut pour autant dépasser la reproduction adaptative des pratiques ajustées aux conditions qui l'ont produit (*Ibid.*, p.99), sauf à nier l'ajustement ou postuler d'abord un ajustement puis un changement de conditions (*Ibid.*, p.105), sans pour autant que ce changement soit expliqué.

On retrouve la critique de Favereau (2001) : l'*habitus* ne peut pas être présenté à la fois comme parfaitement (bien que non mécaniquement) ajusté à ses conditions de production d'une manière qui échappe entièrement à l'agent (absence de dimension réflexive), et comme désajusté à de nouvelles conditions tout en expliquant comment ces conditions ont changé. Dans ce schéma, le changement relève alors de dynamiques exogènes, ce qu'illustre la présentation par Boyer (2003) des différents travaux de Bourdieu dans lesquels est traitée cette question. Le même constat semble réalisé par Lordon (2003a) et Billaudot (2001), puisque chacun à sa manière amende le cadre théorique initial en vue de lui apporter des éléments plus probants de dynamique. Que le désajustement soit présenté comme le cas général et l'ajustement comme le cas particulier (Servais, 2005) ou bien l'inverse, ne change pas fondamentalement le problème : la construction ne donne pas suffisamment de marges de manœuvre aux individus pour pouvoir tenir ensemble reproduction et changement. Ce défaut de marges de manœuvre est un défaut de réflexivité. La reconnaissance de capacités réflexives aux agents entre en tension avec la théorie de l'*habitus* construite d'abord pour rendre compte de la logique de la pratique, elle-même conçue comme radicalement distincte de la logique théorique. Ce dualisme est encore renforcé par la stigmatisation de l'erreur scolastique présentée maintenant.

1.2. Pas de réflexivité sans sortie de l'habitus

1.2.1. Le domaine interdit de la notion d'habitus : l'erreur scolastique

Bourdieu nomme *erreur scolastique* le raisonnement consistant à attribuer aux agents le rapport intellectuel au monde propre à un point de vue extérieur à l'action :

> "[M]ettant en quelque sorte sa pensée pensante dans la tête des agents agissants, le chercheur donne le monde tel qu'il le pense (c'est-à-dire comme objet de contemplation, représentation, spectacle) pour le monde tel qu'il se présente à ceux qui n'ont pas le loisir (ou le désir) de s'en retirer pour le penser ; il place au principe de leurs pratiques, c'est-à-dire dans leur "conscience", ses propres représentations spontanées ou élaborées ou, pire, les modèles qu'il a dû construire (parfois contre sa propre expérience naïve) pour rendre raison de leurs pratiques" (Bourdieu, 1997, p.78).

Cette mise en garde recoupe deux interdits d'inégales portées. On peut en effet en distinguer une forme faible (S1), contrainte interne à la théorie de l'*habitus* (qui découle de la distinction entre logique pratique et logique théorique telle que conçue par Bourdieu) et une forme forte (S2-intellectualiste) valable pour toute théorie.

(S1) Dans sa forme faible, l'erreur scolastique consiste à attribuer à l'agent une réflexion sur l'action qui n'est possible, selon Bourdieu, qu'en dehors de l'action – tandis que l'*habitus* est une spontanéité sans conscience prise dans l'urgence de l'action.

(S2) Dans sa forme forte, l'erreur scolastique consiste à attribuer à l'agent le même niveau de contrôle logique de ses actions et anticipations que celui que met en œuvre le chercheur dans une représentation idéale de la science. Elle vise en premier lieu la théorie du choix rationnel qui postule un pré ordre complet et transitif sur les préférences de l'agent et le processus bayésien de révision des anticipations.

La notion de réflexivité à ménager *dans* la théorie de l'*habitus* doit donc répondre à la double contrainte d'être suffisamment consistante pour contribuer à la dynamiser, tout en restant contenue par la logique de la pratique telle que strictement délimitée par Bourdieu.

1.2.2. Les difficultés à restituer la réflexivité : une théorie (dé)limitée de la pratique

L'article de Servais (2000) témoigne de la difficulté à respecter à la fois les deux contraintes précédentes. L'auteur défend une interprétation de la notion d'*habitus* qui rendrait justice à son potentiel dynamique, en la présentant comme un "processus réflexif d'ajustement spontané, générateur permanent de changements, modifiant en continu les structures, sans passage obligé par une délibération expresse ou même une décision volontaire" (Servais, 2000, pp.165-166). Mais cette première solution consiste encore à rabattre la réflexivité sur la reproduction adaptative et ajustée, tandis que le changement résulte à l'inverse de *pratiques de désajustement* qui appellent une prise de distance par rapport aux pratiques et représentations spontanément produites par l'*habitus*.

L'auteur introduit alors une forme de réflexivité plus forte par l'évocation de la possibilité d'une *prise de conscience* définie comme "le travail de gestion de ses propres dispositions" ou encore l'"acte de distanciation par rapport aux déterminations internes propres à l'habitus" (Servais, 2000, p.171). Les exemples évoqués pour illustrer les moyens de cette prise de conscience – les "activités de gestion, en tant que pratiques d'objectivation" (Servais, 2000, p.172) et les "théories indigènes" produites par les agents (présentes notamment dans le *champ* économique (Bourdieu, 2000)) – témoignent de la possibilité pour les agents de déposer des connaissances hors d'eux-mêmes. Cette opération n'exige d'ailleurs pas toujours des dispositifs aussi élaborés que les méthodes de comptabilité, puisque les pratiques ordinaires d'écriture peuvent suffire (Lahire, 1998). Mais le recours à de tels artefacts échappe à la notion d'*habitus* cantonnée à une logique de la pratique strictement délimitée par l'interdit scolastique. En effet, pour être considérée comme une simple prise de distance et non comme une rupture avec l'*habitus*, cette prise de conscience doit procéder des représentations pratiques produites par l'*habitus*. Elle correspond alors à un *schème*, une connaissance incorporée et non réfléchie contradictoire avec l'interrogation sur l'action dont elle tente de rendre compte, puisqu'elle ne permet aucune distanciation :

> "Ce qui est appris par corps n'est pas quelque chose que l'on a comme un savoir que l'on peut tenir devant soi, mais quelque chose que l'on est" (Bourdieu, 1980, p.123).

L'agent n'ayant pas connaissance de ces représentations allant de soi, on conçoit mal comment elles pourraient lui permettre de prendre connaissance des déterminations propres à son *habitus*, ni de surcroît s'en distancier.

À l'appui de l'approfondissement de la notion de disposition réalisé par E. Bourdieu (1998), le traitement des croyances comme dispositions générées par l'*habitus* illustre également ces difficultés. La reconnaissance de "critiques pratiques", "justifications" et "remises en cause" de la part des agents (Servais, 2004, p.28), bref d'une forme de réflexivité sur les croyances, devrait permettre de concevoir la capacité pour l'agent de changer ses croyances ; mais c'est sans compter avec le *rabattement de toutes les croyances sur un arrière-fond acritique*. Pris comme modèle général de la croyance, le savoir pratique comme préjugé allant de soi (donc non questionné) ne laisse pas de place à la discussion. Bien que ces préjugés ne forment qu'un sous-système dans l'ensemble des croyances, toutes les croyances sont conçues à l'abri d'une mise en question car dépendantes de ce sous-système[10]. Considérer que les critiques pratiques sont "immergées dans les croyances" (Servais, 2004, p.28) ne devrait pas les empêcher de jouer *au moins* certaines croyances contre d'autres croyances – voire que ces contradictions entre croyances suscitent en retour une interrogation de croyances plus fondamentales. Mais c'est l'existence même de ces critiques qui est niée par le cadre théorique à partir du rabattement de toutes les croyances sur les préjugés, qui est soutenu par deux arguments principaux : (i) la non occurrence simultanée de croyances contradictoires assurée par l'homogénéité des positions sociales[11] et (ii) la réaffirmation de la dichotomie entre logique pratique et logique théorique (E. Bourdieu, 1998, p.211) qui contredit la reconnaissance d'une gradation de croyances des plus inconditionnelles aux plus réfléchies. Dans ces conditions, la prise de conscience réflexive est encore limitée à des situa-

10. C'est en ce sens que l'on parle de rabattement sur un arrière fond acritique.

11. L'existence d'une position sociale cohérente est définie de manière "triplement relationnelle" : "la position sociale d'un individu est constituée par la relation d'homologie globale (position 1) qui existe entre les relations différentielles (relation 2) qui caractérisent chaque position sociale spécifique occupée par cet individu, à l'intérieur d'univers sociaux particuliers, ces dernières étant pondérées par la position que chacun de ces univers occupe par rapport aux autres (relation 3)" (E. Bourdieu, 1998, pp. 258-259).

tions exceptionnelles de crise ou d'instabilité du contexte pratique (E. Bourdieu, 1998, pp.166-167)... qui n'apparaîtront pas, sauf à les postuler de manière exogène, à partir d'une situation d'ajustement.

Ce traitement des croyances est encore renforcé par l'idée de violence symbolique, qui entre en contradiction avec la manière dont Bourdieu restitue le fonctionnement d'univers sociaux dans lesquels l'exercice d'une réflexivité est trop évident (science et art). Que le sociologue ait analysé ces univers, toujours à partir du couple *champ-habitus*, et qu'il ait de surcroît présenté le *champ* artistique comme un lieu de révolutions permanentes, en vertu de la course à l'avant-gardisme qui y anime les *habitus*, voilà qui semble fournir un démenti à la critique développée ici (la notion d'*habitus* ne permet pas de restituer le changement parce qu'elle s'est construite contre l'idée de réflexivité).

> "Dans les luttes qui, au sein de chaque genre, l'opposent à l'avant-garde consacrée, la nouvelle avant-garde est portée à remettre en question les fondements mêmes du genre, en se réclamant d'un retour aux sources, à la pureté des origines ; il s'ensuit que l'histoire [des genres] tend à se présenter comme un processus de purification, par lequel chacun de ces genres, au travers d'un incessant *retour critique sur soi, sur ses principes, ses présupposés*, se réduit de plus en plus complètement à la quintessence la plus épurée" (Bourdieu, 1994, p.76, nous *soulignons*).

Cette lutte pour l'avant-garde n'est-elle d'ailleurs pas qu'une forme particulière de l'opposition, constitutive de chaque *champ*, entre les stratégies de conservation des dominants et celles de subversion des dominés (Bourdieu, 1984, p.115) ? Contre l'illusion ici produite que la théorie de l'action examinée pourrait dire tout et son contraire, et pour rendre raison à notre critique, fondée rappelons-le sur la définition originelle de l'*habitus* (contre les torsions incohérentes auxquelles ont donné lieu par la suite ses tentatives d'extension), il convient de distinguer ce dont Bourdieu parle et ce dont ses instruments permettent de parler – à la manière dont un tri peut s'avérer nécessaire entre les ambitions formulées en introduction des articles formalisés et ce que permet de dire le modèle qui suit. Si l'*habitus* interdit ce retour critique, alors la théorie ne peut pas rendre compte de ces stratégies de subversion et de la dynamique qu'elles sont supposées produire. Et de fait, Bourdieu développe, dans la droite ligne de son traitement des croyances à partir des dispositions incorporées qui constituent l'*habitus*, une notion de violence symbolique qui renforce cet interdit.

> "La violence symbolique est cette coercition qui ne s'institue que par l'intermédiaire de l'*adhésion que le dominé ne peut manquer d'accorder au dominant (donc à la domination)* lorsqu'il ne dispose [...] pour penser sa relation avec lui, que d'instruments de connaissance qu'il a en commun

avec lui et qui, n'étant que la forme *incorporée* de la structure de la relation de domination, font apparaître cette relation comme *naturelle*" (Bourdieu, 1997, pp.245-246, nous *soulignons*, comme dans l'ensemble des citations à venir).

Plus simplement, la violence symbolique tient au fait que "[l]es dominés appliquent des catégories construites du point de vue des dominants aux relations de domination, les faisant ainsi apparaître comme *naturelles*" (Bourdieu, 1998, p.55).

Ainsi le pouvoir symbolique est un "pouvoir *invisible* qui *ne peut s'exercer qu'avec la complicité de ceux qui ne veulent pas savoir* qu'ils le subissent ou même qu'ils l'exercent" (Bourdieu, 2001, p.202).

Cet aveuglement, présenté comme consubstantiel à la relation de domination – "Le dominant, c'est celui qui a *les moyens d'imposer* au dominé qu'il le perçoive comme il demande à être perçu" (Bourdieu, 1984, p.93) – finit alors d'anéantir toute possibilité de changement en transformant le *champ* en *appareil* :

> "Un champ devient un appareil lorsque les dominants ont *les moyens d'annuler* la résistance et les réactions des dominés. C'est-à-dire lorsque [les dominés] ne peuvent que subir la domination ; lorsque [...] les effets de domination sont tels que cessent la lutte et la dialectique qui sont constitutives du champ. Il y a de l'histoire tant qu'il y a des gens qui se révoltent" (Bourdieu, 1984, p.136).

L'ennui est que personne ne se révolte, violence symbolique oblige. D'autant qu'"il est tout à fait illusoire de croire que la violence symbolique peut être vaincue par les seules armes de la conscience et de la volonté, [car] les effets et les conditions de son efficacité sont durablement inscrits au plus intime des corps sous formes de dispositions" (Bourdieu, 1998, pp.60-61) – où l'on retrouve la "connaissance par corps" propre à l'*habitus* (voir 1.1.2.), connaissance préréflexive qui empêche à son tour toute distanciation critique.

En conclusion, l'opposition entre logique pratique et logique théorique conçue comme une dichotomie (S1), la réduction qui en résulte du sens pratique à de l'incorporé impensé et le renforcement cohérent de cet impensé par la violence symbolique inhérente à la domination, ferment toute possibilité d'accès à la réflexivité. Pour rendre compte des *pratiques* de réflexivité, la pertinence de cette opposition constitutive de l'*habitus*, et donc l'*habitus* lui-même, doivent être relativisés. Au fond, parler de réflexivité pour l'*habitus* n'est pas faire moins violence à la construction que de parler de sens pratique pour la théorie du choix rationnel.

2. *La théorie de la réflexivité limitée*

2.1. *De la spontanéité sans conscience à la temporisation réflexive*

Après avoir souligné que l'introduction de la réflexivité nécessaire pour analyser le changement posait problème dans le cadre de l'*habitus* parce qu'elle nécessitait de lever S1, nous allons maintenant voir que l'EC, tout en s'affranchissant de S1, ne commet pas l'erreur scolastique dans sa forme forte (S2).

2.1.1. Un sens critique...

Toutes les régularités ne sont pas exemptes de règles directement perçues par les agents, puisqu'il existe également des règles explicites. Leur interprétation passe par les représentations produites par l'*habitus* à côté des pratiques – les *habitus* fonctionnent comme "principes générateurs et organisateurs de pratiques et de représentations" (Bourdieu 1980, p.88). L'EC met également l'accent sur cette dimension interprétative, mais si pour l'approche conventionnaliste l'agent peut travailler ses représentations, selon la logique de la pratique, seules les représentations travaillent l'agent. Ce constat, ajouté à la reconstruction du projet initial de restitution des régularités sans règle, nous a incités à conclure que la réflexivité était constitutivement absente de la théorie de l'*habitus*[12]. A l'inverse, la conception des règles comme repères collectifs *contingents* (ou construits), *nécessaires* (à la coordination) et *signifiants*, formulée par Postel (2005), fournit une caractérisation minimale de la réflexivité qui témoigne de sa présence immédiate dans le projet conventionnaliste : elle revient à "concevoir un acteur qui agirait à la fois dans et sur les règles" et qui en tiendrait compte (Postel et Sobel, 2006).

Cette hypothèse de réflexivité commet inévitablement l'erreur scolastique dans sa forme faible (S1) ; les quatre manières de la présenter que nous retenons déclinent la même idée d'accès à une extériorité :

(R1) les agents peuvent tenir compte du fait qu'ils agissent à la fois *dans* et *sur* les règles (Postel et Sobel 2006) ;

(R2) les agents peuvent distinguer des arguments ou des agencements légitimes et illégitimes (Boltanski 1990, p.77)) ;

12. "[L]'habitus ne s'oppose pas moins à la nécessité mécanique qu'à la liberté réflexive" (Bourdieu 1980, pp. 95-96). Par cette proposition, Bourdieu écarte non pas seulement un retour réflexif de l'agent sur sa pratique mais, plus encore, l'idée d'une liberté rendue possible par ce retour. Ces deux dimensions demeurent toutefois étroitement liées dans les deux constructions (on tâchera de les démêler dans la quatrième partie), ce qui renforce le constat d'une absence de dimension réflexive dans l'habitus *d'abord* établi à partir de l'opposition entre logique théorique et logique pratique.

(R3) les agents peuvent tenir compte de la mise à l'épreuve des faits, de leurs attentes et représentations conformément à la "quête poppérienne de falsification" (Favereau 2001) ;

(R4) les agents peuvent formuler des désirs sur leurs propres désirs, selon l'idée de méta-préférences reprise par Eymard-Duvernay (2001), qui peut être associée à celle de plusieurs niveaux d'identité (Bessis et alii, 2006).

Cette extériorité, et donc la réflexivité elle-même, est rendue possible par l'affirmation de la pluralité des ensembles de croyances (au cœur de R2) :

> "[L]a possibilité de mettre en œuvre la critique dépend [...] de la possibilité d'avoir accès à une extériorité depuis laquelle il est possible de se désengager de la situation présente pour porter sur elle des jugements. C'est cette possibilité toujours ouverte d'un dégagement qu'offre l'existence d'une pluralité de mondes" (Boltanski 1990, p.87).

Ces croyances ne relèvent pas seulement de la subjectivité des agents, mais disposent de points d'appui objectifs qui redoublent la possibilité de leur mise à distance. Cette extériorité redonne du jeu aux critiques pragmatiques des agents. Bien qu'"immergées dans les croyances", ces critiques sont effectives lorsqu'elles jouent des croyances (présentes) contre d'autres croyances (antérieures, déposées dans des textes ou objets). Elles acquièrent leur pleine efficacité une fois reconnue la pluralité des dispositions activables au sein d'une même situation.

2.1.2. ...sans intellectualisme

L'EC pourrait se voir reprocher de commettre l'erreur scolastique dans sa forme forte (S2) seulement dans la mesure où elle considérerait cette "prise de conscience" qu'est la capacité critique systématique, totale et infaillible, réhabilitant ainsi la figure d'un sujet transparent à lui-même, faute de voir l'existence d'impensés toujours actifs dans les manières de faire et de penser d'individus attachés à une présence et un point de vue dans le monde.

La référence en (R3) à la philosophie des sciences semble conforter ce point. C'est donc cette expression de la réflexivité que nous choisissons de développer. Cette référence vise moins la *logique de la découverte scientifique* que la conception de la connaissance (incertaine) qui la soutient et peut admettre plusieurs logiques de la critique. Les discussions critiques n'ont pas, pour toutes les situations de problème, la même rigueur logique que l'établissement d'hypothèses scientifiques, même lorsqu'elles portent sur l'établissement de règles méthodologiques congruentes avec une représentation de la science, puisque dans ce dernier cas "il ne s'agit ni d'un rapport strictement déductif, ni d'un rapport logique. Ce rapport résulte plutôt du fait que les règles ont été élaborées en vue d'assurer l'applicabilité de notre critère de démarcation" (Popper 1934, p.51). En ce sens, Popper peut aussi être lu comme théoricien du sens pragmatique des chercheurs qui, bien qu'évoluant dans des milieux scolastiques, alternent également logique pratique et logique théorique[13]. Sa conception incertaine et pragmatique de la connaissance repose sur l'affirmation de l'impossibilité du doute radical : pour discuter ou tester un ensemble d'énoncés, il faut toujours s'appuyer sur d'autres propositions tenues provisoirement pour vraies, consciemment ou inconsciemment (pour les propositions vécues comme allant de soi). Le chercheur, comme l'agent, est *toujours déjà* plongé dans un univers de croyances qu'il n'est possible de mettre à distance que partiellement. Néanmoins, aucune proposition n'est *a priori* soustraite à la critique, même si toutes ne peuvent être examinées en même temps. Reconnaître l'existence d'un cadre de référence tenu pour acquis ou impensé ne revient pas nécessairement à le considérer comme impensable (Popper, 1989). Au contraire, la part impensée du cadre de référence étant relative au problème considéré, il existe une pluralité de cadres de référence garante d'une extériorité à partir de laquelle ces derniers peuvent être interrogés. Cette pluralité de cadres de référence n'est pas incompatible avec l'idée de croyances profondément ancrées, présentes dans tout ou parties de ces cadres, mais elle ne conduit pas nécessairement à postuler l'existence de croyances fondatrices de tous les cadres et absolument hors de portée. Une conception de la connaissance incertaine, soit sans fondement indubitable, incite plutôt à penser la pluralité des sources de justification et de critique des croyances.

2.2. Dynamique des régularités de comportements et d'attentes

Les limites de la réflexivité sont également pour partie les conséquences directes des limites reconnues à la rationalité – capacité de mémorisation et d'attention limitées – qui font de la convention (telle que travaillée par l'EC, c'est-à-dire comme une régularité liée de comportements et d'attentes) une notion fondamentalement dynamique. Les cadres de référence pensés et impensés sont deux formes que peuvent prendre la convention. Pour mieux distinguer ces formes, on peut préférer parler d'*institutions* pour des conventions durcies dans les choses/lois/règles écrites et de *routines*, *traditions, ou* encore *cultures* pour des conventions durcies, naturalisées, refroidies dans les corps/incorporées (en considérant donc également la "connaissance par corps"). On garde alors le terme de *convention* pour les moments où les individus *ouvrent les yeux* sur leur caractère construit (décelables dans l'analyse des interactions). Ainsi la transformation de la convention en routine té-

13. Afin de ne pas ranimer l'opposition dichotomique entre les deux logiques, nous préférons désormais réserver le terme de *sens pratique* au sens pré-refléxif/incorporé que lui a circonscrit Bourdieu, et parler avec Salais (2004) de *sens pragmatique* pour tout ce qui ne relève pas de la pure logique (de la logique) mais permet de concevoir différents degrés de réflexivité selon le *régime d'action* considéré (voir la troisième partie).

moignerait d'une appréhension différente du cadre de référence : les règles ne font pas l'objet d'un travail d'interprétation et de questionnement de tous les instants dans la mesure où la répétition non problématique d'actions qui s'y rapportent renforce leur présence tout en permettant leur oubli, soit leur déconnexion d'une saisie en termes de représentations. Les conventions durcies deviennent des routines (Salais et Storper 1993 et Favereau et Le Gall 2002). Ce changement de vocabulaire, s'il clarifie les choses, a toutefois le double inconvénient de focaliser l'attention sur deux formes rarement complètement réalisées (la convention vécue comme déterminant naturel et la convention perçue comme construit entièrement transparent aux acteurs) ; et de faire perdre de vue l'aspect dynamique de la convention comme processus réversible de consolidation ou de déconstruction, selon qu'elle passe à l'arrière-plan ou est au contraire mise devant soi et en débat.

En parlant de la convention comme processus, on se réfère à la fois à la variation du regard que les agents portent dessus (comme naturel ou comme construit) et à la variation de la convention elle-même, sous l'impulsion des actions des agents et/ou du regard qu'ils portent sur elle. Tout en prenant les conventions comme naturelles, les actions des agents peuvent générer une infinité de variantes de la même convention. Il s'agit de variations adaptatives relatives au fait qu'une situation ne se reproduit jamais à l'identique. En considérant les conventions comme construites, ils peuvent également procéder à leur remplacement. Entre les variations adaptatives et le changement par remplacement, il y a cette fois, en première approximation, non pas des différences de degré, mais bien une discontinuité qualitative. Pour identifier cette rupture, le chercheur n'a aucune priorité sur l'agent. En seconde approximation, la variation peut elle-même être comptée comme changement, mais seulement à partir du moment où elle est perçue comme telle par l'agent. En ce sens, il est nécessaire de penser la possibilité pour les agents de percevoir les conventions comme construites (autrement dit de les doter d'une capacité réflexive) pour pouvoir penser le changement[14]. L'aspect dynamique de la convention comme processus tient donc à l'articulation entre convention en débat d'une part et routine/culture allant de soi d'autre part, articulation en quoi consiste la réflexivité : capacité à pouvoir regarder derrière soi, faire retour sur les déterminants profonds, capacité à les mettre devant soi, à les changer et en créer de nouveaux (Eymard-Duvernay, 2004).

---

14. Pour autant, il ne faut pas en conclure que le changement passe toujours d'abord par une impulsion dans la tête des agents. Le moment de prise de conscience peut au contraire être impulsé par les conséquences de contradictions entre différentes institutions durcies, et accompagner (plutôt que précéder) le changement rendu nécessaire par cette contradiction – ce dont rendent compte les régulationnistes à partir notamment de la notion de crise du régime d'accumulation. Ici le chercheur retrouve une priorité sur les acteurs en s'appuyant sur les contradictions contenues dans les choses... encore faut-il, pour que ces contradictions achèvent de produire leurs effets (et fassent place à de nouvelles régularités), que tout ou partie des agents prenne acte de la contradiction et agisse différemment en conséquence. A ce stade, l'analyse que produit le chercheur revêt sa dimension performative.

Cette idée de réflexivité doit cependant être nuancée par la force d'inertie des choses incorporées et institutionnalisées (dans les corps et dans les choses). L'existence de ces sources de stabilité conduit non pas à voir la réflexivité comme une capacité inconditionnelle et illimitée de reconfigurer "à volonté" les cultures/routines, mais plutôt à identifier ses conditions de possibilité (la prise de conscience ponctuelle) et de réalisation effective (la prise du corps et des institutions sur la durée) – ses conditions nécessaires et suffisantes. De là, deux manières alternatives de concevoir la réflexivité limitée : (i) en insistant sur ses limites ou (ii) en insistant sur l'existence de cette réflexivité malgré ses limites.

(i) En mettant l'accent sur les limites de la réflexivité, on cherche d'abord à expliciter ce que les agents ne voient pas (ce qui échappe à leur conscience, ce sur quoi ils ferment encore les yeux) pour en faire les *vrais* déterminants de l'action, profondément ancrés. C'est une vision excessivement statique, dans la mesure où ce qui n'est pas présent à l'esprit des agents est considéré comme trop profondément ancré pour pouvoir venir à leur esprit et en conséquence être changé. On voit les conditions d'accès à la réflexivité comme difficilement réalisables, bien loin d'être réalisées en pratique, parce qu'on considère la réflexivité à partir de ce que l'agent ne semble pas pouvoir attraper en l'état[15], sans prêter attention à ce qu'il attrape dans l'immédiat et donc à la réflexivité qu'il exerce déjà. Bourdieu (1998) insiste aussi sur le fait que tant qu'elle reste théorique, la prise de conscience à froid, en dehors de l'action, est insuffisante face aux inclinations spontanées du corps. Une théorie de la réflexivité limitée ne peut que souscrire à cette réserve qui la conduit à mettre l'accent sur l'équipement des personnes en situation.

(ii) En mettant l'accent sur la réflexivité malgré tout, on insiste sur les conventions les moins durcies et on souligne les conditions de la réflexivité déjà remplies. On met ainsi également l'accent sur l'aspect ressource des conventions durcies[16] et sur le caractère cumulatif de ces ressources : les agents repoussent les limites de leur réflexivité selon la manière dont ils façonnent leurs conventions – quand la dénaturalisation/désincorporation de certaines conventions/routines passe par la dénaturalisation/désincorporation d'autres conventions/routines.

3. *L'articulation des champs de la domination et des mondes justifiés*

De ce qui précède, nous pouvons retenir que la théorie de la réflexivité limitée et la notion dynamique de convention qui lui est solidaire permettent de dépasser l'opposition entre réflexivité et sens pratique, en les comptant comme deux moments d'un même processus réversible. Dans ce qui suit, nous allons voir que ce

15. On lit les conventions durcies uniquement comme des contraintes telles que les inclinations du corps.

16. Les individus sont équipés par des dispositifs institutionnels, qui ne servent donc pas seulement de contraintes mais également de ressources.

cadre général ouvert par la notion de convention permet également d'articuler plutôt que d'opposer justice et rapports de force, la *violence symbolique* (ou domination) n'opérant pleinement que dans le cas d'agents systématiquement aveuglés, pris au jeu[17].

3.1. Pluralité (interne) des dispositions et pluralité (externe) des formes de coordination

En même temps qu'il systématise l'exposé de l'erreur scolastique, Bourdieu reconnaît la possibilité pour l'agent d'un point de vue extérieur à l'action en considérant l'existence de "dispositions critiques" (Bourdieu, 1997, p.12), d'une "disposition permanente à opérer la mise à distance du réel", ou encore d'une "disposition scolastique" à la fois répandue et activée hors de ses conditions de production :

> "La disposition scolastique qui s'acquiert principalement dans l'expérience scolaire peut se perpétuer lors même que les conditions de son exercice ont plus ou moins complètement disparu" (Bourdieu, 1997, p. 29)

Attribuer à l'agent une telle disposition revient précisément à commettre l'erreur scolastique dans sa forme faible (S1). La minoration qui suit (à la fois ici et dans le texte dont elle est extraite) limite toutefois les risques de dérapages vers S2 :

> "Mais elle ne s'accomplit vraiment que par l'inclusion dans un *champ* savant et tout spécialement dans un des *champs* qui, étant à peu près totalement circonscrits à l'univers scolaire, comme le *champ* philosophique et nombre de *champs* scientifiques, offrent les conditions favorables à son plein développement" (Bourdieu, 1997, pp.29-30).

La théorie de l'*habitus* ne peut pas rendre compte de ce point de vue contre lequel elle s'est précisément bâtie, en définissant la logique de toutes les pratiques par la généralisation d'une forme d'action particulière : "l'action de courte durée, réalisée dans l'urgence de l'action, sans possibilité de reprise ou de répétition" (Lahire, 1998, p.186). Les réponses de l'*habitus* se définissent "par rapport à un *à venir* pro-

17. Des agents exerçant leur réflexivité peuvent-ils être victimes de violence symbolique ? Oui, dès lors que leur réflexivité ne porte dans le même temps sur toutes les catégories (sur tous les principes de classement) qui leur font apparaître l'ensemble des inégalités comme naturelles. Voilà pourquoi la violence symbolique n'opère *que* dans le cas d'agents *systématiquement* aveuglés. En outre, doit-on encore parler de violence symbolique lorsque le fondement d'une distribution hiérarchique est mis en cause sans succès, ni aucune forme de justification ? Sa mise en cause nous indique qu'elle n'est plus perçue comme naturelle, que le "dominé" n'adhère plus spontanément aux règles qui font le "dominant". S'il y a bien ici encore une forme de violence, celle-ci ne répond plus à la notion de violence symbolique telle que définie par Bourdieu.

bable qui [...] se propose avec une urgence et une prétention à exister excluant la délibération" (Bourdieu, 1980, p.89).

En même temps qu'il systématise l'exposé de la domination, Bourdieu reconnaît la possibilité d'une "mise en suspens de la force et des rapports de force". Cette "sorte de trêve miraculeuse où la domination semble dominée ou, mieux, annulée" est en porte-à-faux avec l'économie générale des échanges symboliques[18]. La théorie du *champ* ne peut rendre compte de ce point de vue contre lequel elle s'est précisément bâtie, en définissant la logique de toutes les interactions comme généralisation d'une forme de coordination particulière "orientée vers l'accumulation du capital symbolique (l'honneur)" (Bourdieu, 1998, p. 67).

Il existe donc des formes d'action et de coordination qui échappent au cadre théorique du couple *champ-habitus*. Reconnaître la possibilité d'un point de vue ou d'une disposition scolastique permanente et accomplie hors de ses conditions de production (donc dans l'action) conduit alors à choisir entre le maintien de l'unité de l'*habitus* (par l'inclusion de cette disposition critique dans l'*habitus*) en concédant sa cohérence (par la reconnaissance des contradictions possibles entre les dispositions préréflexives et réflexives qu'il génère) et le maintien de la cohérence de l'*habitus* (alors circonscrite au *sens pratique* selon Bourdieu) en concédant sa généralité. Dans tous les cas, la généralité du *champ*, donc du couple *champ-habitus*, est contestée par l'existence de relations *hors champ*[19]. Les développements de l'entrée sociologique de l'EC, la *sociologie pragmatique* (Nachi, 2006) ou "sociologie des régimes d'action", s'emploient ainsi à reconstruire un cadre théorique général susceptible d'intégrer les relations de domination propres au *champ* et les accords justifiés sur lesquels Boltanski et Thévenot (1991) ont d'abord mis l'accent. La prise en compte de ces développements va donc permettre de lever la fausse opposition entre d'un côté une TR qui met l'accent sur les rapports de force et la violence symbolique des relations de domination propres aux interactions dans les *champs*, et de l'autre côté une EC qui ne verrait que des relations de justice entre individus égaux, oublieux de leur intérêt, délibérant inlassablement dans la perspective du bien commun.

3.2. Différents degrés de réflexivité appréhendés par les régimes d'action

L'approche pragmatique des régimes d'action s'est moins construite dans un souci d'opposition systématique que dans un rapport de filiation critique avec la

18. Cette citation qui, élargie (Bourdieu, 1998, pp.148-152), pourrait fournir une bonne introduction au régime d'agapè de Boltanski (1990), peut bien être considérée comme un *hapax*, ce n'est pas la surinvestir que d'affirmer qu'elle réfute l'idée selon laquelle, pour Bourdieu, le couple champ-habitus permet d'étudier l'ensemble des formes de coordination.
19. Par cette expression, Lahire (1999) entend précisément souligner que la notion de champ ne permet pas de restituer l'ensemble des contextes pertinents d'activité.

théorie de l'action de Bourdieu, à partir de l'analyse de formes de coordination qui échappent à la construction du couple *champ-habitus* (ce qui vaut notamment pour toutes les relations ne répondant pas à une logique de domination). L'entrée dans la problématique de l'action par la coordination comprise dans un sens large (Thévenot, 1994) solidaire d'une attention à la pluralité de ses formes participe de manière décisive à la définition du programme de recherche de l'EC (Dupuy et *alii*, 1989) selon chacune de ses entrées (économique et sociologique). Ce pluralisme de l'EC est trop souvent rabattu sur la diversité des principes d'évaluation légitime, en même temps que son noyau dur est rapporté au *régime de justification* traité dans le cadre des *économies de la grandeur*. Les auteurs y soulignent pourtant la nécessité de resituer les moments de dispute "dans un cours d'action qui, en amont et en aval du moment du jugement, se déroule en dehors des contraintes fortes de réflexion et de justification" (Boltanski et Thévenot 1991, p.425). L'étude de la justification n'est donc pas le noyau dur mais le point de départ d'une démarche qui, admettant la pluralité, doit tenir compte de la manière dont les agents gèrent cette source d'incertitude et jugent les coordinations dans lesquelles ils sont engagés. C'est ce régime qui donne à observer le plus aisément ces opérations de jugement, dans la mesure où les contraintes y sont à la fois fortes et fortement explicitées (Thévenot, 1994). Mais la variété des manières de s'ajuster à l'environnement, de l'horizon public aux convenances personnelles, ouvre sur une gamme plus étendue d'états que les *grandeurs* pour l'identification des personnes.

Plusieurs principes de classification permettent d'appréhender les différents régimes en voie de recensement[20]. Au-delà de cette prolifération, il est possible de présenter leurs caractéristiques générales :

> "On peut définir schématiquement un régime d'action comme la modélisation de l'action dans certaines situations à travers l'équipement mental et gestuel des personnes, dans la dynamique d'ajustement des personnes entre elles et avec les choses, en recourant donc à des appuis préconstitués à la fois internes et externes aux personnes" (Corcuff, 1996a, p.34).

Cette *dynamique d'ajustement* à l'environnement repose sur une dynamique d'interprétation de ses éléments oscillant entre "clôture d'un jugement révisable" (Thévenot, 1990, p. 47) et révision d'un jugement clos. La *clôture du jugement* repose sur les éléments (jugés) présents dans la situation et la poursuite d'un bien qui est commun dans le *régime de justification*, mais qui peut demeurer local dans

---

20. Boltanski (1990) croise les oppositions entre paix et justice et absence ou présence d'une contrainte d'équivalence. Thévenot (2006) hiérarchise les formes d'engagement dans l'action selon leur plus ou moins grande préparation à une mise en commun. Eymard-Duvernay et Marchal (1997) s'appuient, quant à eux, sur des théories économiques concurrentes et construisent directement les régimes à partir d'une activité spécifique (le recrutement).

d'autres régimes. La *révision du jugement* peut intervenir suite au constat d'attentes contrariées par le déroulement de l'action qui l'éprouve, chaque régime ayant ses propres modalités d'épreuves. La stabilité relative des *appuis préconstitués* ouvre sur différentes temporalités. Les *appuis externes* aux personnes sont des dispositifs conventionnels inégalement disponibles aux agents selon les situations. Ils peuvent résulter d'agencements susceptibles de ménager l'articulation entre plusieurs régimes. Les *appuis internes* sont des compétences ordinaires, au sens de "dotations de base de toute personne ordinaire" (Corcuff 1996a, p.34), telles que le sens de la justice ou des dispositions et capacités inégalement acquises et assimilables, mobilisées de manière consciente ou inconsciente.

Ces appuis comprennent plusieurs sources d'asymétrie jusque dans l'exercice de la critique (Boltanski, 1990, p.54). Mais elles génèrent une "pluralité de modalités d'engagement dans l'action, qui ne peuvent pas toutes se connecter à la notion de domination" (Corcuff 1996b, pp.30-31) dans la mesure où celle-ci peut être rapportée aux dispositifs stables inégalement disponibles aux dispositions stables inégales. Aux côtés de ceux-ci existent également des contraintes stables à respecter, "des *conditions de félicité* des propositions d'engagement dans différents régimes [...] assez stables pour faire l'objet d'une clarification, dégageant des règles organisables à la façon d'une grammaire" (Boltanski et alii 1995, p.33)[21]. Ainsi, la prise en compte d'asymétries différenciées selon les régimes permet d'envisager l'inversion des relations de domination dans le déroulement de l'action (Corcuff 1996a, p.34). Elle invite également à tirer les implications pour le régime de la justification de l'existence d'asymétries dans les dispositions durables en matière de compétences argumentatives. La production d'agencements justifiés dépend donc à la fois de compétences ordinaires (la capacité de reconnaître la légitimité d'un agencement) et d'un rapport de domination (la capacité à mobiliser un principe légitime) bridé par des épreuves faisant intervenir d'autres appuis. Cette double détermination peut être suffisamment ouverte pour rendre compte et de coordinations légitimes et de dominations à l'appui d'une forme de violence symbolique.

4. Un pluralisme sans libre-arbitre

Pour compléter la théorie de la réflexivité limitée défendue dans ce texte, nous avons besoin d'une conception de la personne permettant la recension des déterminants du passage d'une forme d'engagement dans l'action à une autre. Empruntée à Spinoza et rendue opérationnelle pour les sciences sociales par Frédéric Lordon dans le cadre de la TR, la notion de *conatus*, conçue dans toute sa généralité, peut remplir ce rôle, à condition d'y retrouver la pluralité nécessaire à la réflexivité critique (4.2.) et de maintenir à bonne distance toute idée de libre-arbitre incompatible

21. Pour désigner ces conditions de félicité qui témoignent des chances de succès d'une proposition d'engagement, nous parlerons indifféremment de "grammaires" ou de "déterminations grammaticales".

avec l'ontologie qu'elle condense. Lordon (2003b et 2006b) insiste en effet sur l'antihumanisme de la philosophie spinoziste pour l'opposer à une théorie consistante de l'acteur doté d'une liberté de délibération et de décision – précisément celle que semblent mobiliser par endroit les conventionnalistes en recourant à l'idée de libre-arbitre. Toutefois cette dernière opposition peut être levée à moindre frais, en optant pour un point de vue déterministe qui endogénéise par la pluralité la possibilité de création de nouveauté historique (4.1)

4.1. La critique sous conditions

Nous avons vu qu'il n'y avait pas d'opposition sur la reconnaissance d'un point de vue (relativement) extérieur à l'action (même si la notion d'*habitus* ne peut restituer ce point de vue). L'opposition restante résiderait plutôt dans les conditions de ce point de vue. Pour Bourdieu, il faut être dégagé de l'urgence de l'action pour pouvoir adopter une telle attitude critique, tandis que pour Boltanski, c'est l'attitude critique qui, associée à l'idée de libre-arbitre, conduit à se retirer de la situation et à renégocier son urgence :

> "[L]es personnes ont toujours deux possibilités : fermer les yeux en s'engageant dans la nature de la situation et agir de façon à être ce qu'elles font ; ou, à l'inverse, ouvrir les yeux, c'est-à-dire se retirer de la situation et la dénoncer en la considérant depuis une autre nature. C'est cette capacité critique, toujours ouverte, qui définit le libre-arbitre des personnes" (Boltanski, 1990, p.94).

Dans ce second cas, les conditions nécessaires à l'adoption de l'attitude critique sont à la fois générales et peu contraignantes : elles se rapportent seulement à l'existence d'une pluralité de mondes[22]. Cette possibilité, toujours ouverte si l'on admet la pluralité, ne présage pas des conditions suffisantes d'adoption de cette attitude en vertu de l'hypothèse de libre-arbitre, ni de ses chances de succès (conditions de félicité). En faisant dépendre l'alternative entre *ouvrir* et *fermer les yeux* d'un simple décret de la volonté, cette hypothèse a pour inconvénient de décourager toute tentative d'explication de cette attitude critique. D'un point de vue métaphysique, cette hypothèse de libre-arbitre est par définition irréfutable. A ce niveau, l'opposition entre déterminisme et libre-arbitre ne peut donc pas et n'a pas en conséquence à être tranchée ici. D'un point de vue méthodologique, en revanche, postuler le libre-arbitre consiste en un renoncement dont nous pouvons faire l'économie sans sacrifier la pluralité, ni par conséquent la réflexivité[23]. Il convient alors d'abandonner cette hypothèse.

---

22. Il s'agit de la garantie d'accès à une extériorité vue au point 2.1.1.
23. Comme nous allons le voir au point 4.2.

Le raisonnement n'est pas parfaitement symétrique concernant les chances de succès (conditions de félicité) de la critique. Là encore, Boltanski et Thévenot (1991) explicitent des conditions nécessaires[24] sans aborder l'exploration de conditions suffisantes, en raison d'une nouvelle hypothèse théorique de large portée méthodologique : l'incertitude radicale. Tandis que l'hypothèse de libre-arbitre conduit à un renoncement sans contrepartie, l'hypothèse d'incertitude radicale s'avère nécessaire car solidaire de la possibilité d'apparition de nouveauté historique. Sans verser dans le libre-arbitre, une certaine idée de liberté doit alors être maintenue pour considérer la capacité de créer du nouveau. Cette liberté créatrice ainsi détachée de l'hypothèse de libre-arbitre permet de concevoir la théorie de la réflexivité limitée comme un déterminisme ouvert sur l'innovation et l'apprentissage comme création de nouvelles connaissances[25]. Le tableau qui suit ordonne les quatre conditions qui viennent d'être discutées.

Les conditions de la critique

	Nécessaires	**Suffisantes**
Conditions d'adoption	Pluralité des mondes	Non spécifiées en raison de l'hypothèse de libre-arbitre
Conditions de félicité	Règles grammaticales	Non spécifiées en raison de l'hypothèse d'incertitude radicale

4.2. Le conatus transversal aux régimes d'action

Rejeter l'hypothèse de libre-arbitre permet de mobiliser la notion de *conatus* comme conception de la personne transversale à la variété de ses formes d'engagement dans l'action. Le recours au *conatus* comme pulsion existentielle fondamentale vise à saisir dans une même notion motivation essentielle et dynamique de l'existence. Le mouvement de l'existence (l'existence comme action) est saisi par le choix de cette hypothèse anthropologique qui définit directement l'homme par ce qui le pousse à agir : le *conatus* est le moteur générique de l'action. Ainsi, l'existence est d'emblée action et l'action répond à une motivation essentielle autoréférentielle : la maximisation de la puissance d'agir comme moyen et comme finalité de l'action (*persévérance dans l'être*). Le *conatus* comme impulsion primordiale est un *élan* d'expansion orienté vers un surcroît de puissance, ce qui comprend, d'abord, un ef-

24. Les contraintes à respecter pour que la dénonciation d'une injustice soit jugée normale et puisse être entendue sont des contraintes de généralité résumées par les règles grammaticales propres aux régime de l'action justifiée.

25. Conformément au principe d'"incertitude épistémique" de Popper, à savoir le constat selon lequel "nous ne pouvons prédire, de manière scientifique, les résultats que nous obtiendrons au cours de la croissance de notre propre connaissance" (Popper, 1982, p. 53).

fort de conservation contre ce qui peut entraver cette puissance. Il témoigne ainsi de l'idée que l'action est toujours d'abord guidée par le souci de soi, "de ce qu'une existence est essentiellement préoccupée d'elle-même" (Lordon, 2006a, p.37). Il fournit à ce titre la notion fondatrice d'un utilitarisme élargi, un "utilitarisme de la puissance" (*Ibid*, p.159).

Mais ce postulat de préoccupation de l'existence pour elle-même doit, pour dépasser la tautologie[26], s'accompagner de principes explicatifs des modalités de détermination des sources d'utilité et de désutilité. Ces déterminations permettent de passer du *conatus essentiel* comme tendance à l'actualisation maximale de son être au *conatus actualisé* comme être socialement qualifié (Lordon, 2003a). L'un de ces principes explicatifs consiste dans le recours à la qualification sociale des individus, par laquelle leur est imputée une position permettant de subsumer leurs désirs concrets, indépendamment de leurs déclarations d'intention. Par exemple, en suivant ce principe, l'analyse des tentatives de fusion entre la BNP, la Société Générale et Paribas intervenue en 1999, peut être lue comme mettant en scène un être en tant qu'actionnaire (*conatus* de la finance) visant la maximisation du profit et un être en tant qu'entrepreneur (*conatus* industriel) visant la maximisation du contrôle capitalistique (Lordon, 2002). Pour identifier les désirs concrets des acteurs, c'est-à-dire la forme actualisée que prend l'intérêt fondamental[27] du *conatus*, Lordon prend ici appui sur la sociologie de Bourdieu. La disposition à se prendre au jeu (l'*illusio*) fournit en effet "l'une des figures du conatus actualisé" (Lordon, 2003a, p.122). Cette disposition est elle-même socialement déterminée par la relation entre les *champs* et l'*habitus* considéré comme "l'opérateur de cette actualisation" (*Ibid*).

Le couple *champ-habitus* ne compte toutefois que comme l'une des modalités de détermination des désirs. Au niveau interpersonnel, complémentaire – en ce qu'il permettrait de détailler les modalités d'acquisition et de renforcement de l'*illusio* –

26. Toute existence est action et toute action est perçue, impulsée, infléchie en rapport avec celui qui agit.

27. En tant que puissance en quête de puissance "fondamentalement autocentrée et intéressée à elle-même" (Lordon, 2006a, p.50), le *conatus* exprime l'idée d'intérêt dans sa forme la plus générale. Le *conatus* comme motivation essentielle est "l'intérêt générique par excellence, intérêt de l'existence pour elle-même et de la persévérance dans l'être" (*Ibid.*, p.51), "la forme la plus fondamentale de l'intérêt [...] dont dérivent toutes les autres expressions d'intérêts" (*Ibid.*, p.149). L'action est expliquée par cette idée d'intérêt une fois celle-ci spécifiée par l'explicitation dans chaque cas du processus de sa mise en forme. La forme d'intérêt utilisée et critiquée traditionnellement en économie n'est alors qu'une déclinaison particulière de l'*intérêt-conatus* fondamental. Elle se limite à du calcul d'utilité conscient et/ou égoïste et/ou rationnel et/ou matériel. Ces restrictions sont dépassées par le recours à la notion d'intérêt fondamental plus générale et nécessairement complétée par ses modalités de mise en forme (d'actualisation du *conatus*, de détermination des désirs concrets). Dans ces conditions, toute action pour autrui (sur les affects d'autrui) peut en dernière analyse être ramenée à une action pour soi (sur ses propres affects par la médiation des affects d'autrui), une action qui vise d'abord et toujours la satisfaction de son *intérêt-conatus*.

ou alternatif – en ce que, relevant de mécanismes plus élémentaires, il permet d'envisager aussi les interactions hors *champ* – au précédent, Spinoza distingue trois affects primaires (la joie, la tristesse et le désir) dont sont déduits par composition des spécifications d'intérêt (affects déduits) à partir de deux mécanismes principaux d'association des affects : (i) l'influence du contexte[28] et (ii) l'influence interpersonnelle de type mimétique[29]. La conception spinoziste de l'homme comme élan de puissance, orienté par des affects conçus comme des variations de puissance[30], ajoute ainsi aux déterminations de position[31] celles produites dans la dynamique de l'interaction selon les lois de la vie affective et leur mécanisme d'imitation des affects – Lordon (2006b, p.16) parle de "détermination affective-conative locale".

Ces différentes modalités d'actualisation du *conatus* (de détermination des désirs) semblent alors à même de restituer la variété des formes d'engagement dans l'action associée à notre idée de réflexivité limitée. En effet, la manière dont l'individu est affecté par ce qui lui arrive (l'*ingenium*) ménage cette pluralité : l'*ingenium* "rassemble des affectibilités nombreuses, une seule et même affection peut provoquer en lui des résonances multiples" (Lordon, 2006b, p.7), une même chose peut donc être à la fois source de joie et de tristesse selon le niveau d'identité, soit le système de préférences, considéré – "Ainsi, par exemple, l'affection d'une réforme fiscale peut affecter joyeusement un même individu comme contribuable, mais aussi tristement s'il a contracté une manière de juger politiquement "à gauche" qui lui fait regretter le retrait de l'État social, de la solidarité redistributive, etc." (*Ibid.*) – et évolutive – "l'ingenium n'est pas donné une fois pour toutes, mais se constitue dynamiquement et se transforme sans cesse au fil des affections rencontrées et des affects éprouvés" (*Ibid.*). Le dénouement de cette complexité, la détermination du niveau d'identité auquel l'individu éprouve finalement ce qui lui arrive, dépend de la force des différents affects.

Insister, comme nous l'avons fait, sur les compétences interprétatives des agents conduit à souligner l'intervention des forces cognitives aux côtés des forces affectives. Nous pouvons illustrer l'intérêt de maintenir une telle distinction (contre la réduction complète du cognitif à l'affectif à laquelle invite Spinoza) à partir de

28. "*Du seul fait que nous avons considéré un objet en même temps que nous étions affectés d'une joie ou d'une tristesse dont il n'était pourtant pas la cause efficiente, nous pouvons l'aimer ou le haïr*" (*Éthique*, III, 15).

29. "*Du fait que nous imaginons qu'un objet semblable à nous et pour lequel nous n'éprouvons aucun affect, est quant à lui affecté d'un certain affect, nous éprouvons un affect semblable*" (*Éthique*, III, 27).

30. "*[P]ar définition*, [les affects] sont directement des quanta ajoutés ou retirés à la puissance d'agir, ou bien des auxiliaires ou des obstacles à son effectuation. Plus encore, ils sont également eux-mêmes des forces distinctes qui s'affrontent dans la psyché selon la loi de mesure des puissances" (Lordon, 2006a, p.11).

31. Il s'agit toujours ici d'une position dans un champ, à l'enjeu directif par lequel le désir intransitif est spécifié en désir de quelque chose.

l'exemple de la citation précédente. Dans une telle situation, pour analyser la détermination du niveau d'intérêt (être en tant que contribuable ou être en tant qu'homme "de gauche"), il ne suffit pas de noter que l'affect de joie pour l'être en tant que contribuable est plus fort que l'affect triste pour l'être en tant qu'homme "de gauche" (ou l'inverse). Il faut également tenir compte des éléments saillants dans la situation où l'agent rencontre la réforme fiscale, soit par exemple : d'une part, les locaux du parti dans lequel il milite et, d'autre part, le porte-monnaie présent dans une poche de sa veste. La force cognitive de ces repères (qui détermine leur caractère plus ou moins saillant) contribue à la détermination du niveau d'identité (être en tant que contribuable ou être en tant qu'homme "de gauche"). Cette force peut sans doute être réduite aux lois de la vie affective, mais elle fait alors entrer en jeu des affects différents de ceux directement produits par la réforme fiscale. Cette pluralité de repères et d'interprétations ne saurait cependant conduire à l'idée que l'individu peut choisir librement la forme de son engagement dans l'action. Reconnaître aux individus la possibilité de se représenter différemment une même situation à partir de différentes catégorisations n'implique pas le recours à une hypothèse de libre-arbitre. A un moment donné, le "choix" de se représenter la situation d'une façon donnée (et d'être engagé dans l'action selon un régime donné) peut toujours être conçu comme déterminé par des causes. Mais à côté des déterminations de position et des déterminations affectives locales, on peut désormais tenir compte des déterminations grammaticales. Ce "choix" devra ainsi dépendre également des discontinuités introduites par autrui (par ses gestes ou ses messages) dans le déroulement de l'action et des différentes grammaires en vigueur, qui définissent les conditions de félicité des propositions d'engagement en quoi consistent ces discontinuités.

En résumé, compléter la théorie de la réflexivité limitée par l'hypothèse ontologique de Spinoza, le conatus, permet d'envisager des déterminismes de transition non seulement entre les régimes, mais aussi entre les déterminations de position et les déterminations grammaticales produites par des répertoires de significations et de valeurs transversales à ces positions.

Conclusion

Nous entreprenons pour conclure d'ordonner les principaux éléments de notre proposition de théorie de l'action commune à l'EC et à la TR en cinq propositions et huit corollaires :

1. L'environnement humain est incertain.

La prise en compte de toutes les conséquences de cette incertitude est la marque première de l'hétérodoxie. Cette incertitude porte sur les intentions des autres, sur leur modalité d'engagement dans l'action et sur le produit collectif des actions, donc sur l'avenir. En conséquence :

1.1. L'ajustement à l'environnement est toujours problématique.

1.2. L'ajustement suppose des jugements révisables.

2. En tant qu'élan d'expansion orienté vers un surcroît de puissance, l'agent est toujours en mouvement, engagé dans l'action.

L'action est d'abord réaction aux affections (rencontre de forces) consubstantielles à la présence au monde. Les affects, en tant que modifications de puissance résultant de l'appréhension de cette rencontre, orientent les réactions, qui produisent de nouvelles affections. En conséquence :
2.1. L'incertitude ne bloque pas l'action.

2.2. Ce que l'agent perçoit être son intérêt est appelé à varier dans le cours de l'action.

3. L'action, en tant que rencontre de forces, produit des repères, qui correspondent à des variations de forces (compositions ou soustractions).

Les affects sont des repères internes aux personnes, en tant que souvenir d'affections qui orientent les désirs à venir. L'action produit aussi des repères externes qui orientent la révision des jugements : propositions d'engagement, régularités/discontinuités, mises en forme d'objets, épreuves, catégorisations. En conséquence :

3.1. L'individu est marqué de repères, qui résultent d'actions présentes et passées – d'expériences marquantes. Ces traces dessinent pour chaque personne une constitution affective complexe.

3.2. L'environnement est peuplé de repères qui résultent d'actions présentes et passées. Les objets produisent pour chaque situation une réalité cognitive complexe.

4. Il existe différentes formes d'engagement dans l'action, associées à différents ensembles de repères internes et externes qui s'évoquent mutuellement (renforcent leur présence).

La pluralité de ces ensembles de repères fournit aux agents des ressources pour interroger une partie des repères en s'appuyant sur d'autres repères (donc sans pouvoir les interroger tous à la fois). Parmi les formes d'engagement, on peut distinguer celles dominées par des repères internes de celles dominées par des repères externes. En conséquence :

4.1. L'agent est doté d'une réflexivité limitée.

4.2. Les déterminations affectives et cognitives locales font la transition entre les déterminations de position et les déterminations grammaticales.

5. La transformation de l'incertitude passe par la mise en commun des repères.

A l'appui de la théorie de la réflexivité limitée, nous sommes désormais en mesure d'avancer dans l'analyse de cette dynamique de mise en commun et de transformation des repères, en laquelle réside le changement institutionnel.

BIBLIOGRAPHIE

Aglietta Michel et Orléan André (1982), *La violence de la monnaie,* Paris, Presses universitaires de France.

Aglietta Michel et Orléan André (2002), *La monnaie entre violence et confiance,* Paris, Odile Jacob.

Amable Bruno et Palombarini Stefano (2005), *L'économie n'est pas une science morale*, Paris, Raisons d'agir, collection Cours et Travaux.

Bessis Franck (2008), "Quelques convergences remarquables entre l'Économie des Conventions et la Théorie de la Régulation", *Revue Française de Socio-Économie*, n° 1.

Bessis Franck, Chaserant Camille, Favereau Olivier et Thevenon Olivier (2006), "L'identité sociale de l'homo conventionalis", in Eymard-Duvernay François, éd., *L'économie des conventions. Méthodes et résultats, tome 1, Débats*, Paris, La Découverte, pp. 181-195.

Bessy Christian et Favereau Olivier (2003), "Institutions et économie des conventions", *Cahier d'économie politique*, n° 44, pp. 119-164.

Billaudot Bernard (2001), *Régulation et croissance. Une macroéconomie historique et institutionnelle*, Paris, L'Harmattan.

Billaudot Bernard (2004), "Institutionnalismes, rationalisme et structuralisme en science sociale", Grenoble, *Document de travail LEPII.*

Boltanski Luc (1990), *L'amour et la justice comme compétence*, Paris, Métailié.

Boltanski Luc et Thévenot Laurent (1991), *De la Justification. Les économies de la grandeur*, Paris, Gallimard.

Boltanski Luc, Godet Marie-Noël, Latour Chloé et Cartron Damien (1995), "Message d'amour sur le *Téléphone du dimanche*", *Politix*, n°31, pp. 30-76.

Bourdieu Emmanuel (1998), *Savoir faire*, Paris, Presses universitaire de France.

Bourdieu Pierre (1980), *Le sens pratique*, Paris, éditions de Minuit.

Bourdieu Pierre (1984), *Questions de sociologie*, Paris, Éditions de Minuit, 2002.

Bourdieu Pierre (1994), *Raisons pratiques : Sur la théorie de l'action*, Paris, Seuil, 1996.

Bourdieu Pierre (1997), *Méditations pascaliennes*, Paris, Seuil, 2003.

Bourdieu Pierre (1998), *La Domination masculine*, Paris, Seuil, 2002.

Bourdieu Pierre (2000), *Les structures sociales de l'économie*, Paris, Seuil.

Bourdieu Pierre (2001), *Langage et pouvoir symbolique*, Paris, Seuil.

Boyer Robert (1986), *Théorie de la régulation. Une analyse critique*, Agalma, Paris, La Découverte.

Boyer Robert (2003), "L'anthropologie économique de Pierre Bourdieu", *Actes de la recherche en sciences sociales*, n°150, décembre, pp. 65-78.

Corcuff Philippe (1996a), "Théorie de la pratique et sociologie de l'action. Anciens problèmes et nouveaux horizons à partir de Bourdieu", *Actuel Marx*, n°20, pp. 27-38.

Corcuff Philippe (1996b), "Ordre institutionnel, fluidité situationnelle et compassion – Les interactions au guichet de deux Caisses d'Allocations Familiales", *Recherches et Prévisions*, n°45, septembre, pp. 27-35.

Dupuy Jean-Pierre, Eymard-Duvernay François, Favereau Olivier, Orléan André, Salais Robert et Thévenot Laurent (1989), "Introduction", *Revue économique,* vol. 40, n°2, mars, pp. 141-145.

Eymard-Duvernay François (2001), "L'économie des conventions a-t-elle une théorie politique ?", in Batifoulier Philippe, éd., *Théorie des conventions*, Paris, Economica, pp. 279-297.

Eymard-Duvernay François (2004), "L'un calcule, l'autre parle", Communication à la journée d'études GDR Économie et sociologie *Les enjeux actuels des relations entre économie et sociologie* Université Paris X Nanterre, 19 novembre.

Eymard-Duvernay François et Marchal Emmanuelle (1997), *Façons de recruter : le Jugement des compétences sur le marché du travail*, Paris, Métailié.

Favereau Olivier (1985), "L'incertain dans la "révolution keynésienne" : l'hypothèse Wittgenstein", in *Économies et sociétés*, série PE (Œconomia), n°3, pp. 29-72.

Favereau Olivier (2001), "L'économie du sociologue ou : penser (l'orthodoxie) à partir de Pierre Bourdieu", in Lahire Bernard, éd, *Le travail sociologique de Pierre Bourdieu. Dettes et critiques.*, Edition revue et augmentée, Paris, La découverte, pp. 255-314.

Favereau Olivier (2005), "Quand les parallèles se rencontrent : Keynes et Wittgenstein, l'économie et la philosophie", *Revue de métaphysique et de morale*, n°3, juillet 2005, pp. 403-427.

Favereau Olivier et Le Gall Jean-Marc (2002), "Règles, Normes et Routines", in Allouche José, éd., *Encyclopédie des Ressources Humaines*, pp. 983-996.

Keynes John M. (1936), *Théorie générale de l'emploi, de l'intérêt et de la monnaie*, traduction française, Londres/Paris, Macmillan/Payot, 1968.

Lahire Bernard (1998), *L'homme pluriel*, Paris, Nathan.

Lahire Bernard (1999), "Champ, hors-champ, contrechamp", in Lahire Bernard, éd., *Le travail sociologique de Pierre Bourdieu. Dettes et critiques*, Paris, La découverte, 2001, pp. 23-57.

Lipietz Alain (1987), "Régulation : les mots et les choses", *Revue économique*, n°5, septembre, pp. 1049-1060.

Lordon Frédéric (2002), *La politique du capital*, Paris, Odile Jacob.

Lordon Frédéric (2003a), "Conatus et Institutions : pour un structuralisme énergétique", *L'année de la régulation 2003*, 7, Paris, Presses de Science Po, pp. 111-146.

Lordon Frédéric (2003b), "Revenir à Spinoza dans la conjoncture intellectuelle présente", *L'année de la régulation 2003*, 7, Paris, Presses de Science Po, pp. 147-166.

Lordon Frédéric (2006a), *L'intérêt souverain. Essai d'anthropologie économique spinoziste*, Paris, La Découverte.

Lordon Frédéric (2006b), "La légitimité n'existe pas. Éléments pour une théorie des institutions", *Working Papers Recherche & Régulation, série Institution, Convention et théorie de la Régulation,* n°2006-1.

Lordon Frédéric et Orléan André (2008), "Genèse de l'État et Genèse de la monnaie : le modèle de la *potentia multitudinis*", à paraître in Y. Citton et F. Lordon (dir.), *Spinoza et les sciences sociales. De l'économie des affects à la puissance de la multitude*, Éditions Amsterdam.

Nachi Mohamed (2006), *Introduction à la sociologie pragmatique*, Paris, Armand Collin.

Popper Karl R. (1934), *La logique de la découverte scientifique*, Vienna/Paris, Springer/Payot, 1973.

Popper Karl R. (1982), *L'univers irrésolu. Plaidoyer pour l'indéterminisme*, Totowa/Paris, Rowman and Littlefield/Hermann, 1984.

Popper Karl R. (1989), "Le mythe du cadre de référence", in Bouveresse Renée, éd., *Karl Popper et la science aujourd'hui*, Paris, Aubier.

Postel Nicolas (2005), *Les règles dans la pensée économique contemporaine*, Paris, CNRS éditions.

Postel Nicolas et Sobel Richard (2006), "Quelle théorie hétérodoxe de l'acteur économique ?", in Eymard-Duvernay François, éd., *L'économie des conventions. Méthodes et résultats, tome 1, Débats*, Paris, La Découverte, pp. 131-150.

Reynaud Bénédicte (2004), *Les règles économiques et leurs usages*, Paris, Odile Jacob.

Salais Robert (2004), "La politique des indicateurs. Du taux de chômage au taux d'emploi dans la stratégie européenne pour l'emploi (SEE)", in Zimmermann Bénédicte, *Action publique et sciences sociales*, Paris, Éditions de la Maison des Sciences de l'Homme, pp. 287-331.

Salais Robert et Storper Michael (1993), *Les mondes de production, enquête sur l'identité économique de la France,* Paris, Éditions de l'EHESS.

Servais Olivier (2000), "Les modèles d'action dans la théorie de la régulation. Habitus, rationalité, routine", *Économies et Sociétés*, Tome XXXIV, n° 1, Janvier, Série Théorie de la régulation, R, n° 11, pp. 145-182.

Servais Olivier (2004), "Dispositions et détermination de l'action dans la théorie de la régulation", *Cahiers d'épistémologie*, n°2004-09.

Servais Olivier (2005), "Économie institutionnaliste des croyances. Essai de fondement à partir de l'habitus et de la disposition pragmatique", Communication à la journée d'études IDHE *Les philosophes pragmatistes et les économistes : quelles proximités ?* Paris Cachan, 11 avril.

Spinoza Baruch (de), 1677, *Éthique*, Paris, Gallimard, 1954.

Thévenot Laurent (1990), "L'action qui convient", in Pharo Patrick et Quéré Louis, éd., *Les formes de l'action. Sémantique et sociologie*, série "Raisons pratiques", n°1, Paris, Éditions de l'EHESS, pp. 36-69.

Thévenot Laurent (1994), "Le régime de familiarité ; des choses en personnes", *Genèses*, n°17, pp. 72-101.

Thévenot Laurent (1995), "Rationalité ou normes sociales : une opposition dépassée ?", in Gérard-Varet, Louis-André et Passeron Jean-Claude, éd., *Le modèle et l'enquête. Les usages de principe de rationalité dans les sciences sociales,* Paris, Éditions de l'EHESS, pp. 149-189.

Thévenot Laurent (2006), *L'action au pluriel, Sociologie des régimes d'engagement*, Paris, La Découverte, collection Textes à l'appui, série "politiques et sociétés".

L'ÉCONOMISTE ET LE JUGE : RÉFLEXIONS SUR LA THÉORIE HAYÉKIENNE DU DROIT[1]

Samuel FEREY[2]

Résumé :
L'article identifie une tension dans la représentation hayékienne des règles de droit. Alors qu'elles jouent une fonction essentielle dans la coordination au sein de l'ordre spontané en définissant les attentes légitimes des agents, Hayek ne développe pas réellement les mécanismes par lesquels émerge une interprétation partagée des règles. D'abord, les fonctions des règles de droit au sein de l'ordre spontané sont présentées. Puis nous montrons que les règles sont constituées par les attentes que les agents forment à leur propos. Enfin, nous montrons qu'aucun des deux mécanismes proposés par Hayek – le sens de la justice et le juge – n'est capable de garantir la résolution des conflits d'interprétation entre les individus. De tels conflits mettent en question l'efficacité et la justice de l'ordre spontané.

Abstract: The judge and the market: legal rule, coordination and hermeneutics in Hayekian spontaneous order
The article focuses on a tension in the Hayekian representation of legal rules. While rules perform an essential function of coordination by providing common interpretation about the legitimate expectations, Hayek does not really develop the mechanisms by which common interpretations may emerge. Firstly, the functions of coordination of rules are presented. We show then that rules are constituted by individual meanings. Finally we show none of the two mechanisms producing shared interpretations, the sense of justice and the judge, is able to guarantee the resolution of conflicts of interpretation between individuals. Such a conflict questions therefore spontaneous order's efficiency and justice.

Classification JEL: B20, K0

---

1. L'auteur tient à remercier les membres du séminaire du Beta-règles (Nancy Université, UMR CNRS 7522) et tout particulièrement Cécile Bourreau-Dubois ainsi qu'un rapporteur anonyme pour leurs remarques qui ont permis de préciser un certain nombre d'arguments.
2. Maître de conférences, BETA (UMR CNRS 7522), Université de Nancy 2, Faculté de droit, sciences économiques et gestion, 13 Place Carnot, 54035 Nancy. Tél. : 03 83 51 08 94 et 06 88 86 53 05, Samuel.Ferey@univ-nancy2.fr

Introduction. La théorie hayékienne du droit à l'aune de la "révolution herméneutique"

"Il n'y a pas de faits, il n'y a que des interprétations"
Friedrich Nietzsche, *La Volonté de puissance*, II, § 133.

A bien des égards, le projet de Hayek est celui d'une théorisation globale des rapports entre économie et droit[3]. Pour Hayek, en effet, la séparation de ces deux disciplines n'a pas de sens dans la mesure où le juriste étudie les règles de droit qui servent l'ordre spontané qu'étudie l'économiste tandis que l'économiste connaît mal les règles qui permettent l'émergence et la stabilité de cet ordre social (Hayek 1973, p. 4)[4]. Loin de s'en tenir à la seule déclaration d'intention, cette préoccupation travaille de l'intérieur la pensée hayékienne[5].

En approfondissant et en systématisant le concept d'ordre spontané, Hayek a été conduit à préciser le rôle des règles de conduite dans sa représentation du fonctionnement de l'économie. *Droit, législation et liberté* est à cet égard emblématique du chemin parcouru par rapport aux premiers travaux[6] : les règles y sont devenues des outils d'action efficace en incertitude et des compléments nécessaires de la coordination marchande. Les commentateurs de Hayek voient d'ailleurs dans sa théorie des règles une contribution majeure à la théorie économique concernant l'action économique, la coordination ou encore l'évolution institutionnelle (voir par exemple, Longuet 1991 ; Garrouste 1994, 1999 ; Fleetwood 1995). C'est dans cette perspective que l'on voudrait ici étudier la nature et la fonction d'une catégorie particulière de règles de conduite, les règles de droit.

Plus précisément, la théorie hayékienne des règles de droit se présente sous un jour ambigu. En effet, depuis le tournant des années 1960, la théorie générale du droit a été marquée par ce que l'on a appelé le tournant herméneutique. Suivant un

3. Parmi les dix thèses structurantes de la philosophie hayékienne que recense Robert Nadeau par exemple, pas moins de cinq concernent le "*nexus*" économico-juridique (Nadeau 2000, p. 67).
4. Pour Hayek, "*the rules of just conduct which the lawyer studies serve a kind of order of the character of which lawyer is largely ignorant; and that this order is studied chiefly by the economists who in return is similarly ignorant of the character of rules of conduct on which the order he studies rests*" (Hayek 1973, 4).
5. Ceci est la conséquence directe de la rupture qu'opère Hayek au cours des années 1930 sur la question de l'information (Caldwell 1988, pp. 513-514 ; Fleetwood 1995, p. 90). On le sait, à la suite du débat sur le calcul socialiste, Hayek place l'incertitude au centre de ses réflexions : renonçant tout à la fois à la méthodologie positiviste en économie et à l'équilibre (Fleetwood 1995, p. 90), c'est autour du concept d'*ordre* que s'organise alors l'ensemble de sa philosophie sociale (Donzelli 1993, pp. 48-49). Ses œuvres ultérieures peuvent être lues comme une exploration progressive, du point de vue économique, juridique et politique, de ce choix initial (Nemo *in* Hayek 1960b, p. xxi ; Barry 1979, p. 82).
6. Ainsi, dans le célèbre article de 1945 sur l'usage de l'information, le concept de règles de conduite ne joue aucun rôle.

mouvement qui a touché aussi bien la philosophie que les sciences sociales en général (Dosse 1995, pp. 12-16), les théoriciens du droit témoignent d'un intérêt grandissant pour les questions d'interprétation dans l'explication du phénomène juridique (Rosenfeld 2000)[7]. Or, paradoxalement, alors même que la théorie hayékienne présente un certain nombre d'éléments qui pourraient passer pour un souci herméneutique (Lavoie, éd, 1991), on voudrait montrer que l'interprétation constitue l'une des difficultés de la théorie hayékienne. En effet, tout en reconnaissant que les règles de droit sont des cristallisations de signification et qu'à ce titre elles participent de manière cruciale à l'existence de l'ordre spontané - en coordonnant les attentes légitimes des agents -, Hayek laisse dans l'ombre la question de l'émergence d'une signification partagée et commune du sens des règles de justice. L'utilisation par Hayek du concept de règles de juste conduite met alors l'ensemble de son projet sous tension en supposant résolus les conflits d'interprétations[8]. Les enjeux s'avèrent rapidement centraux pour la portée de la théorie hayékienne : avec l'interprétation, c'est la capacité de l'ordre spontané du marché à coordonner les actions et les plans des agents qui se trouve mise en défaut.

Interroger la théorie hayékienne depuis une question aussi complexe que celle de l'interprétation nécessite de préciser quelques éléments de méthode. D'une part, il semble impossible de traiter des positions analytiques de Hayek en ce qui concerne les rapports entre droit et économie indépendamment de ses prises de position méthodologiques. Les travaux de Fleetwood, par exemple, ont bien montré la constitution progressive d'une sorte *d'équilibre réfléchi* entre fondements méthodologiques et positions analytiques (Fleetwood 1995, p. 86). D'autre part, il faut sans cesse considérer la théorie des règles, principalement exposée dans les écrits d'après-guerre, au miroir de ses implications économiques.

Sur ces fondements, la démonstration se fera en trois temps. Dans une première partie, nous rappelons le rôle des règles de conduite, et notamment des règles de droit, dans le fonctionnement de l'ordre spontané. Les règles sont alors des compléments nécessaires du marché en ce qu'elles assurent la coordination des attentes légitimes des agents quant aux comportements des autres individus (**I. La fonction des règles de droit au sein de l'ordre spontané**). Nous montrons alors la nécessité d'une interprétation commune du sens des règles pour que cette fonction puisse être remplie. Identifier cette difficulté nous amène, dans une seconde partie, à préciser ce qu'entend Hayek lorsqu'il parle des règles, et des objets sociaux en général, comme des contenus de signification (**II. Quelle ontologie pour les règles de**

7. En économie, c'est sans aucun doute l'économie des conventions qui a le plus développé les implications de ce tournant herméneutique en l'associant aux renouvellements théoriques qui ont suivi l'introduction des questions d'information (Favereau 1998, pp. 195 et suiv.).

8. Du point de vue de l'histoire de l'analyse économique du droit, c'est d'ailleurs cette même critique qu'esquissait déjà Posner au milieu des années 1970 (Posner et Landes 1975, p. 879).

droit ?). L'étude de l'ontologie sociale – anti-constructiviste et subjectiviste – défendue par Hayek permet de montrer que toutes les significations ne constituent pas les faits sociaux. Cette ontologie appelle la théorisation de médiation afin de discriminer entre significations légitimes et non légitimes. La troisième partie est consacrée à l'explicitation de ces figures de la médiation en ce qui concerne les règles de droit (**III. Les figures de l'interprétation : le sens de la justice et le juge**). Cette étude révèle alors une difficulté de la théorie de l'ordre spontané : le social est tout à la fois opaque du fait de la dispersion de l'information et parfaitement transparent quant à l'interprétation. Cette position cache, en réalité, l'indétermination du sens des règles au sein de l'ordre spontané. Cet angle mort signe selon nous l'échec de Hayek à articuler de manière complète droit et économie.

I. LA FONCTION[9] DES RÈGLES DE DROIT AU SEIN DE L'ORDRE SPONTANÉ

Comme on l'a rappelé en introduction, toute discussion critique de la théorie hayékienne des règles ne prend sens que dans un dialogue implicite avec sa théorie du caractère spontané de l'ordre social. Le titre du premier volume de *Droit, législation et liberté* - "Règles et Ordre" *(Rules and Order*) - est d'ailleurs caractéristique : il s'agit pour Hayek de comprendre la place des règles de droit dans le fonctionnement de l'ordre spontané et plus particulièrement dans l'ordre spontané le plus important à ses yeux, le marché. De même que l'ordre spontané n'a d'existence que parce que ses éléments agissent selon des règles, de même les règles de conduite ne prennent sens que dans la manière dont elles "servent" l'ordre spontané. Dès lors, les règles sont donc toujours sous le double regard de l'économiste – qui s'intéresse à la manière dont la coordination de multiples actions décentralisées peut s'effectuer[10] – et du théoricien du droit. La force de la pensée hayékienne réside d'ailleurs précisément dans cette articulation entre théorie de l'action et théorie du droit. Et c'est là que se situe la portée d'une étude des règles de conduite chez Hayek. Dans cette première partie, nous voudrions montrer qu'il y a bien, en dépit des apparences et des affirmations de Hayek, un moment du conflit dans sa théorie des règles. Ce moment de conflit prend la forme d'un conflit entre interprétations divergentes concernant la signification des normes. Ainsi, ce moment de l'interprétation met sous tension l'efficacité et la justice de l'ordre spontané[11].

9. Le terme "fonction" (*function*) ne renvoie pas à un quelconque fonctionnalisme mais est souvent utilisé par Hayek lorsqu'il s'intéresse au rôle joué par les règles de droit au sein de l'ordre spontané (par exemple Hayek 1976, chapitre 7).

10. Pour O'Driscoll, l'enjeu de la pensée de Hayek est précisément d'avoir défini le problème économique fondamental comme celui de la manière dont pouvait s'effectuer cette coordination (O'Driscoll 1977, pp. xvii-xviii).

11. On peut noter que ce moment de l'interprétation est commun à toutes les règles de conduite mais que, dans le cas du droit, il prend une dimension particulièrement importante.

I.1. Les règles de droit comme réponse à l'incertitude

Pour Hayek, les règles de droit ne sont, dans le monde social, qu'une catégorie particulière de règles de conduite. Il les compare aux autres règles utilisées par les agents (morales, techniques, langagières *etc.*[12]) et ne ressent d'ailleurs pas le besoin d'un autre mot que le terme générique de *règles* pour désigner le fait juridique. A ce titre, les règles de droit partagent avec les autres règles de conduite une fonction commune, celle de permettre aux agents d'agir. L'opposition à la théorie néoclassique de l'acteur, à laquelle pense incontestablement Hayek, est complète. Comme il l'affirme avec force,

> "l'homme est autant un animal suiveur de règles qu'un animal recherchant des objectifs [...] sa pensée et son action sont régies par des règles" (Hayek 1973, p. 11)[13].

Ce texte, et on pourrait en trouver de nombreux autres, est très caractéristique d'un élément essentiel de sa théorie de l'acteur : il s'avère à proprement parler impossible d'agir sans règles de conduite. Loin d'être des contraintes, les règles étendent au contraire le domaine du possible. Dans l'esprit de Hayek, ce serait faire une erreur de perspective de prendre les règles comme des limitations de l'action. Ou plutôt, ce serait prendre une partie des règles existantes (les commandements finalisés) pour le tout (l'ensemble des règles de conduite dont les commandements finalisés ne constituent finalement qu'une catégorie marginale) : "Une règle, écrit-il, signifie simplement la propension ou la disposition à agir, ou ne pas agir, d'une certaine manière qui se manifestera elle-même dans ce que nous appelons une pratique ou une coutume"[14] (Hayek 1973, p. 75). A cet égard "la règle sera l'un des déterminants de l'action (*determinant of action*)" (Hayek 1973, p. 75). De même que les règles du langage ne sont pas de simples contraintes à respecter mais permettent de s'exprimer et de communiquer, de même les autres catégories de règles fournissent aux agents des modèles de réponses, des modèles d'action (*patterns*) adaptés aux

---

12. Hayek assimile toutes ces règles (par exemple, Hayek 1978, p. 7) et compare très souvent les institutions comme le langage, le marché, la monnaie. Les exégètes de Hayek le suivent parfois dans cette assimilation : "les lois s'apparentent à toutes les autres règles de l'action humaine" (Nemo *in* Hayek 1960b, p. xxiv). On peut cependant ajouter que les règles de droit sont des catégories particulières de règles de conduite en ce qu'elles sont reconnues et contrôlées par les autorités publiques (Ramstad 1994, p. 90).

13 "*Man is as much a rule-following animal as a purpose-seeking one [...] his thinking and acting are governed by rules*" (Hayek 1973, p. 11). On retrouve d'ailleurs très souvent cette expression de l'homme comme "animal suivant des règles" (Hayek 1978, p. 82). A ce titre la traduction de cette expression dans l'édition française de *Droit, législation et liberté* par "animal obéissant à des règles" nous semble malheureuse car l'action individuelle n'est pas, pour Hayek, une simple application mécanique d'une règle mais possède un caractère plus ouvert.

14 "*Rules [...] means simply a propensity or disposition to act or not to act in a certain manner, which will manifest itself in what we call a practice or custom*" (Hayek 1973, p. 75).

circonstances auxquelles ils se trouvent confrontés (Garrouste 1994, p. 860). Ainsi, contre une vision mécaniste et déterministe des règles de conduite, la texture des règles reste au contraire ouverte, seule manière de sauver la liberté individuelle d'un déterminisme trop strict[15]. L'action est en fait une alchimie complexe entre règles de conduite et contingences particulières où chacun, sur la base de ses informations et de sa connaissance, va choisir une action plutôt qu'une autre.

C'est dans ce cadre que l'on peut comprendre la typologie des règles utilisée par Hayek : règles abstraites ou concrètes, générales ou particulières, tacites ou codifiées sont autant de caractérisations que l'on retrouve tout au long de son œuvre. Avant de considérer les conséquences de cette typologie sur les règles de droit, il convient de donner quelques définitions provisoires des trois couples proposés par Hayek (Garrouste 1999, pp. 890-891). Le caractère tacite ou codifié renvoie à la manière dont la règle se trouve explicitée et transmise. Pour Hayek, la règle n'a pas nécessairement besoin d'être exprimée - mise en langage - pour jouer efficacement son rôle. Hayek traite ensuite de la portée des règles à travers la distinction entre règles générales et spécifiques. Il s'agit ici de délimiter le domaine où les règles s'appliquent effectivement. Enfin, les règles peuvent être abstraites ou concrètes. C'est là l'opposition la plus importante aux yeux de Hayek car il existe réellement, pour reprendre le titre d'un de ses articles, une "primauté de l'abstrait" (Hayek 1978, p. 35). Une règle est abstraite lorsqu'elle ne détermine pas une action particulière - ou concrète[16] - mais qu'elle dessine plutôt un ensemble d'actions possibles. Les règles abstraites sont ainsi la structure ("*framework*", Barry 1979, p. 81) dans laquelle prennent place les multiples choix concrets opérés par les agents. Ces définitions rapidement rappelées, il faut bien préciser que ces catégorisations ne sont pas exclusives et rentrent le plus souvent en correspondance (Garrouste 1999, p. 890) : les règles abstraites, générales et tacites sont typiques de l'ordre spontané alors que les règles concrètes, particulières et codifiées sont celles des organisations. Les règles de droit sont ainsi le plus souvent, abstraites, générales et tacites. Adossée à la complexité de l'environnement économique et informationnel dans laquelle agissent les agents selon Hayek, cette typologie prend alors tout son sens.

---

15. Cette question est explicitement abordée par Hayek dans *La Constitution de la liberté*. C'est ainsi seulement que Hayek peut sauver la liberté de l'individu. Entre le caprice (l'action sans règle) et le déterminisme absolu (l'action déterminée de manière mécanique selon des règles précises de comportement), il existe précisément l'action authentiquement libre : agir suivant des règles mais de manière ouverte (Hayek 1960, pp. 72-73). C'est la raison pour laquelle Hayek insiste avec tant de force sur le fait que les règles de juste conduite abstraites sont avant tout négatives - elles informent sur ce qu'il est interdit de faire mais sans prescrire des actions déterminées - tout comme des règles de grammaire permettent de s'exprimer et d'être compris mais ne prescrivent pas ce qu'il faut dire.
16. On peut dire que l'action concrète est une action saisie dans sa contingence comme, par exemple, un choix opéré à un moment précis, dans un lieu donné, au sein de circonstances uniques. On comprend bien dans ce cadre pourquoi Hayek défend une primauté de l'abstrait car, à la limite, une règle concrète ne peut viser qu'une seule action et perd du même coup son caractère de règles.

La position de Hayek sur l'environnement informationnel des agents économiques est connue. Qu'il prenne la figure de la complexité (Dupuy 1992) ou de l'incertitude radicale, le monde hayékien est marqué au coin de l'opacité informationnelle (Dostaler 2001, pp. 31-32). Il est très clair que, pour Hayek, l'existence des règles est consubstantielle à l'incertitude (Hayek, 1960, p. 66) : dans un monde composé d'individus omniscients, écrit-il, "il n'y aurait aucun besoin de règles de conduite", la liberté serait même inutile alors et il ajoute "tout examen de l'ordre moral ou légal qui ne tient pas compte de ce fait passe à côté du problème central"[17] (Hayek 1976, p. 8).

Les règles sont essentiellement des outils pour parer à notre ignorance (Hayek 1976, p. 9) car elles cristallisent des informations. En ce sens, elles permettent à l'individu d'économiser des ressources, celles qui lui auraient été nécessaires pour découvrir par lui-même ces informations. Plutôt que de sans cesse réinventer la roue, l'individu a appris à avoir "confiance dans des règles abstraites [...] parce que notre raison est insuffisante à dominer tous les détails d'une réalité complexe"[18] (Hayek 1960, p. 66).

De cette position, Hayek tire deux conséquences pour la théorie du droit. D'une part, les règles abstraites sont bien supérieures aux règles concrètes ou finalisées. En effet, ces dernières ne renseignent les individus que dans un contexte extrêmement particulier. Au contraire, les règles abstraites et générales sont les plus utiles car elles sont ouvertes et peuvent répondre à un ensemble de contextes multiples : à la manière des outils techniques comme le marteau "elles ont été formées non en vue d'un but précis mais parce qu'elles ont prouvé leur utilité dans une grande variété de situations"[19] (Hayek 1976, p. 21). D'autre part, et ceci est crucial pour comprendre le droit, les individus qui suivent des règles n'ont pas à connaître le pourquoi des règles. Celles-ci manifestent une connaissance des faits "qui n'apparaît pas dans notre pensée conceptuelle (*conceptual thought*)" (Hayek 1976, p. 21). L'efficacité des règles vient précisément qu'elles économisent sur les capacités cognitives des agents en substituant un savoir comment (*knowing how*) à un savoir pourquoi (*knowing that*) (Fleetwood 1997, p. 156 ; Barry 1979, p. 78 ; Hayek 1960, p. 28).

Au-delà de ces caractéristiques relativement connues, les règles jouent aussi un autre rôle fondamental dans le fonctionnement de l'ordre spontané : celui de fournir aux agents un "ordre permanent des actions (*ongoing order of action*)" (Hayek

---

17. "*There would be no need of rules among omniscient people [...] any examination of the moral or legal order which leaves this fact out of account misses the central problem*" (Hayek 1976, p. 8).
18. "*The reliance on abstract rules is a device we have learned to use because our reason is insufficient to master the full detail of complex reality*" (Hayek 1960, p. 66).
19. "*They have been shaped not with a particular purpose in view but because in this form rather than in some other form they have proved serviceable in a great variety of situations*" (Hayek 1976, p. 21).

1973, p. 98). Cette fonction est, à certains égards, beaucoup plus fondamentale que les précédentes dans la mesure où l'on sort alors du niveau de l'action individuelle pour passer au niveau de la coordination des agents.

I.2. Règles, conflit et interprétation

On présente souvent Hayek comme attribuant au seul marché le soin de coordonner de manière décentralisée les plans individuels. Or, à la lecture de Hayek, le marché serait proprement impossible sans l'appui des règles de conduite. Il n'y a pas chez lui, comme on le dit parfois, de division entre théorie de l'action (expliquée par des règles de conduite) et théorie de la coordination (régie par le marché). Les règles de conduite jouent aussi à leur manière une fonction centrale de coordination[20] : d'abord parce qu'elles sont des outils de pacification du social et des relations entre les individus (Hayek 1976, pp. 108-109 ; Fleetwood 1997, p. 155, Shearmur 1996, p. 70) ; ensuite, car en définissant les domaines privés de chaque individu, elles permettent de stabiliser les attentes, autrement dit les anticipations, que l'on peut faire sur le comportement des autres agents. C'est sur ce second point que l'on voudrait insister.

Les règles définissent la manière de jouer le "jeu (*game*)" du marché (Hayek 1976, p. 115) et déterminent un mode d'interaction qui échappe aux rapports de violence, de coercition et de pouvoir. C'est notamment le cas parce que les règles abstraites permettent de définir le domaine privé de l'individu, c'est-à-dire la sphère d'action où il est à l'abri des intrusions d'autrui. Les droits de propriété, par exemple, définissent les ressources qu'il peut utiliser pour atteindre ses fins (talents, ressources matérielles, *etc.*). Les règles de responsabilité le protègent contre les incursions d'autres agents dans la sphère qui relève de sa seule compétence tout comme elles l'obligent à respecter celle des autres. Le droit contractuel, enfin, assure la possibilité d'échanger les ressources, de transmettre les droits de propriété et d'imposer le respect des engagements. Cette trilogie, que Hayek reprend de Hume (Hayek 1973, p. 162), est typique de la pensée libérale classique mais Hayek va beaucoup plus loin.

Sans règles de conduite, le marché ne peut avoir d'existence en tant qu'ordre spontané. En effet, elles facilitent la coopération des individus, assurent une fonction de résolution des conflits et fournissent aux agents un "ordre constant des actions". Derrière cette expression, très courante sous la plume de Hayek[21], il faut

20. Certes, dans les premiers articles de Hayek sur le marché comme mécanisme de communication, le rôle des règles dans le processus de découverte de l'information reste très peu traité (Fleetwood 1995, p. 84, p. 125).
21. On trouve aussi souvent l'expression "anticipations légitimes des agents (*legitimate expectations*)" (Hayek 1973, pp. 99-102).

comprendre le fait que l'action libre de l'individu n'est possible que s'il est assuré du comportement des autres agents. Le comportement économique n'est possible que parce que les individus hayékiens sont en mesure de poursuivre leurs plans d'action car ils peuvent, grâce à l'information transmise par les règles de conduite, compter sur le comportement des autres. Comme le rappelle Fleetwood, "les actions ne peuvent être coordonnées que si les plans sont coordonnés, et ceci dépend de la coordination des attentes (*expectations*), qui est elle-même fondée sur l'accès des agents au savoir... de ce que les autres font ou ont l'intention de faire" (Fleetwood, 1995, p. 94). Cette question est fondamentale pour penser la coordination puisque comme Hayek le reconnaît "les conséquences de l'action d'un individu dépendent très largement des règles qui guident le comportement des autres membres de la société" (Hayek 1976, p. 26)[22]. A leur manière les règles abstraites sont des outils de communication et leur observation généralisée permet d'ajuster les anticipations des individus[23]. Il faut bien donner à cet élément toute son importance. En effet, dans un monde où l'information est limitée, la plupart de l'incertitude pèse sur le comportement des autres agents. Un entrepreneur doit ainsi connaître l'étendue de son droit de propriété sur une innovation par exemple tout comme il doit connaître l'étendue des actions possibles des autres agents vis-à-vis de cette innovation. Et c'est en se référant à une règle abstraite (en l'occurrence un droit de propriété) que l'agent peut anticiper le comportement légitime des autres agents. L'ajustement des anticipations est ici un élément essentiel de l'action économique et de la coordination.

Or cette présentation de Hayek pose en fait plus de problèmes qu'elle n'en résout. Nous essaierons de montrer que pour jouer leur rôle, tout à la fois de délimitation d'un domaine privé et d'ajustement des attentes, les règles abstraites de conduite ont nécessairement besoin d'être interprétées. De ce point de vue, les commentateurs de Hayek restent le plus souvent au seuil de cette question et n'en tirent pas toutes les conséquences du point de vue de la théorie hayékienne elle-même (par exemple Richebé 2000, p. 86) : avec l'interprétation, c'est en effet le conflit et la force, la volonté et l'artificiel qui s'invitent au cœur de l'édifice hayékien.

Pour ce faire, il est utile de revenir sur les termes employés par Hayek. La majeure partie du temps, Hayek emploie l'expression "d'attentes légitimes (*legitimate expectations*)". "Attente" a ici, dans la terminologie hayékienne, un sens concret. Il s'agit d'une anticipation particulière, à l'occasion d'une action concrète, au sein d'un

22. "*The consequences of one's actions [...] depend very largely on the rules which the other members of society obey*" (Hayek 1976, p. 26). Hayek reconnaît d'ailleurs très tôt que l'une des questions centrales de la coordination est la "compatibilité des intentions ou des anticipations (*compatibility of intentions and expectations*)" (Hayek 1942, p. 283 ; voir également Hayek 1960, p. 160).

23. Pour Burczak par exemple, "la certitude du droit permet aux individus de former des anticipations sur comment les autres agents sont en droit d'agir, et ces anticipations sont essentielles pour guider l'action individuelle d'une manière cohérente avec la coordination sociale" (Burczak 2002, p. 187).

ensemble de circonstances elles aussi déterminées. Les attentes et les règles de conduite ne sont donc pas sur le même plan : les unes sont concrètes, les autres abstraites. Pour pouvoir, à partir d'une règle abstraite, tirer une information particularisée et contextualisée, autrement dit, déterminer une attente concrète, il faut nécessairement un mécanisme de médiation qui permette de passer de l'abstrait au concret. Il faut le mode d'emploi de la règle en quelque sorte. Cette médiation est à la fois de l'ordre de la qualification (subsumer un cas particulier sous une règle générale) et de l'interprétation de la règle elle-même : quelle attente peut-on fonder sur la règle admise ?

A ce premier moment de l'interprétation s'en rajoute un second, beaucoup plus problématique, dès lors que l'on parle d'attentes *légitimes*. Derrière ce terme, Hayek désigne en réalité des attentes *partagées* par les individus : le fait que les opinions des agents au sujet de ce qu'indiquent les règles sont similaires[24]. Chez Hayek, les attentes légitimes sont donc des interprétations communes des règles abstraites existantes. Or, il apparaîtra souvent à leur sujet "des différences d'opinions (*difference of opinions*)" (Hayek 1973, p. 43, p. 99), c'est-à-dire des manières différentes d'interpréter le sens des règles abstraites[25]. Hayek a sans cesse tendance à minimiser l'importance et la portée de ce conflit. Or, il faut, selon nous, en prendre la mesure. En effet, dans une société pluraliste comme l'est la Grande société, on voit mal comment pourraient émerger des interprétations communes à partir d'individus de plus en plus autonomes et différenciés[26]. L'enjeu est également critique du point de vue de la théorie hayékienne elle-même en tant que discours sur le monde social. En effet, sans théorie de l'interprétation, il est proprement impossible de rien dire sur la manière dont on doit orienter le développement du droit. Pour paraphraser Kant, un auteur qu'affectionne particulièrement Hayek, on pourrait dire que l'interprétation sans règles est vide et les règles sans interprétation, aveugles.

La théorie hayékienne insiste sur le rôle prépondérant des normes dans le fonctionnement de l'ordre spontané. D'une part, elles orientent l'action des éléments qui forment le social et, d'autre part, résolvent les conflits potentiels entre les individus

---

24. On comprendra plus précisément (cf. II) cet usage particulier du mot légitime. En effet, le droit précédant la législation selon Hayek, les règles ne peuvent tirer leur légitimité du processus politique même et lui sont antérieures.

25. Nous reviendrons (cf. II-2 et III) sur le sens très fort du mot opinion chez Hayek.

26. Hayek écrit ainsi : "*only when individual intellects begin to differ to a significant degree will it become necessary to express these rules in a form in which they can be communicated and explicitly taught, deviant behaviour corrected and difference of opinions about appropriate behaviour decided*" (Hayek 1973, p. 43). C'est la question de l'interprétation qui se trouve au centre du conflit entre opinions. Or ce conflit apparaît lorsque la société sort, selon les termes de Hayek, de la "société primitive" (*tribal society*) et devient précisément une société pluraliste (Hayek 1976, p. 133). Dès l'introduction de son livre consacré à l'interprétation juridique, Rosenfeld pose d'ailleurs la question dans ces termes : "dans des sociétés partageant une conception commune du bien et caractérisées par une forte cohésion, l'interprétation du droit ne semble pas poser problème" (Rosenfeld 2000, p. 7).

en constituant un "ordre constant des actions". En dépit de cette présentation pacifiée et efficace du jeu social, nous avons montré qu'il subsistait bien un moment du conflit dans l'univers hayékien, celui de l'interprétation divergente des individus quant à la signification des règles de conduite. Ce conflit des interprétations prend toute sa dimension dans le cas des règles de droit. On ne peut en effet s'en tenir à affirmer que les règles permettent de définir le jeu social sans fournir les principes qui président à leur interprétation. En anticipant quelque peu sur ce qui va suivre, on peut alors se demander comment sont tranchés ces conflits ? Qui va les trancher ? Selon quels principes ? L'interprétation prendra-t-elle la couleur d'un acte de volonté (une pure décision) ou au contraire celle d'un acte de connaissance ? Autant de questions qui sont déterminantes au sein de la théorie hayékienne afin que les règles puissent prétendre assurer la justice et la coordination efficace des actions individuelles. La seconde étape de notre recherche consiste donc à étudier ces figures de la médiation. Mais auparavant, il semble nécessaire de faire un détour par l'ontologie des normes de droit. En effet, avant d'étudier les figures que prend cette médiation, il faut comprendre la manière dont les règles peuvent être objet d'interprétation. Plus précisément, il s'agira de voir si l'on peut penser l'interprétation légitime des règles sur des fondements ontologiques purement subjectivistes.

II. QUELLE ONTOLOGIE POUR LES RÈGLES DE DROIT ?

Comme nous l'avons vu en première partie, les règles de droit sont des faits sociaux. Traiter de leur mode d'être – leur ontologie – peut donc s'appuyer sur tous les textes de Hayek qui traitent de l'ontologie sociale de manière générale (Nadeau 2000). Par ailleurs, nous ne traiterons pas des processus de création des normes mais de leur nature intrinsèque. L'ontologie des règles de droit chez Hayek s'articule autour de deux positions fortes : l'anti-constructivisme et le subjectivisme. Nous montrons alors que les règles de droit sont, dans leur nature, des contenus de pensée et de signification constitués par les agents. Or cette position appelle une théorie de l'interprétation afin de discriminer entre les opinions réellement constitutives et celles qui ne le sont pas.

II.1. Une théorie anti-constructivisme et anti-volontariste des normes

L'anti-constructivisme a, chez Hayek, la force d'une clarté aveuglante. Même si, comme il le rappelle lui-même au début du troisième tome de *Droit, législation et liberté*, le mot est sûrement trop "polysémique (*polysemous*)" (Hayek 1979, p. xii), il dessine en creux l'essentiel de ses conceptions concernant la nature des normes. Le mot est multiforme car, plus qu'une théorie bien définie, il désigne davantage une attitude au monde : croire que les objets sociaux sont le fruit d'une construction humaine délibérée. Du socialisme de marché à la philosophie cartésienne en passant par la morale utilitariste, c'est la même illusion qui, selon Hayek, est à l'œuvre.

Dans le domaine de la philosophie du droit, c'est le positivisme juridique hérité de Hobbes et de Bentham, qui est sa cible principale. Et c'est assez naturellement l'œuvre positiviste la plus aboutie, celle de Kelsen, qui est discutée par Hayek[27]. L'opposition de Hayek au positivisme est d'abord politique. Ce dernier est en effet présenté comme une idéologie du socialisme et potentiellement de tout régime totalitaire (Hayek 1976, p. 53). Elle est méthodologique ensuite car *La Théorie pure du droit* de Kelsen peut être lue comme une application des thèses du positivisme logique, rejeté par Hayek, au domaine du droit[28]. Elle porte enfin sur la nature du droit en tant que phénomène social. C'est cette dernière ligne de critique qui sera ici utile.

Ce que Hayek reproche aux thèses positivistes, c'est de considérer les règles de droit comme le fruit d'une volonté humaine délibérée[29]. S'opposant à Kelsen pour qui "les normes prescrivant un comportement humain ne peuvent émaner que d'une volonté humaine"[30] (Kelsen cité *in* Hayek 1976, p. 45), il réaffirme au contraire une antériorité du droit sur la législation. Certains passages de *Droit, législation et liberté* pourraient venir cependant nuancer cette première affirmation. En effet, au début de *Règles et Ordre*, Hayek écrit explicitement que les règles de droit peuvent parfois être délibérées (Hayek 1979, p. 159). De même, l'ordre politique d'un peuple libre, dont le troisième volume de l'ouvrage donne un modèle, est nécessairement un ensemble de normes volontairement acceptées (Fleetwood 1995, p. 108). Dans le même temps, Hayek limite la portée de cette concession et ce d'une double manière. D'abord, il rappelle qu'il ne peut jamais exister qu'une très faible partie du corps du droit qui puisse être délibérée (Hayek 1973, p. 46). Ensuite, il distingue la manière dont la norme est exprimée en tant que règles de droit et son mode d'être. Dans ce cadre, il peut bien y avoir une volonté qui accouche d'une règle de conduite mais cela ne signifie pas que cette règle existe dans cette seule volonté. C'est ainsi qu'il faut comprendre l'idée que les règles de droit sont le plus souvent "découvertes" par les producteurs de droit comme le juge et qu'il existe ainsi une antériorité du droit à la législation et aux décisions judiciaires (Hayek 1973, chapitre 4). L'opposition avec le positivisme est donc totale puisque l'objet de la théorie kelsénienne est pré-

---

27. Cette critique est principalement élaborée dans les chapitres 4 et 8 de *Droit, législation et liberté*.

28. Sur les liens entre Kelsen et le Cercle de Vienne, voir Petev *in* Amselek, éd., 1992, pp. 237 et suiv. Remarquons également que parmi les ouvrages de Kelsen discutés, Hayek ne fait que très peu référence à la seconde édition de sa *Théorie pure du droit* qui date pourtant de 1960 (sur ce point, voir les notes 37 et suiv. du chapitre 8 de *Droit, législation et liberté*). Or, dans cette édition, Kelsen a ajouté un chapitre sur l'interprétation des normes qui modifie radicalement sa théorie en ce qu'il reconnaît implicitement que l'interprétation est le problème central de la théorie du droit (Troper 1994, pp. 85-94).

29. Nous ne traitons ici de la théorie hayékienne des règles que du point de vue de la théorie générale du droit et non de sa théorie politique : sont ainsi laissées de côté les questions de la souveraineté ou de la volonté générale par exemple (Hayek 1973, chapitre 4 et Hayek 1976, chapitre 8).

30. "*Norms prescribing human behaviour can emanate only from human will*" (Kelsen *in* Hayek 1973, p. 45).

cisément de se débarrasser de l'idée d'une quelconque référence à un droit précédant le droit posé par les autorités publiques (ce que Kelsen nomme droit naturel). Du point de vue positiviste, la théorie hayékienne n'est qu'une reformulation économique d'une théorie du droit naturel. Anticipant cette critique, Hayek réfute clairement cette caractérisation (Hayek 1976, p. 59)[31]. Sa philosophie sociale cherche précisément à sortir de la dichotomie traditionnelle : entre le naturel et l'artificiel, il existe un troisième mode d'existence des faits sociaux et juridiques, le spontané (Hayek 1978, p. 260).

Hayek quitte alors ses habits de critique et précise son ontologie des règles de droit. A l'instar d'autres institutions comme le langage ou la monnaie, auxquelles elles sont souvent comparées, les règles de justes conduites ont un statut ontologique "particulier" (Ege 1992, p. 1015). En reprenant l'expression de Hayek, on peut dire qu'elles sont suspendues entre naturel et artificiel, entre instinct et raison (Hayek 1973, p. 20 ; Barry 1979, p. 7). Non seulement, les règles de droit n'existent pas sur le mode de l'artifice mais elles ne sauraient non plus être naturalisées[32].

Il existe donc dans la théorie hayékienne trois couches de règles superposées : celles qui viennent de l'instinct et que l'on pourrait qualifier en cela de naturelles, celles du spontané – qui sont le fruit de l'action des hommes mais non de leur dessein - et enfin une couche "mince" de règles délibérées (Hayek 1979, p. 159). De par l'importance accordée aux règles de droit spontanées, c'est bien cette catégorie de règles dont il faut discuter la nature si l'on veut comprendre la théorie économique du droit de Hayek. Ce faisant, nous verrons que les règles de conduite sont bien des cristallisations de signification qui appellent à être interprétées.

II.2. Les règles de droit comme contenus de signification

Tout l'enjeu de l'ontologie sociale hayékienne est précisément de rendre compte du caractère spontané des objets sociaux en général et des règles de droit en particulier, suspendus on l'a vu entre naturel et artificiel. La célèbre citation de Ferguson, sans cesse reprise par Hayek, résume bien la difficulté : comment penser les objets sociaux comme étant le fruit de l'action des hommes mais non de leur des-

31. Pour Hayek, sa "méthode d'analyse du droit [...] exclut à la fois l'interprétation du droit comme une construction d'une force supra-naturelle, et son interprétation comme l'œuvre délibérée d'un quelconque esprit humain (*both the interpretation of law as the construct of a super-natural force and its interpretation as the deliberate construct of any human mind*)" (Hayek 1976, p. 11). Nous traitons plus précisément dans la troisième partie de cette méthode d'interprétation hayékienne.
32. Certes, on pourrait prendre pour un naturalisme certains arguments de Hayek. Ainsi, Hayek – ou ses commentateurs – parlent d'un même mouvement des règles humaines ou animales. Nemo affirme, par exemple, que le droit étant un ensemble de règles, il peut, à la limite, y avoir un droit dans les sociétés animales (Nemo 1988, p. 107). Pourtant, Hayek est très clair dans son refus de tout naturalisme (Hayek 1979, pp. 153-155).

sein. C'est dans le subjectivisme – subjectivisme d'abord "ontologique" comme le rappelle Nadeau[33] (Nadeau 2000, p. 82) – que s'organise la réponse de Hayek (Hayek 1942, pp. 280-281).

Rappelons d'abord que, pour Hayek, les objets sociaux ont un mode d'être radicalement distinct des faits physiques ou matériels. Selon lui,

> "la plupart des objets de l'action humaine ou sociale sont distincts des 'faits objectifs' au sens précis et étroit où ce terme est utilisé par les sciences [...], et ne peuvent être définis en termes physiques" (Hayek 1942, p. 77)[34].

Dans son article consacré aux "faits des sciences sociales", initialement publié dans *Ethics* en 1943 et repris dans *Individualism and Economic Order*, Hayek insiste sur la différence entre les sciences de la nature et l'étude du langage ou du marché, du droit et de la plupart des autres institutions humaines (Hayek 1949, p. 57). Ces faits sont une catégorie particulière de faits (Hayek 1949, p. 58) car ils sont subjectifs. Cela ne signifie pas qu'ils ne possèdent pas une certaine objectivité mais celle-ci est radicalement différente de leur manifestation matérielle. Comme l'écrit Hayek à propos du droit "ces résultats de l'action humaine qui ne sont pas provoqués par un dessein humain peuvent par conséquent nous être objectivement donnés"[35] (Hayek 1976, p. 60).

Ce caractère subjectif des faits sociaux tient à ce qu'ils sont, pour reprendre l'expression de Robert Nadeau, constitués causalement par les croyances et les opinions des agents (Nadeau 2000, p. 82)[36]. Hayek est d'ailleurs relativement explicite sur ce point : "dans les sciences sociales, les choses sont ce que les individus pensent qu'elles sont. La monnaie est la monnaie, un mot est un mot [...] si et parce que les individus le croient" (Hayek 1949, p. 60)[37]. Notons que l'emploi du "parce que"

---

33. Distinguer entre les questions d'ontologie sociale et d'épistémologie permet, comme le montre bien Nadeau, de clarifier les positions hayékiennes. Hayek lui-même distingue d'ailleurs bien ces deux niveaux (Hayek 1949, p. 58). Nous discuterons des conséquences proprement méthodologiques de ce subjectivisme lorsque nous traiterons de la place du juge dans l'ordre spontané (cf. III-2).

34. "*Most of the objects of social or human action are not 'objective facts' in the special and narrow sense in which this term is used by the Sciences [...] and cannot at all be defined in physical terms*" (Hayek 1942, p. 277). Cette position est défendue tout au long de *Scientisme et sciences sociales* (voir par exemple Hayek 1952, p. 44). Le chapitre 4 de *Scientisme et sciences sociales* est d'ailleurs intitulé "le caractère subjectif des données dans les sciences sociales".

35. "*Those results of human action which are not brought about by human design may therefore well be objectively given to us*" (Hayek 1976, p. 60).

36. L'auteur écrit ainsi que, pour Hayek, "l'économique ne concerne pas les choses mais nos croyances à leur sujet" (Nadeau 2000, p. 79).

37. "*In the social sciences the things are what people think they are. Money is money, a word is a word [...], if and because somebody thinks they are*" (Hayek 1949, p 60). Ailleurs, Hayek écrit "une

(*because*) est ici très fort. Ces croyances partagées sont non seulement une condition du fait social mais sa cause. Renoncer à mettre au centre du social l'intentionnalité des agents et leurs croyances subjectives serait alors renoncer aux sciences sociales tout court. On ne verrait plus dans la monnaie par exemple que des "disques ronds de métal" (Hayek 1942, p. 281).

En tant que faits sociaux, les règles de droit n'ont pas d'existence propre indépendamment de la signification que les individus leur octroient. Autrement dit, elles sont avant tout des objets mentaux, des contenus de pensée, d'intentionnalité et de croyances individuelles. Il faut bien comprendre ici que cette position ontologique est tout à fait cohérente avec le caractère spontané des règles de droit. En effet, Hayek ne verse pas dans le volontarisme comme une lecture trop rapide pourrait le laisser croire. L'intentionnalité a ici un sens faible (Richebé 2000, p. 85). Les règles sont bien dans leur nature la cristallisation de significations mais Hayek préserve leur caractère spontané car "ces règles de justes conduites ont une signification que personne ne leur a donnée"[38] (Hayek 1978, p. 10). Autrement dit, les règles de droit obéissent à un mode d'être qui dépasse la création délibérée et consciente. A la manière du langage ou des règles de grammaire dont la signification est donnée aux agents sans qu'ils les aient construites, les règles de droit sont bien du *sens* sans que pour autant ce sens ne leur ait été donné de manière volontaire et délibérée.

La question cruciale est alors de savoir ce qu'Hayek entend par *opinions* ou par *croyances*. En effet, selon lui, toutes les idées ou croyances ne constituent pas les faits sociaux (Hayek 1942, p. 285). Nadeau a bien montré, en s'appuyant notamment sur le chapitre 4 de *Scientisme et sciences sociales*, que cette ontologie sociale est traversée par une tension très forte (Nadeau 2000, pp. 84-87). Au début de ce chapitre, Hayek opère une distinction entre deux sortes d'idées ou d'opinions : les idées constitutives (ou opinions constituantes) et les idées explicatives (ou vues spéculatives) : celles qui font "partie de leur objet" et celle qui sont "idées sur cet objet" (Hayek 1942, p. 285)[39]. Ce faisant, Hayek introduit la nécessité, au sein

marchandise ou un bien économique [...] ne peuvent se définir en termes physiques mais seulement d'après les opinions que les gens professent à leur égard (*commodity or economic good can be defined [...] only in terms of views of people hold about things*)" (Hayek 1942, p. 281) ou encore "un mot ou une phrase, un crime ou un châtiment ne sont évidemment pas des faits objectifs en ce sens qu'ils pourraient être définis sans référence à notre connaissance des intentions des personnes conscientes à leur sujet (*a 'word' or a 'sentence', a 'crime' or a 'punishment', are of course not objective facts in the sense that they can be defined without referring to our knowledge of people's conscious intentions with regard to them*)" (Hayek 1942, p. 280).

38. "*Those rules of just conduct have therefore a 'meaning' [...] which no one has given them*" (Hayek 1978, pp. 10-11).

39. Ainsi, pour Hayek, "dans les sciences sociales, il est nécessaire d'opérer une distinction entre les idées qui sont *constitutives* des phénomènes que nous voulons expliquer et les idées que, soit nous-mêmes, soit les agents dont nous avons à expliquer les actions, peuvent avoir formées à propos de ces phénomènes et qui ne sont pas la cause des structures sociales, mais des théories à leur sujet (*In the*

même de sa théorie, de pouvoir discriminer les opinions, les croyances et les idées qui sont réellement constitutives des faits sociaux des autres idées théoriques (rationalisation *a posteriori*, fausses représentations *etc.*). Le subjectivisme de Hayek est ainsi extrêmement "exigeant" (Nadeau 2000, p. 86). Il ne requiert pas simplement de fonder l'explication économique sur les opinions ou croyances des agents mais également de tracer une ligne de démarcation entre celles qui sont constitutives des faits sociaux et celles qui ne le sont pas. On retrouve ainsi, au niveau de l'ontologie sociale hayékienne, ce que l'on avait déjà identifié lors de la discussion de la fonction des règles, à savoir la difficulté de faire le départ entre attentes légitimes et attentes illégitimes.

Ce sont là, selon nous, deux manifestations d'une même question, celle de l'interprétation. En effet, la discussion du rôle des règles dans l'ordre spontané a mis en évidence le caractère potentiellement destructeur du conflit des interprétations entre les individus. L'étude de l'ontologie sociale hayékienne permet de préciser cette question dans la mesure où la signification des règles de droit – c'est le sens du caractère spontané du droit – est tout à la fois déterminante pour les individus et déterminée par eux[40]. Mais dans le même temps, toute signification ne peut constituer en tant que telle une règle de droit. Elle ne peut s'objectiver que dans un processus d'interprétation. La théorie hayékienne doit donc prendre au sérieux la manière dont est construite l'interprétation légitime car elle conditionne la possibilité pour les règles abstraites de jouer leur rôle. Sans interprétation partagée de la signification des règles, les règles ne peuvent pas en effet jouer leur rôle de coordination des attentes légitimes. Dès lors, il faut maintenant étudier par quels mécanismes s'opère cette médiation permettant de résoudre les conflits d'interprétation et de faire émerger du *sens commun* là où il n'y avait qu'opinions individuelles.

III. LES FIGURES DE L'INTERPRÉTATION : LE SENS DE LA JUSTICE ET LE JUGE

Comme nous l'avons montré, la théorie hayékienne ne peut échapper à rendre compte de l'interprétation. Or paradoxalement, étudier de front cette question s'avère extrêmement difficile. En effet, le terme lui-même est très peu utilisé par Hayek. De *La Constitution de la liberté* à *Droit, législation et liberté*, on ne trouve ainsi aucun paragraphe qui lui soit expressément consacré. Certes, certains développements sur la compréhension ou la théorie de l'acteur pourraient passer pour un souci herméneutique mais c'est davantage pour mettre l'accent sur la transparence et l'immédiateté de la communication que sur les risques d'une interprétation diver-

---

social sciences, it is necessary to draw a distinction between those ideas which are constitutive *of the phenomena we want to explain and the ideas which either we ourselves or the very people whose actions we have to explain may have formed about these phenomena and which are not the cause of, but theories about, the social structures* (souligné par F.A.H.)" (Hayek 1942, p. 285).

40. On a là un exemple typique de la co-détermination récursive mise en évidence par Dupuy (Dupuy 1992, p. 249).

gente des règles. Il faut donc progresser pas à pas et retenir une méthode indirecte pour montrer que les risques de l'interprétation sur le fonctionnement de l'ordre spontané sont largement sous-estimés par Hayek. Nous verrons d'abord que d'une manière générale, l'ensemble du projet hayékien est finalement peu armé pour penser les conflits d'interprétation : en effet, l'univers économique hayékien est tout à la fois opaque, du fait de l'information, et transparent du fait d'une communication sans heurts entre les agents. Nous nous pencherons alors plus précisément sur les figures de l'interprétation dans la théorie des règles de droit, principalement le juge, afin de montrer qu'elle laisse l'application des règles dans une indétermination potentiellement destructrice.

III.1. La transparence et l'obstacle

Du point de vue très large de l'histoire des idées, on peut sans doute se risquer à dire que Hayek n'a pas vu passer, selon l'expression de Ricoeur, les "maîtres du soupçon"[41] : ceux-là même qui ont mis en doute la transparence du langage et de la communication (Dosse 1995, pp. 12-16). C'est ce que semble remarquer, sans le développer il est vrai, Horwitz à propos de *La Route de la servitude* : "les conceptions de Hayek échouent à prendre en compte les changements dramatiques des théories du langage et du raisonnement juridique qui jettent le trouble sur le caractère déterminé (*determinacy*) des règles générales et formelles" (Horwitz 1992, p. 229). Dans la mesure où l'on ne peut s'appuyer sur une définition hayékienne du terme même d'interprétation, nous retiendrons ici une définition assez générale du terme comme "l'ensemble traditionnel de questions relatives aux modalités d'application d'un mot, d'une phrase ou d'un instrument particulier dans un contexte déterminé" (Rosenfeld 2000, p. 7).

Cette définition a l'avantage de ne pas préciser le support de l'interprétation. Elle semble ainsi particulièrement bien adaptée dans la mesure où chez Hayek le "ce qu'il y a" à interpréter peut aussi bien être un prix qu'une règle de conduite ou un comportement (Ebelling 1991)[42]. Ce choix semble nécessaire dans la mesure où restreindre le processus interprétatif aux seuls énoncés de langage n'aurait pas grand sens dans la théorie hayékienne. La règle s'applique, on l'a vu, de manière directe, sans médiation de la conscience ou du langage. La difficulté dans l'univers hayékien est bien plutôt de mettre en langage des règles qui s'appliquent d'elles-mêmes que

---

41. A ce titre, l'épilogue de *Droit, législation et liberté* joue comme un révélateur. Dans cet épilogue, Hayek critique fondamentalement deux de ces "maîtres du soupçon" : Marx et Freud (Hayek 1979, *Epilogue*).

42. Dans son recueil d'article *Du texte à l'action*, Ricoeur montre que c'est avant tout le même processus philosophique qui est à l'œuvre dans l'interprétation d'un texte ou d'une action (Ricoeur 1986, pp. 79 et suiv.). A l'inverse de ce que notent parfois certains commentateurs, l'interprétation ne suppose pas nécessairement un texte. Il faut entendre cette question de manière beaucoup plus large dans le cadre de la pensée hayékienne.

de trouver le sens d'énoncés langagiers donnés. La mise en langage d'une règle n'est jamais que la dernière étape d'un processus mental d'explicitation d'une régularité existante, ou présupposée exister. Et Hayek est toujours extrêmement prudent quant à la portée d'une telle explicitation :

> "Les principes sont plus souvent des guides pour l'action plus efficaces lorsqu'ils apparaissent comme des préjugés irraisonnés ; tandis que dès l'instant où ils sont énoncés explicitement, l'on commence à spéculer à propos de leur validité et de leur exactitude" (Hayek 1973, p. 71).

Pour autant, cela ne fait que repousser l'objet de l'interprétation. En tant que contenu de signification, les objets sociaux doivent nécessairement être interprétés par les individus pour pouvoir prendre corps dans le social. Or, selon nous, Hayek sous-estime l'importance de cette question pour sa propre théorie et se contente de rabattre les questions d'interprétation sur les seules questions d'information. Un passage de *Scientism and the Study of Society* est révélateur de ce glissement. Dans ce texte, Hayek reconnaît que "la connaissance et les croyances des diverses personnes, alors même qu'elles possèdent une structure commune qui rend possible la communication, seront cependant différentes et souvent opposées à maints égards"[43] (Hayek 1942, p. 280). La phrase est bien la reconnaissance des multiples interprétations sur la signification des faits sociaux (ce que Hayek appelle les "opinions différentes"). Mais, dans la suite du texte, cette concession disparaît au profit du seul thème de l'information. Hayek poursuit ainsi : "cette dispersion et cette imperfection de toute connaissance est un des faits fondamentaux d'où les sciences sociales doivent partir"[44] (Hayek 1942, p. 280). Ce passage est d'une très grande portée car il révèle la tentation constante de la pensée hayékienne de sans cesse superposer deux questions différentes, celle de l'interprétation d'une part et celle de l'information d'autre part.

Ainsi dans la théorie bien connue du marché, Hayek insiste souvent sur l'importance de la communication pour les agents mais ne prend jamais réellement au sérieux les risques d'interprétations divergentes au sein de cette interaction. Le marché est souvent mis en parallèle par Hayek avec un langage qui transmet de l'information et que chacun est forcé d'écouter. Le "système de prix" est avant tout un "mécanisme de communication" (*mechanism for communicating*) (Hayek 1945, p. 519). Dans cette représentation, le prix est une synthèse de toutes les informations dispersées dans l'économie. Ce mécanisme est efficace, pour Hayek, dans la mesure

43. "*The knowledge and beliefs of different people, while possessing that a common structure which makes communication possible, will yet be different and often conflicting in many respect*" (Hayek 1942, p. 280).
44. "*This dispersion and imperfection of all knowledge is one of the basic facts from which the social sciences have to start*" (Hayek 1942, p. 280).

où il permet à l'individu de se passer du pourquoi pour ne s'intéresser qu'au comment, la traduction dans les prix, de la somme de toutes les circonstances particulières qui peuvent influencer les raretés relatives des biens. Ce qui est intéressant pour notre propos, c'est que le prix est un signal que reçoivent les agents mais qu'à aucun moment, Hayek ne pose la question d'une *mauvaise interprétation* de ce signal par les agents. Or, la question n'a rien de triviale. Comme y insiste Longuet, tout en défendant l'idée que l'information est codée par les prix, Hayek suppose en réalité une "lisibilité directe de l'information contenue dans les prix" et, de fait, "évacue le problème de l'interprétation" (Longuet 1991, p. 292). Ainsi, par exemple, dans une économie monétaire, une variation de prix peut être diversement interprétée : une variation des variables réelles (la rareté relative de l'étain, pour reprendre le célèbre exemple de Hayek, se modifie) ou une variation des variables monétaires. De même la variation de prix peut être uniquement conjoncturelle et non permanente et appelle alors des actions différentes. Autant de cas où il faut interpréter le signal afin de comprendre le pourquoi derrière le comment. Le *sens* de la variation quantitative du prix cache en réalité du *sens* - une information à décoder, une signification à reconstruire. On voit bien comment la question de l'interprétation rend l'efficacité du marché fragile car "si le système de prix [...] ouvre la possibilité d'erreurs d'interprétation à chaque variation de prix, cette efficacité n'est plus immédiate" (Longuet 1991, p. 293). Certes, on peut soutenir que par un mécanisme d'essai et d'erreur, ce qui correspond à l'idée que le marché est un processus de découverte, les bonnes interprétations vont chasser les mauvaises. Mais il est tout de même important de noter que, même au cœur de sa théorie du marché, Hayek semble systématiquement sous-estimer la difficulté des agents à interpréter correctement les informations provenant du marché (Ebelling 1991, p. 188).

Or, c'est précisément cette même illusion d'une communication transparente qui se trouve décuplée dans la théorie des règles de droit. Car l'interprétation d'une règle est beaucoup plus complexe que celle d'un simple signal. Chez Hayek, le processus par lequel les agents interprètent les règles consiste à prendre appui sur la similitude des agents. Il est possible de comprendre les actions des autres agents en les ramenant à des schémas de pensée ou d'action présents dans notre esprit. Le fait que les individus soient essentiellement similaires fait qu'ils peuvent se comprendre. Ainsi, "nous interprétons invariablement [les actions des autres] par analogie avec notre propre esprit" et "dans la grande majorité des cas, c'est efficace"[45] (Hayek 1949, pp. 63-64). L'ordre spontané repose donc sur des fondements psychologiques extrêmement forts qui sont la traduction de ses fondements ontologiques. Ces citations ne peuvent cependant masquer l'embarras de la théorie hayékienne. Au point que Hayek est finalement obligé, dans *Droit, législation et liberté*, de fonder cette similitude sur le sens de la justice (*sense of justice*), l'opinion (*opinion*) et l'idéolo-

45. "*We invariably interpret their action on the analogy of our own mind [...] and in the great majority of instances this procedure works*" (Hayek 1949, p. 64).

gie (*ideology*). Une "similitude de grande portée dans [les] opinions" peut exister dès lors que les agents partagent une "culture ou une tradition commune"[46] (Hayek 1976, p. 15). Celles-ci assurent alors un degré d'intégration de la société suffisamment fort pour que l'existence d'un "sens intuitif de la justice" rende l'écart entre les interprétations individuelles le plus faible possible (Hayek 1976, p. 54). Plus loin, il précise que c'est par l'idéologie que se forme cette similitude d'opinions[47] : autant d'éléments qui rentrent en tension avec sa représentation d'une société pluraliste marquée au sceau de la diversité des conceptions du bien.

Par une curieuse ruse du spontané, la condition nécessaire à l'ordre est ainsi une société fortement intégrée, proche finalement de la description que fait Hayek de la mentalité primitive : le "doux commerce" de Montesquieu ne peut exister sans le *moi commun* cher à Rousseau. On pourrait ainsi dire que la théorie hayékienne a opéré un tournant cognitif sans tournant herméneutique : la transparence - de l'interprétation – et l'obstacle - de l'information[48]. Sans pouvoir expliquer la manière dont une interprétation commune émerge du simple comportement des agents, Hayek emprunte alors une seconde voie : celle du recours à une figure extérieure en charge de l'interprétation légitime.

III.2. Juge et interprétation dans l'ordre spontané

Dans l'articulation entre économie et droit, le juge joue, au sein de la théorie hayékienne, une place prépondérante quoique ambiguë. C'est dans la préservation de l'ordre spontané que réside la fonction principale du juge. Il est une institution propre à l'ordre spontané. Dans *Droit, législation et liberté* la figure théorique du juge apparaît d'ailleurs très tôt[49]. Bien entendu, le juge ne coordonne pas lui-même des activités économiques comme le fait le chef d'une organisation ou le planificateur (Hayek 1973, p. 97). Sa tâche est avant tout de fournir les interprétations légitimes des règles et ainsi d'assurer la coordination des attentes sur le fondement desquelles les agents peuvent agir (Hayek 1973, pp. 96-97 ; 1976, pp. 154-155). La fonction du juge réside précisément dans la résolution des conflits d'interprétation

---

46. On trouvait d'ailleurs déjà ce problème dans l'article de Hayek consacré aux faits des sciences sociales (Hayek 1949, p. 66), voir également, *infra*, note 25.

47. Dans cette perspective, le fait que pour Hayek l'ordre culturel repose sur l'idéologie (Hayek 1976) traduit l'idée que seule l'idéologie peut fournir cette communauté d'interprétation propre à uniformiser les conflits au sujet du sens des règles. La notion d'idéologie, sous la plume de Hayek, joue bien entendu un rôle d'intégration du social et non d'aliénation (sur ces deux sens du mot idéologie, cf. Ricoeur 1995).

48. Pour Favereau par exemple, les préoccupations cognitives en économie et herméneutiques dans les autres sciences sociales ne constituent qu'une seule et même entrée analytique (Favereau 1998, pp. 195-197 ; Dosse 1995, p. 299).

49. A dire vrai et pour être plus précis, on peut remarquer que Hayek, dans le premier tome de *Droit, législation et liberté*, traite d'abord du droit en tant que tel (chapitre 4), pour ensuite étudier les fonctions du juge (chapitre 5) et enfin dénoncer les errements du législateur (chapitre 6).

sur le sens des règles. Ainsi, à la section "la raison d'être de la fonction judiciaire" dans le chapitre 5 de *Droit, législation et liberté*, on peut lire qu'il existe des situations où "il est nécessaire de faire appel à des hommes *supposés* en savoir davantage quant aux règles établies afin de préserver la paix et d'éviter les querelles. Ces personnes, lorsqu'elles sont appelées à trancher le litige, se trouvent souvent dans la nécessité d'énoncer de manière plus précise les règles au sujet desquelles il y a différence *d'opinion* (souligné par nous)"[50], (Hayek 1973, p. 99). Ce texte est extrêmement intéressant pour notre propos. On voit que le juge doit trancher ces conflits d'interprétation : il doit exprimer la règle "de manière plus précise" et fournir l'interprétation légitime. Il faut toujours délimiter les droits, c'est-à-dire interpréter leur portée, leur valeur respective, déterminer quelles sont celles que le juge doit reconnaître comme légitimes.

Si la fonction du juge est relativement claire, en revanche la manière dont il produit les interprétations légitimes ne laisse pas d'être ambiguë[51]. Dans le passage cité plus haut, un mot cristallise toutes les difficultés : c'est le terme "supposé"[52]. Il y a deux manières de comprendre ce terme. La première est de dire que le fait que le juge soit juge lui confère un pouvoir d'interprétation auquel se soumettent les individus. Dans ce cas, la priorité du juge que voit en lui Nemo (Nemo 1988, p. 152) n'a rien "d'épistémologique" car peu importe la manière dont il interprète les normes, ce qui compte c'est qu'il n'existe qu'un seul interprète reconnu. Cette première lecture ne peut très évidemment pas être celle de Hayek car le juge devient alors une figure de l'artificiel. L'interprétation serait une affaire de volonté, ce qu'exclut Hayek comme nous l'avons montré dans sa critique du positivisme juridique. Toutes les pages de Hayek concernant le juge tentent précisément de lui conférer un pouvoir d'interprétation *limité* par l'existence même de l'ordre spontané (Hayek 1960, p. 156 ; 1973, p. 115). Il faut donc se tourner vers une deuxième lecture du mot "supposé". Il existerait dans la représentation hayékienne un agent différent des autres remplissant la tâche particulière d'assister, le plus passivement possible, l'action des règles. Dans ce cas, Hayek devrait fournir les éléments d'une théorie du comportement du juge dans sa fonction juridictionnelle, autrement dit préciser les principes suivant lesquels le juge interprète les règles de droit et résout ainsi les conflits.

---

50. "*There will be the necessity to appeal to men who are supposed to know more about the established rules if peace is to be preserved and quarrels to be prevented. Such a person called in to adjudicate will often find it necessary to articulate and thereby make more precise those rules about which there exist difference of opinions*" (Hayek 1973, p. 99). On peut d'ailleurs noter que Hayek use ici d'un curieux euphémisme pour désigner les conflits juridiques (des *querelles*).
51. Cette question devient essentielle dès lors que l'on réalise que le juge est devenu, dans les ordres juridiques contemporains et dans la représentation libérale de la société, l'élément central de la sphère normative.
52. Certains commentateurs introduisent d'ailleurs un "privilège épistémologique" en ce qui concerne le juge (Nemo 1988, p. 152).

Or, de notre point de vue, Hayek ne donne que peu d'éléments à l'appui de sa position. En effet, il reste extrêmement vague sur la manière dont le juge doit s'y prendre, ou même dont il s'y prend effectivement, pour remplir cette tâche. Paradoxalement, la théorie hayékienne du juge oscille entre une présentation idéalisée et une justification empirique.

Concernant le premier point, on ne peut d'abord qu'être frappé par le changement de ton lorsque Hayek présente sa théorie du juge au chapitre 5 de *Droit, législation et liberté* (Longuet 1991, p. 326). Alors que, lorsqu'il parle du législateur, il met en évidence le fonctionnement pervers de l'État et de la démocratie illimitée, lorsqu'il s'agit du juge, la présentation se fait largement normative. Certes, pour rester cohérent, Hayek ne peut fournir, *a priori*, une liste de principes qui guiderait l'interprétation des règles. En effet, l'interprétation est avant tout conçue comme une "découverte" des solutions par le juge (Deffains 2002, p. 203). Il regarde les règles existantes dans la société et tente de les expliciter, de les rendre plus précises sans qu'à aucun moment il ne crée ces règles[53]. Le rôle du juge consiste alors, quand le besoin s'en fait sentir à "trouver ou découvrir la justice [...] en essayant d'exprimer par des mots, les règles inarticulées" (Hayek 1978, p. 81). Comme l'affirme Barry "dans un *cosmos*, le droit est découvert à travers un processus d'exploration de ce que le système dans son entier exige" (Barry 1979, p. 87). Cette cohérence n'est pas de nature logique. Il ne s'agit pas pour le juge de reconstruire une rationalité du droit purement déductive à partir de prémisses connus. C'est pourquoi le syllogisme est rejeté comme mode d'interprétation des règles. Cette idée est très clairement affirmée aussi bien dans les *New Studies*[54] (Hayek 1978, p. 81) que dans *Droit, législation et liberté*.

Au contraire, le droit tire sa cohérence de la fonction qu'il remplit au sein de l'ordre spontané, c'est-à-dire d'assurer la régularité des actions et la stabilisation des attentes (Deffains 2002, p. 210). Mais le problème n'est que déplacé : comment le juge peut-il discriminer les anticipations légitimes des autres représentations individuelles ? Hayek reste très vague et fait alors appel à l'intuition, au "sens de la justice (*sense of justice*)" (Hayek 1978, p. 81), ou encore au respect du "corps du droit (*body of rules*)" (Hayek 1960, p. 153). Cette évanescence que suggère la lecture des nombreux passages consacrés au juge n'est pas simplement le fait que, le monde étant incertain et complexe, il s'avère difficile de formuler des principes clairs pour guider l'interprétation. Selon nous, Hayek touche en fait les limites de son ontologie

53. Cette neutralité de l'interprétation du droit par le juge est défendue dès *La Constitution de la liberté*. Hayek écrit : "*it is because the judge who applies them [rules] has no choice in drawing the conclusions that follow from the existing body of rules and the particular facts of the case that it can be said that laws and not men rule*" (Hayek 1960, p. 153; voir également Burczak 2002, p. 190).

54. Ce refus du syllogisme juridique est explicite chez Hayek (Hayek 1978, p. 82 ; Hayek 1973, pp. 105-106) et est repris par un certain nombre de commentateurs (voir, par exemple, Barry 1979, p. 80, p. 86).

sociale. En effet, le juge est, à maints égards, dans la même position que l'économiste. Pour reprendre les termes que nous utilisions dans la deuxième partie, il se trouve dans l'incapacité de discriminer entre significations constitutives et significations non-constitutives, entre les opinions individuelles qui participent à l'existence du droit et celles qui n'y participent pas (Nadeau 2000, p. 87). Le privilège épistémologique accordé au juge n'est qu'une pétition de principe. Au sein de la théorie hayékienne, le juge, comme l'économiste, comme les agents eux-mêmes n'ont en réalité aucun moyen d'accéder à une signification partagée des règles. Ainsi, l'interprétation est nécessairement marquée au sceau de l'indétermination[55].

La voie d'une théorie du juge étant ainsi une impasse, on comprend que Hayek se tourne parfois vers une justification empirique du rôle du juge. S'abritant derrière une sorte de mythe de la *common Law* anglaise, incarnant son idéal[56], il transfert la charge de la preuve à une évolution empirique supposée fournir le chaînon manquant de sa théorie. Or, à la suite des réalistes américains (Frank et Llewelyn notamment), les théoriciens comme les historiens de la *common law* n'ont cessé de battre en brèche cette représentation neutre et apolitique de la création jurisprudentielle du droit[57] : "la défense du système de *common law* comme une méthode neutre pour découvrir le sens de la justice et les règles qui constituent le bien commun est largement sujette à caution" (Burczak 2002, p. 196).

Ainsi, aucune des deux voies empruntées par Hayek ne semble pouvoir assurer le 'bouclage' de la théorie. En effet, Hayek ne fournit aucune théorie de l'interprétation qui puisse rendre compte de l'émergence d'interprétations légitimes et partagées. Selon nous, cette limite de la théorie hayékienne n'est pas fortuite mais est la manifestation la plus claire des propres limites de son ontologie sociale.

Conclusion

Lire Hayek à l'aune du tournant herméneutique permet d'identifier une tension fondamentale dans sa représentation économique et juridique de l'ordre libéral. En effet, l'étude des fonctions des règles de droit, de leur ontologie et des moyens de penser les médiations entre significations individuelles et collectives ont montré la nécessité, au cœur même de la coordination marchande, de sens commun, partagé et légitime. L'échec de Hayek identifié ci-dessus à proposer des mécanismes de production d'interprétations légitimes cohérents avec sa conception de l'ordre spontané

55. On trouve une illustration de cette indétermination caractéristique chez un commentateur comme Barry. Celui-ci opère un rapprochement entre les règles de conduite de Hayek et les principes de Dworkin. Et l'auteur de constater l'écart qui sépare les conclusions des deux théories, preuve s'il en est du gouffre potentiel entre règles abstraites et application de ces règles (Barry 1979, p. 97).
56. Sur l'utilisation de ce mythe de la *Common Law*, cf. Franck Lessay *in* Raynaud et Rials (ss. dir.) 1998.
57. Pour une comparaison précise des deux courants, voir Burczak 2002, pp. 191-196.

invite alors à relativiser certains pans de sa théorie depuis les thèses proprement économiques – efficacité des règles abstraites, possibilité d'une coordination spontanée des plans des agents *etc.* – jusqu'aux conclusions explicitement normatives – organisation de l'État de droit comme socle du marché et critique de l'État social, place du juge dans l'ordre spontané, justice procédurale *etc.* On peut risquer, pour finir, une analyse de cet échec. Le sens commun doit émerger chez Hayek de procédures (le marché ou le droit) les moins construites possible, les plus immédiates, les moins politiques aussi. Mais en reconnaissant la différenciation grandissante des individus et la pluralité des conceptions du bien, Hayek éloigne du même coup la possibilité pour ces procédures de créer des mondes communs sans lesquels la coordination est impossible. Son anti-constructivisme foncier l'a peut-être empêché de voir que, comme nous le rappelle de manière forte la théorie rawlsienne dont il se dit pourtant assez proche (Hayek 1976), la production d'interprétations impartiales et partagées ne peut se faire, dans le monde libéral, qu'à travers des procédures éminemment *construites*[58].

---

58. Pour une lecture de la théorie rawlsienne comme théorie interprétative du droit, voir par exemple Dworkin 1988, pp. 48-51.

BIBLIOGRAPHIE

Amselek Paul (1994), éd., *Théorie du droit et science*, Paris, Presses universitaires de France.

Barry Norman P. (1979), *Hayek's Social and Economic Philosophy*, Londres, McMillan Press.

Birner Jack, Garrouste Pierre et Aimar Thierry (2002), éd., *F. A. Hayek as a Political Economist*, Londres, Routledge.

Buchanan James (1989-90), "Hayek et les forces de l'histoire", *Journal des Économistes et des Etudes Humaines*, vol. 1, no 1, hiver, pp. 181-183.

Burczak Theodore A. (2002), "The Contradiction between Hayek's Subjectivism and his Liberal Legal Theory", in Birner Jack *et alii*, éd., 2002, pp. 183-201.

Caldwell Bruce (1988), "Hayek's Transformation", *History of Political Economy*, vol. 20, no 4, winter, pp. 513-541.

Deffains Bruno (2002), "The Norms and the Judge in Hayek's Liberalism", in Birner Jack *et alii*, éd., 2002, pp. 202-214.

Donzelli Franco (1993), "The Influence of the Socialist Calculation Debate on Hayek's View of General Equilibrium Theory", *Revue européenne des sciences sociales*, t. XXXI, no 96, pp. 47-83.

Dosse François (1995), *L'empire du sens*, Paris, La découverte.

Dostaler Gilles (2001), *Le libéralisme de Hayek*, Paris, La découverte.

Dostaler Gilles et Ethier Diane (1989), éd., *Friedrich Hayek, philosophie, économie et politique*, Paris, Economica.

Dupuy Jean-Pierre (1992), *Le sacrifice et l'envie*, Paris, Calmann-Levy.

Dworkin Ronald (1988), "L'impact de la théorie de Rawls sur la pratique et la philosophie du droit", in Audard Catherine, Sève René et Dupuy Jean-Pierre, éd., *Individu et justice sociale*, Paris, Le seuil, 1988, pp. 37-53.

Ege Ragip (1992), "Émergence du marché concurrentiel et évolutionnisme chez Hayek", *Revue économique*, vol. 43, no 6, pp. 1007-1036.

Favereau Olivier (1998), "Notes sur la théorie de l'information à laquelle pourrait conduire l'économie des conventions", in Petit Pascal, éd., *L'Économie de l'information*, Paris, La découverte, 1998, pp. 195-238.

Fleetwood Steve (1995), *Hayek's Political Economy. The Socio-Economic Order*, Londres, Routledge.

Fleetwood Steve (1997), "Hayek III: The Necessity of Social Rules of Conduct", in Frowen Stephen F., éd., 1997, pp. 155-178.

Frowen Stephen F. (1997), éd., *Hayek, Economist and Social Philosopher. A Critical Retrospect*, Londres, McMillan Press.

Garrouste Pierre (1994), "Carl Menger et Friedrich Hayek à propos des institutions : continuité et rupture", *Revue d'économie politique*, vol. 104, no 6, décembre, pp. 849-872.
Garrouste Pierre (1999), "Perspectives hayékiennes sur l'analyse économique", *Revue d'Économie Politique*, vol. 109, no 6, novembre-décembre, pp. 885-905.
Gray John (1984), *Hayek on Liberty*, New-York, Basil Blackwell.
Hayek Friedrich A. (ed.) (1939), *L'Économie dirigée en régime collectiviste*, (trad. fr. de *Collectivist Economic Planning : Critical Studies on the Possibilities of Socialism*, 1935), Paris, Librairie de Médicis.
Hayek Friedrich A. (1942), "Scientism and the Study of Society. Part I.", *Economica*, vol. 9, no 35, pp. 267-91.
Hayek Friedrich A. (1943), "Scientism and the Study of Society. Part II.", *Economica*, vol. 10, no 37, pp. 34-63.
Hayek Friedrich A. (1943b), "The Facts of the Social Sciences", *Ethics*, vol. 54, no 1, pp. 1-13.
Hayek Friedrich A. (1944), "Scientism and the Study of Society. Part III.", *Economica*, vol. 11, no 41, pp. 27-39.
Hayek Friedrich A. (1945), "The Use of Knowledge in the Society", *American Economic Review*, vol. 35, pp. 519-530.
Hayek Friedrich A. (1949), *Individualism and Economic Order*, Londres, Routledge.
Hayek Friedrich A. (1952), *Scientisme et sciences sociales*, (trad. fr. de *Scientism and the Study of Society*), Paris, Plon, 1991.
Hayek Friedrich A. (1960), *The Constitution of Liberty*, London, Routledge.
Hayek Friedrich A. (1960b), *La Constitution de la liberté*, (trad. fr. de *The Constitution of Liberty*), Paris, Litec, 1994.
Hayek Friedrich A. (1967), *Studies in Philosophy, Politics and Economics*, London, Routledge.
Hayek Friedrich A. (1973), *Law, Legislation and Liberty (vol. 1). Rules and Order*, London, Routledge.
Hayek Friedrich A. (1976), *Law, Legislation and Liberty (vol. 2). The Mirage of Social Justice*, London, Routledge.
Hayek Friedrich A. (1979), *Law, Legislation and Liberty (vol. 3). The Political Order of a Free People*. London, Routledge.
Hayek Friedrich A. (1978), *New Studies in Philosophy, Politics, Economics and the History of Ideas*, London, Routledge.
Horwitz Morton (1992), *The Transformation of American Law - 1870-1960*, Oxford, Oxford University Press.
Lavoie Don (1991), éd., *Economics and Hermeneutics*, Londres, Routledge.
Longuet Stéphane (1991), *Individu et État chez Hayek*, Thèse, Paris 1.
Manin Bernard (1983), "Le libéralisme radical de F. A. Hayek", *Commentaire*, vol. 6, no 22, été, pp. 328-336.

Nadeau Robert (2000), "Sur l'anti-physicalisme de Hayek : essai d'élucidation", *Revue de philosophie économique*, vol. 1, no 1, pp. 67-104.
Nemo Philippe (1988), *La société de droit selon F. A. Hayek*, Paris, Presses universitaires de France.
O'Driscoll Gerald (1977), *Economics as a Coordination Problem*, Kansas City, Sheed Andrews and McMeel.
O'Driscoll Gerald et Rizzo Mario (1985), *The Economics of Time and Ignorance*, Oxford, Basic Blackwell.
Petev Valentin (1994), "Hans Kelsen et le Cercle de Vienne", in Amselek Paul, éd, 1994, pp. 233-247.
Posner Richard A. et Landes William M. (1975), "The Independent Judiciary in an Interest Group Perspective", *Journal of Law and Economics*, vol. XVIII, pp. 875-902.
Ramstad Yngve (1994), "On the nature of Economic Evolution: John R. Commons and the Metaphor of Artificial Selection", in Magnusson Lars, éd, *Evolutionary and neo-Schumpeterian Approaches to Economics*, Boston, London, Kluwer Academic Publishers, 1994, pp. 65-121.
Raynaud Philippe et Rials Stéphane (1998), éd., *Dictionnaire de philosophie politique*, Paris, Presses universitaires de France.
Richebé Nathalie (2000), "Intérêt et limites de l'usage de la notion de règle en économie : un éclairage par la comparaison de Hayek à l'économie des conventions", *Cahiers d'économie politique*, no 36, pp. 68-98.
Ricoeur Paul (1986), *Du texte à l'action. Essais d'herméneutique*, Paris, Le seuil.
Ricoeur Paul (1995), *Idéologie et utopie*, Paris, Le seuil.
Rosenfeld Michel (2000), *Les Interprétations justes*, Paris, Librairie générale de droit et de jurisprudence.
Shearmur Jeremy (1996), *Hayek and After*, London, Routledge.
Troper Michel (1994), *Pour une théorie juridique de l'État*, Paris, Presses universitaires de France.

HAYEK ET RAWLS SUR LA JUSTICE SOCIALE : LES DIFFÉRENCES SONT-ELLES "PLUS VERBALES QUE SUBSTANTIELLES" ?[1]

Claude GAMEL[2]

Résumé :
Hayek, théoricien du "mirage de la justice sociale" et Rawls, auteur d'une "Théorie de la justice", semblent en opposition complète ; pourtant l'économiste a affirmé que les différences qui le séparaient du philosophe étaient "plus verbales que substantielles". Malgré des paradigmes opposés (évolutionnisme versus contractualisme), la gestation des normes est comparable chez les deux auteurs (anti-utilitarisme, impartialité, expérimentation) et aboutit à deux versions d'une même conception de la justice en société, par les normes retenues et leur hiérarchie (prééminence de la liberté, réelle augmentation des chances de chacun, amélioration du sort des plus démunis).

Abstract: Hayek and Rawls about social justice: are the differences "more verbal than substantial"?
Hayek (theoretician of "the mirage of social justice") seems to be completely opposed to Rawls (author of "Theory of justice"), but the economist can have written that the differences between himself and the philosopher are "more verbal than substantial". In spite of opposed paradigms (evolutionism versus contractualism), the stages are quite comparable in the setting of norms (anti-utilitarianism, impartiality, experimentation) and induce two versions of the same conception of justice in society, through the content and the hierarchy of norms the two authors put forward (priority of liberty, fair increase of opportunity for everyone, better condition for the poorest people).

Classification JEL : B 25, D 63, I 38.

---

1. Je remercie les rapporteurs des *Cahiers d'économie politique* pour leur analyse très attentive des versions antérieures de ce texte, mais reste seul responsable des idées qui y sont émises, ainsi que des erreurs, omissions ou imprécisions qui pourraient y subsister. Par ailleurs, je tiens à témoigner toute ma gratitude à Robert Nadeau pour l'intérêt et le soutien constants qu'il a manifestés à l'égard de la présente recherche, intérêt et soutien qui se sont notamment traduits par son invitation à venir l'exposer à l'Université du Québec à Montréal (UQAM - Département de philosophie - octobre 2002).
2. Professeur d'économie à l'Université Paul Cézanne Aix-Marseille III. GREQAM-IDEP, Centre Forbin, 15,19 Allée Claude Forbin, 13627 Aix-en-Provence Cedex 1, Tél. : 04 42 96 81 52 ; télécopie : 04 42 96 80 00, courriel : claude.gamel@univ-cezanne.fr

"A un moment donné, le sentiment que je devrais justifier ma position vis-à-vis d'un ouvrage récent de grande valeur a également contribué à retarder l'achèvement de ce volume-ci. Mais après avoir soigneusement considéré la chose, je suis arrivé à la conclusion que ce que je pourrais avoir à dire du livre de John Rawls A Theory of Justice *(1972) [sic] ne servirait pas à mon objectif immédiat, parce que les différences entre nous apparaissent plus verbales que substantielles."*
F. A. Hayek
"Droit, législation et liberté"
Tome 2 *"Le mirage de la justice sociale"* (1982, pp. XII-XIII)

1. Introduction : prolégomènes à une analyse comparative

Dans la philosophie libérale contemporaine, Friedrich Hayek et John Rawls sont sans nul doute les deux auteurs majeurs qui ont dominé la réflexion sur les fondements éthiques de l'économie de marché, réflexion riche et féconde qui, à leur suite, s'est particulièrement développée dans le dernier quart du XX° siècle.

Hayek séduit par le caractère transdisciplinaire de son œuvre où les considérations économiques, juridiques et historiques sont harmonieusement complétées par les premiers apports des sciences de la cognition et de la complexité. Entre "l'ordre spontané" de la société, dont l'évolution échappe pour l'essentiel à la maîtrise de l'homme, et "les organisations sociales", dont le pilotage demeure seul à sa portée, la dialectique "hayékienne" s'en trouve singulièrement renforcée et débouche sur le processus de sélection des "règles abstraites de juste conduite" : la synthèse magistrale que l'on trouve dans *Droit, législation et liberté* (1973, 1976, 1979), fournit de fait un nouveau souffle à la pensée libérale traditionnelle, tant française (Montesquieu, Tocqueville, ..) que britannique (Hume, Smith, ..).

Quant à John Rawls, son ouvrage fondamental sur la "Théorie de la justice" (1971) ne peut qu'impressionner par la profondeur de son ambition : "généraliser et porter à un plus haut degré d'abstraction la théorie traditionnelle du contrat social telle qu'elle se trouve chez Locke, Rousseau et Kant" (Rawls 1987, p. 20) et fournir ainsi à la démocratie moderne, fondée sur la philosophie des droits de l'homme et la coordination par le marché, des principes de justice sociale unanimement acceptés. "Voile d'ignorance", "principe de différence" et "biens premiers" sont autant de concepts "rawlsiens" abondamment et diversement commentés depuis plus de trente ans, au point d'avoir suscité, à la jointure de la philosophie et de l'économie, un champ de recherche, désormais autonome, consacré aux questions de justice.

1.1. Hayek "en aval" des théories de la justice sociale

La parution à peu d'intervalle de ces deux ouvrages dans les années 1970 n'a pas pour autant suscité de réflexion comparative entre les approches en cause. Il s'agit là d'un euphémisme, lorsqu'on constate par exemple que Roemer (1996), dans son inventaire des théories de la "justice distributive", fait très souvent référence à Rawls mais n'évoque nulle part Hayek. Explication évidente mais peut-être aussi superficielle, l'économiste théoricien du "mirage de la justice sociale" n'aurait rien à dire au philosophe auteur d'une "théorie de la justice".

Dans un ouvrage comparable que Fleurbaey a publié en français la même année, le traitement des deux auteurs est presque aussi asymétrique - Hayek n'y est commenté qu'en quelques lignes (Fleurbaey 1996, pp. 151-152) -, mais une explication de sa mise à l'écart quasi systématique est toutefois esquissée : "une part importante de l'argumentation libérale est de nature instrumentale, c'est-à-dire que les institutions capitalistes sont défendues parce qu'elles sont censées être les plus efficaces ou les plus favorables au bien-être, etc. Ce type d'argumentation se situe donc en aval des théories de la justice proprement dites" (Fleurbaey 1996, p. 146)]. Or, comment situer Hayek lorsqu'il affirme que l'information nécessaire à la puissance publique pour orienter l'allocation des ressources de manière consciente n'est jamais disponible ? "Il nous suffit de noter, conclut Fleurbaey (1996, p. 152), que cette argumentation repose sur des éléments empiriques, et appartient donc à la catégorie instrumentale plutôt que fondamentale".

Écho à l'analyse précédente, Kymlicka (1990, pp. 95-96) souligne quant à lui le caractère contingent de la défense par Hayek du marché et des libertés. A la différence des libertariens pour qui le marché, et les libertés individuelles qu'il suppose, peuvent être intrinsèquement justes, Hayek ne soutiendrait pas le capitalisme en tant que tel, mais parce qu'il constituerait à ses yeux un puissant antidote à toute tentative centralisatrice du pouvoir : en minimisant ainsi le risque de dérive vers le totalitarisme, il s'agit avant tout pour lui d'éviter "la route de la servitude".

Un tel consensus des théoriciens de la justice sociale à l'égard de Hayek est en outre corroboré par l'attitude de Rawls lui-même : que ce soit dans *Théorie de la justice* ou dans ses travaux ultérieurs (cf. notamment Rawls 1993 et 1995), il semble bien qu'on ne puisse pas trouver sous la plume du second la moindre référence au premier, alors que l'inverse existe et mérite qu'on s'y attarde.

1.2. Rawls "ponctuellement" apprécié de Hayek

On ne peut en effet manquer de se perdre en conjectures face à la citation, mise en exergue au présent texte, où Hayek ne repère que des "différences plus verbales que substantielles" entre sa propre réflexion et celle de Rawls. Cette phrase figure dans l'avant-propos du tome 2 de *Droit, législation et liberté* publié en anglais en 1976, soit cinq ans après *Théorie de la justice* de Rawls et elle n'a, semble-t-il, jamais été commentée depuis par l'un ou l'autre des deux protagonistes. Tout au plus trouve-t-on sous la plume de Hayek (1982, p. 120), à la fin du chapitre 9 de ce tome 2, quelques phrases précisant cette remarque :

> "Ce n'est pas seulement comme base des règles juridiques de juste conduite que la justice rendue par les tribunaux est d'une extrême importance ; il existe aussi, indiscutablement, un authentique problème de justice en liaison avec le plan délibéré des institutions politiques, problème auquel le Pr. John Rawls a récemment consacré un livre important. Je regrette seulement, parce que c'est une source de confusion, que dans ce contexte il emploie le terme de "justice sociale"".

Dans ce chapitre 9, intitulé "justice 'sociale' ou distributive", Hayek s'insurge en effet contre l'emploi de l'expression "justice sociale" qui entretient selon lui l'illusion que l'on pourrait appliquer l'idée de justice à un ordre social dont personne ne peut être tenu pour responsable ; or "un fait en lui-même, ou un état de choses que personne ne peut changer, peut être bon ou mauvais, mais non pas juste ou injuste" (Hayek 1982, pp. 37-38). Une fois cette "source de confusion" dénoncée, Hayek poursuit son commentaire sur Rawls en ces termes :

> "Mais je n'ai aucune divergence fondamentale avec un auteur qui, avant de s'engager dans l'étude du problème, déclare expressément que l'entreprise de choisir comme étant justes des systèmes ou des répartitions de choses désirables, doit être *"abandonnée comme entachée d'erreur en son principe, et qu'en tout cas elle n'est pas susceptible de recevoir une réponse concrète. Bien plutôt, les principes de justice définissent les exigences cruciales que les institutions et les activités conjuguées doivent satisfaire, si l'on veut que les personnes qui s'y engagent ne leur opposent pas de reproches. Si de telles exigences sont satisfaites, la répartition, quelle qu'elle soit, peut être admise comme juste (ou au moins comme non injuste)"*. C'est à peu près ce que j'ai entendu soutenir dans ce chapitre".

Au total, dans ce passage, Hayek fait certes allusion à la publication récente de *Théorie de la justice*, mais on notera cependant que la citation empruntée à Rawls (reproduite ci-dessus en italiques) est extraite d'une de ses publications antérieures *Constitutional Liberty and the Concept of Justice* (1963, p. 102). Hayek a manifestement tendance à la privilégier, puisque c'est la publication de Rawls la plus souvent mentionnée dans *Droit, législation et liberté*[3]. Cette préférence pour la phase

3. En dehors de deux allusions à la publication de *Théorie de la justice* en avant-propos des tomes 2 et 3 de *Droit, législation et liberté*, l'index général des auteurs cités dans les trois volumes (Hayek 1983,

initiale de la pensée de Rawls est en outre confirmée par le commentaire suivant à propos du texte de 1963 (Hayek 1982, p. 210, note 44) :

> "Je n'ai pas l'impression que l'ouvrage postérieur et plus généralement connu des lecteurs, *A Theory of justice* (Harvard, 1971), contienne une formulation de clarté comparable du point crucial". Et Hayek d'ajouter aussitôt : "C'est peut-être cela qui explique que ce livre paraît souvent – selon moi, à tort – avoir été interprété comme venant à l'appui des revendications socialistes".

Même si, sur ce dernier point, Hayek a semblé ultérieurement beaucoup moins catégorique[4], il demeure indubitable que Hayek s'est senti très proche de Rawls dans les années 70 et il est donc intéressant de s'interroger pourquoi.

1.3. En dépit d'une convergence sur la justice "procédurale" ...

Manifestement, le "point crucial" que souligne Hayek dans le passage précédent concerne ce qu'on a pu appeler ultérieurement la dimension "procédurale" de la justice, qui constitue sans nul doute le dénominateur commun des penseurs libéraux en la matière. Dans cette optique, la justice procédurale concerne d'abord et avant tout la "structure de base" de la société définie par Rawls (1987, p. 116) comme "une entreprise de coopération en vue d'avantages mutuels". De son côté, Hayek (1982, p. 89) illustre la notion de procédure par le processus de concurrence :

> "John Locke et ses contemporains ont formé la conception libérale classique de la justice selon laquelle, comme on l'a dit à juste titre, ce qui peut

---

p. 237) révèle que Rawls est mentionné au total huit fois, mais une seule fois dans le corps du texte (l'extrait ci-dessus). Dans les sept autres cas, il s'agit de notes de chapitre, où Hayek ne fait référence à *Théorie de la justice* que deux fois, contre cinq à des publications antérieures de Rawls : d'une part *Justice as Fairness* (1958) et un article dans un ouvrage collectif *Contemporary utilitarianism* (Bayles 1968) cités une fois chacun, et, d'autre part, *Constitutional liberty and the concept of justice* (1963) mentionné dans les trois cas restants.

4. Dans son ultime ouvrage *La présomption fatale*, Hayek ne fait en effet qu'une seule fois allusion à Rawls, en des termes pour le moins peu favorables, à propos de l'idée que l'évolution ne peut être juste : "Il suffirait de se demander, écrit-il, ... ce qui aurait pu se passer si, à une date antérieure, certaines puissances magiques s'étaient vu accorder le pouvoir de faire appliquer des croyances égalitaires ou méritocratiques : l'on comprendrait aussitôt que l'évolution de la civilisation en aurait été rendue impossible. Un monde rawlsien (Rawls, 1971) aurait fort bien pu ainsi ne jamais devenir civilisé : en ce que les différenciations dues à la chance y auraient été réprimées, la plupart des découvertes de possibilités nouvelles s'y seraient trouvées réduites à néant" (Hayek 1993, pp.103-104). Bien qu'à nos yeux Hayek surestime ici son désaccord avec le thème rawlsien de "l'égalité réelle des chances" (cf. *infra* 3.2), il est évident que l'opinion de Hayek sur l'œuvre de Rawls a sensiblement évolué : d'abord séduit dans les années 60 par ses premiers travaux, il n'éprouve manifestement pas le même intérêt pour *Théorie de la justice* dans les années 70, avant de s'en démarquer dans la décennie 80, dans les termes que l'on vient de rappeler.

être juste ou injuste c'est seulement 'la façon dont la concurrence est pratiquée, et non pas ses résultats'". Et Hayek (1982, p. 206, note 16) d'ajouter que "cette façon de voir héritée de John Locke a été conservée même par John Rawls, au moins dans son ouvrage précédent [*Constitutional Liberty and the Concept of Justice*]".

La justice de la procédure sera notamment considérée comme "pure", lorsqu'il n'existe pas de critère indépendant de la procédure pour définir le résultat juste ; en d'autres termes, le résultat, quel qu'il soit, sera juste, pourvu que la procédure ait été scrupuleusement respectée. Par rapport à ce concept pivot de "justice procédurale pure", on a ainsi pu soutenir que la position de Hayek se trouvait en deçà et celle de Rawls au-delà[5] : chez Hayek, l'absence de maîtrise des processus sociaux rend difficile leur épuration complète et la justice procédurale a toute chance de rester "impure" ; chez Rawls, des principes de justice relativement précis (égales libertés d'une part, inégalités contraintes par une réelle égalité des chances et le principe de différence d'autre part) éliminent de fait les états de la répartition jugés non désirables, ce qui oriente la procédure sociale vers un certain résultat, défini au moins dans ses grandes lignes : la justice procédurale tend alors à devenir "parfaite"[6].

1.4. ...de fortes divergences épistémologiques à surmonter

Ce canevas a certes sa fécondité, notamment didactique, mais il ne fait que traduire sous une autre forme l'écart épistémologique important qui distingue formellement les démarches de Hayek et de Rawls : le premier symbolise un libéralisme évolutionniste, qui prend en compte les difficultés de conformer à un critère, voire à une procédure de justice prédéfinis, la répartition des positions individuelles telle qu'elle est issue de l'ordre spontané de la société et de son prolongement - le marché - ; en ce sens, comme on le sait, le libéralisme économique y dérive naturellement du libéralisme politique. A l'inverse, le second fournit les bases d'un libéralisme contractualiste, commençant par définir les principes d'une "société bien ordonnée", et ne concédant au marché que les aménagements indispensables à la préservation de sa dynamique : à la différence du libéralisme politique, le libéralisme économique y est plus toléré de manière pragmatique que déduit des principes de justice.

---

5. Pour une telle présentation, cf. Gamel (1991). Par ailleurs, les principes de Nozick (1988) sur la légitimation de la propriété constituent probablement l'illustration la plus fidèle de la notion de justice procédurale pure, mais il s'agit aussi d'une conception instable : selon qu'il est possible ou non de "rectifier" les multiples entorses à ces principes, la position défendue par Nozick tombe dans la zone d'attraction des règles "hayékiennes" de juste conduite ou dans celle des principes "rawlsiens" de justice ; sur ce point cf. Gamel (1992, p. 116 et 1999, pp. 214-215).
6. La justice procédurale devient en effet parfaite lorsqu'elle est combinée avec un certain résultat du jeu social qu'elle est censée garantir. En d'autres termes, il existe un critère indépendant de la procédure définissant le résultat à atteindre mais la procédure, si elle est scrupuleusement respectée, garantira l'obtention du résultat recherché.

Évolutionnisme et contractualisme reposent en outre sur des conceptions de la rationalité sensiblement différentes : dans le premier cas, les individus rationnels doivent d'emblée admettre, selon Hayek, les limites du pouvoir de la raison humaine, afin de rendre celle-ci aussi efficace que possible dans le traitement positif des faits sociaux qu'ils ne maîtrisent pas ; dans le second cas au contraire, conformément à la théorie classique du contrat social, Rawls fait *a priori* confiance aux capacités de réflexion "d'êtres rationnels et mutuellement désintéressés", pour définir de manière normative les fondements d'une société juste susceptibles, si nécessaire, d'inspirer la réforme de l'ordre social existant.

Ces divergences épistémologiques entre évolutionnisme et contractualisme compliquent à l'évidence toute tentative de comparaison des deux auteurs, mais s'agit-il pour autant d'objections insurmontables ? Pour notre part, l'existence de telles objections a au contraire aiguisé notre curiosité : en effet, ce que nous voudrions entreprendre ici, c'est aller au fond des choses, c'est à dire étudier en détails la pertinence de la remarque de Hayek sur le caractère non "substantiel" des différences qui le distinguent de Rawls. En d'autres termes, en dépit de ces divergences manifestes au plan épistémologique, la question n'est-elle pas plutôt de savoir si la convergence entre Hayek et Rawls peut aller au-delà de la seule dimension procédurale de la justice déjà soulignée ? L'enjeu en tout cas n'est pas mince, car il s'agit éventuellement de mettre fin à l'absence quasi systématique de Hayek dans l'inventaire des théories contemporaines de la justice sociale. Or, en dépit de la spécificité de son approche évolutionniste, trop singulière dans le panorama des travaux sur ce sujet, et malgré la formulation souvent percutante qui radicalise son propos, on a déjà pu souligner par ailleurs combien la thèse de Hayek est en fait moins éloignée du courant général de la réflexion qu'on ne le croit[7].

Nous tenterons d'approfondir cette relative proximité, en montrant qu'en l'occurrence Hayek et Rawls semblent bien déboucher sur des visions de la justice sociale assez voisines l'une de l'autre : non seulement les démarches sont en fait comparables – au sens étymologique du terme -, dans la mesure où elles réservent toutes deux une large place à "l'expérimentation" dans la gestation de normes de justice qui se veulent avant tout impartiales et anti-utilitaristes (2) ; mais, plus surprenant encore, ces normes débouchent, semble-t-il, sur deux versions d'une même conception de la justice en société, minimaliste dans un cas, volontariste dans l'autre (3). En guise de conclusion provisoire, de telles perspectives, en laissant entrevoir des similitudes insoupçonnées, renforceraient plus qu'elles ne fragiliseraient l'unité du libéralisme contemporain (4).

---

7. Pour une telle analyse, cf. Gamel (2000-a).

2. Deux démarches en fait comparables

Hayek et Rawls sont à première vue aux antipodes l'un de l'autre, dans leur approche de la question de la justice : Hayek fait confiance au juge de l'ordre judiciaire pour sélectionner de manière pragmatique les règles de juste conduite à appliquer à chaque cas, tandis que Rawls impose à chacun l'ascèse du voile d'ignorance dans la position originelle, afin de parvenir à une définition unanime des principes de justice. Pourtant, l'impartialité des normes à appliquer constitue l'objectif commun des deux auteurs, que cette impartialité soit vérifiée *ex post* chez Hayek ou qu'elle soit imposée *ex ante* chez Rawls (2.2). Autre point de convergence, la mise au point des normes de justice est un processus complexe, qui doit laisser une large place à l'expérimentation, avec pour effet soit un ajustement permanent de la jurisprudence en vigueur, soit un "équilibre réfléchi" entre principes de justice et "convictions bien pesées" des individus (2.3). Mais la première caractéristique qui rapproche les démarches de Hayek et de Rawls se trouve indubitablement dans leur volonté respective d'offrir une alternative crédible à la doctrine utilitariste, dont l'un et l'autre jugent très excessive l'emprise sur la philosophie sociale (2.1).

2.1. Évaluation de la doctrine utilitariste : des critiques complémentaires

> "Le gênant, dans la démarche globale de l'utilitarisme, c'est que comme théorie prétendant à expliquer un phénomène qui consiste en un corps de règles, il élimine complètement le facteur qui rend les règles nécessaires, à savoir notre ignorance. J'ai toujours été profondément étonné que des hommes sérieux et intelligents, comme l'étaient indubitablement les utilitaristes, puissent avoir omis de considérer attentivement ce fait crucial qu'est notre inéluctable ignorance de la plupart des faits concrets, et proposé une théorie postulant une connaissance des effets réels de nos actions individuelles" (Hayek 1982, p. 23).

> "Mon but est d'élaborer une théorie de la justice qui représente une solution de rechange à la pensée utilitariste en général et donc à toutes les versions différentes qui peuvent en exister. Je crois que la différence qui oppose la doctrine du contrat et l'utilitarisme demeure essentiellement la même dans tous les cas. [....] La question est de savoir si le fait d'imposer des désavantages à un petit nombre peut être compensé par une plus grande somme d'avantages dont jouiraient les autres ; ou si la justice nécessite une égale liberté pour tous et n'autorise que les inégalités socio-économiques qui sont dans l'intérêt de chacun." (Rawls 1987, pp. 49 et 59).

Ces deux extraits figurent respectivement dans les premières pages du tome 2 de *Droit, législation et liberté* et de *Théorie de la justice* et leur juxtaposition souligne la grande fermeté avec laquelle Hayek et Rawls s'opposent à l'utilitarisme. Il n'est pas exagéré de considérer que l'économiste comme le philosophe trouvent l'un et l'autre dans l'opposition à cette doctrine une puissante motivation à construire en réaction leur propre système de pensée.

Toutefois, on note d'emblée que l'axe de leur critique anti-utilitariste n'est pas vraiment le même : pour Hayek il s'agit de tirer les conséquences de l'*ignorance* irrémédiable dans laquelle se trouvent les hommes face à la complexité des processus sociaux, alors que la norme utilitariste du "plus grand bonheur du plus grand nombre" suppose l'omniscience du "spectateur impartial" chargé de son application. Pour Rawls, une conception de la justice digne de ce nom doit prendre au sérieux la pluralité des individus en cause et refuser le *sacrifice* d'une minorité d'entre eux pour le plus grand bonheur des autres. C'est ainsi que Rawls pose d'emblée un principe d'égales libertés, par nature anti-sacrificiel sur le plan politique, et ne tolère au plan économique, à travers le principe de différence, que les inégalités perçues comme légitimes parce qu'elles profitent à tous.

En dépit de leurs efforts constants pour s'en démarquer, Hayek et Rawls ont-ils pour autant réussi à supprimer tout lien avec l'utilitarisme ? Dans l'un et l'autre cas, il existe des objections qui méritent examen ... et permettent de poursuivre le parallèle entre les deux auteurs.

S'agissant de Hayek, son argumentaire contre l'omniscience du spectateur impartial est manifestement adapté à la critique de "l'utilitarisme d'acte" de Bentham, dans la mesure où, dans cette version, la légitimité du comportement des individus suppose connus tous les effets particuliers, immédiats ou ultérieurs, sur soi-même comme sur autrui, que ce comportement a pu engendrer. En revanche "l'utilitarisme de règle" (Harrod 1936, Brandt 1959) offre une résistance plus opiniâtre et on peut même se demander si la position de Hayek lui-même n'en constitue pas en fait une variante très élaborée.

L'utilitarisme de règle vise en effet à garantir dans le temps le respect du critère du plus grand bonheur du plus grand nombre : c'est du moins sur cette base que sont retenues les règles qui sont censées maximiser l'utilité collective, pour autant qu'elles soient suivies par chacun dans des situations aux caractères génériques comparables. Selon Hayek en revanche, le système de règles sélectionné ne répondrait *a priori* à aucune norme explicite ; toutefois, comme seules sont appelées à subsister et à se développer les règles de juste conduite adoptées par les sociétés où les relations humaines sont les mieux régulées, on peut se demander si leur sélection progressive ne traduit pas non plus, de manière très implicite, la maximisation inter-temporelle de l'utilité collective[8].

En ce cas, l'originalité de Hayek, et sans doute aussi son avantage décisif sur l'utilitarisme de règle, résiderait dans la lucidité avec laquelle il souligne combien est lente, difficile et erratique l'émergence des règles de l'ordre spontané : dans le meilleur des cas, l'utilitarisme ne peut en effet juger de l'utilité que d'une seule règle à la fois, en supposant les autres règles "données et généralement observées, sans être déterminées par une quelconque utilité connue" (Hayek 1982, p. 23).

Quant à Rawls, si les principes de justice qu'il défend cherchent bien à éviter le sacrifice d'une minorité au nom du plus grand bonheur du plus grand nombre, leur mise en œuvre - en particulier celle du principe de différence - suppose la comparaison des niveaux de bien-être individuel à l'intérieur du même état social, puis entre états sociaux. Pour ces comparaisons interpersonnelles, le principe de différence utilise certes des bases bien plus objectives que celles qu'emploie l'utilitarisme :

- Comme l'application de ce principe n'implique pas la mesure des différences de bien-être entre individus, des jugements ordinaux suffisent pour établir ces comparaisons : le volume et la précision des informations à collecter sont donc sensiblement réduits, par rapport aux exigences que doit satisfaire la norme utilitariste qui suppose, elle, une évaluation cardinale du bien-être.
- Les comparaisons interpersonnelles se font en outre sur la seule base de "biens sociaux premiers" que Rawls introduit pour éviter la subjectivité des appréciations formulées dans le cadre utilitariste par les individus : il s'agit au contraire d'évaluer ici "ce que sont leurs besoins - leur bien en tant que citoyens - quand on aborde les questions de justice" (Rawls 1995, p. 231).

Toutefois, dès lors qu'il existe plusieurs biens premiers à prendre en compte et non un seul, Rawls rencontre, comme l'utilitarisme, le problème de la construction d'un indice synthétique permettant des comparaisons interpersonnelles[9]. Comment pondérer entre eux ces différents biens ? Du fait de la hiérarchie des principes de

8. La référence à l'utilitarisme (de règle) est toutefois plus explicite au détour de certaines phrases de Hayek. "La part de chacun, écrit-il par exemple (1976, pp. 64-65), est le résultat d'un processus dont les conséquences pour des individus n'ont été prévues ni voulues par qui que ce soit au moment où les institutions ont pris corps – institutions dont on a alors convenu qu'elles devaient durer parce qu'on constatait *qu'elles amélioraient pour tous ou pour la plupart d'entre eux les perspectives de voir leurs besoins satisfaits*" [notre traduction et nos italiques, la version française (1982, p. 78) étant sur ce point légèrement différente]. Pour d'autres réminiscences utilitaristes dans la pensée de Hayek, cf. Lukes 1997, p. 74.

9. Arrow (1973, p. 254) fut le premier auteur à soulever cette objection, qui étaye son point de vue "ordinaliste-utilitariste" sur la théorie rawlsienne de la justice.

justice, la difficulté ne concerne ni les libertés de base, ni l'égalité des chances mais seulement les biens premiers dont la répartition est inégale (essentiellement les revenus et la richesse) ; par ailleurs, le principe de différence limite, pour l'essentiel, le problème de pondération des biens premiers au cas des plus défavorisés. "Pour cela, admet Rawls (1987, p. 124), nous essayons d'adopter le point de vue d'un individu représentatif de ce groupe et de nous demander quelle combinaison de biens sociaux premiers serait préférable pour lui d'un point de vue rationnel. Ce faisant, il faut bien reconnaître que nous faisons confiance à une estimation intuitive. Mais on ne peut l'éviter totalement".

En dépit des réserves précédentes, les efforts respectifs de Hayek et de Rawls pour échapper à la sphère d'attraction de l'utilitarisme semblent pour l'essentiel couronnés de succès. En tout cas les démarches de l'un et de l'autre sont souvent perçues comme telles et citées parmi les tentatives les mieux à même de remettre en cause cette hégémonie. En revanche le traitement de l'impartialité par l'un et l'autre auteur est *a priori* tellement dissemblable que leur rapprochement sur ce terrain est rarement opéré.

2.2. Impartialité des normes de justice : des exigences similaires.

La question du contenu intrinsèque de la notion de justice et de son rapport à l'impartialité est à première vue l'objet même de la théorie de Rawls, tandis que Hayek ne l'aborde qu'indirectement, comme conséquence de son approche évolutionniste. En fait, l'exigence d'impartialité est avancée d'emblée par Rawls, comme condition préalable de toute sa réflexion, à travers les notions de "position originelle" et de "voile d'ignorance" ; alors que Hayek n'exploite *in fine* une approche très voisine que pour mieux justifier l'attrait fondamental d'un ordre social marchand encadré par des "règles abstraites de juste conduite".

En ce qui concerne d'abord Rawls (1987, p. 37), "l'idée principale de la théorie de la justice" réside en effet dans le fait que les principes valables pour les structures de base de la société doivent résulter d'un accord originel : "Ce sont les principes mêmes que des personnes libres et rationnelles, désireuses de favoriser leurs propres intérêts, et placées dans une *position initiale* d'égalité, accepteraient et qui, selon elles, définiraient les termes fondamentaux de leur association". Plus précisément, comme on le sait, cet accord sur les principes serait obtenu dans une position originelle d'égalité, comparable à l'état de nature dans la théorie traditionnelle du contrat social. Attardons-nous sur quelques caractéristiques essentielles de cette position originelle :

- Cette position originelle, d'inspiration kantienne (cf. Rawls 1987, p. 38, note 5), n'est pas censée s'inscrire dans l'histoire réelle de la société mais correspond à une situation purement hypothétique, où chacun fait effort sur soi-même pour tendre à l'impartialité. En effet, au lieu de définir cette notion par le point de vue d'un spectateur doué de sympathie comme le fait selon lui l'utilitarisme classique, Rawls (1987, p. 219) fonde l'impartialité sur les interactions entre "individus en conflit". "Ce sont eux, précise-t-il, qui doivent choisir leur conception de la justice une fois pour toutes, dans une position originelle d'égalité ; ils doivent décider d'après quels principes leurs revendications les uns à l'égard des autres doivent être arbitrées, et celui qui a à arbitrer leurs revendications agit en leur nom. Le défaut de l'utilitarisme consiste à confondre l'impartialité avec l'impersonnalité".

- Pour faciliter le consensus entre ces individus potentiellement en conflit et les forcer à adopter un point de vue impartial, Rawls ajoute une seconde fiction à la première en plaçant chacun d'entre eux sous un "voile d'ignorance" : "Ceci garantit que personne n'est avantagé ou désavantagé dans le choix des principes par le hasard naturel [l'inné] ou par la contingence des circonstances sociales [l'acquis]. Comme tous ont une situation comparable et qu'aucun ne peut formuler des principes favorisant sa condition particulière, les principes de la justice sont le résultat d'un accord ou d'une négociation équitables" (Rawls 1987, p. 38).

Conséquence de cette conception de "la justice comme équité", si les principes théoriquement issus selon Rawls de la délibération sous voile d'ignorance se trouvent réellement mis en pratique dans la société, ils trouvent là une source incomparable de légitimité qui ne peut que les renforcer. C'est un peu la démarche inverse qu'adopte Hayek qui commence par définir en quoi consistent, selon lui, les règles de juste conduite de l'ordre social marchand, avant de souligner *in fine* pourquoi elles pourraient être délibérément choisies, à partir d'un processus comparable à celui de la théorie "rawlsienne" de "la justice comme équité".

Compte tenu du caractère spontané de l'ordre social, il est en effet impossible selon Hayek d'en connaître tous les éléments constitutifs, nombreux et divers, ni toutes les circonstances particulières à chacun d'entre eux ; seules sont à la portée de la connaissance humaine des règles générales et abstraites, dont le respect peut engendrer la formation d'un ordre social encore plus complexe. C'est pourquoi ces règles ont une ambition modeste mais essentielle :

- Elles sont indépendantes de tout objectif, puisque l'ordre social qu'elles régissent n'est pas finalisé, sauf de manière implicite, afin de rendre compatibles les objectifs différents des individus et des organisations qui le composent.
- Elles sont en outre "identiques – si ce n'est nécessairement pour tous les membres – au moins pour des catégories entières de membres anonymes" (Hayek 1980, p. 58) ; elles sont donc applicables à un nombre inconnu et indéterminé de personnes et de cas.

- Ces règles ont enfin un caractère essentiellement négatif puisque, si elles ont pour vocation d'empêcher les occasions les plus fréquentes de conflits, elles ne peuvent jamais déterminer positivement les comportements que les individus devraient adopter pour lever toutes les incertitudes sur les anticipations qu'ils formulent.

Comme chez Rawls, le fondement de ces règles est d'inspiration "kantienne", du fait de la référence à l'impératif catégorique comme test de généralisation d'une règle de juste conduite ; mais l'influence de Popper est également manifeste, compte tenu de l'analogie du test négatif d'injustice d'une règle de conduite avec le critère "poppérien", également négatif, de réfutation d'une loi scientifique (sur cette double inspiration, cf. Hayek 1982, pp. 33 et 51).

Quoi qu'il en soit, l'ensemble des règles de juste conduite traduit une réelle conception de la justice en société où l'impartialité constitue l'exigence éthique essentielle : entre autres exemples, "la protection des mêmes règles de juste conduite qui s'appliquent aux relations avec les membres connus du petit groupe où chacun vit", doit être aussi concédée "à l'inconnu et même à l'étranger" (Hayek 1982, p. 106). De ce fait, ces règles de juste conduite conviennent parfaitement à la "catallaxie", "[cette] espèce particulière d'ordre spontané produit par le marché à travers les actes de gens qui se conforment aux règles juridiques concernant la propriété, les dommages et les contrats" (Hayek 1982, p.131).

C'est précisément à la fin du chapitre qu'il consacre à l'ordre du marché que l'on trouve le passage suivant, fort éclairant pour notre propos (Hayek 1982, p. 159) :

> "La conclusion à laquelle nous conduisent ces considérations est que nous devrions considérer comme l'ordre de société le plus désirable, celui que nous choisirions si nous savions que notre *position initiale* dans cet ordre dépendra du seul hasard (tel que le fait de venir au monde dans une famille et non une autre). Étant donné que l'attrait d'une telle loterie pour un quelconque individu adulte serait probablement fonction des talents, aptitudes et goûts qu'il aurait déjà acquis, nous exprimerons sans doute mieux la chose en disant que la meilleure société serait celle où nous préfèrerions situer nos enfants si nous savions que leur situation y serait déterminée par tirage au sort" [10].

10. L'introspection et le vécu personnel de Hayek jouent un rôle essentiel dans la mise au point de cette proposition, puisque l'intéressé s'est réellement trouvé confronté à ce genre de situation à Londres durant l'été 1940, lorsqu'il s'est agi pour lui de choisir un pays d'émigration pour mettre sa famille à l'abri des vicissitudes de la guerre (cf. Hayek 1982, pp. 214-215, note 25).

L'analogie avec le "voile d'ignorance" de Rawls est ici manifeste : même volonté de s'affranchir des contingences naturelles (talents) ou sociales (famille) pour formuler de manière impartiale ce choix essentiel relatif à "la meilleure société", même incertitude fondamentale sur la position qu'y occuperont non les intéressés eux-mêmes, déjà trop "marqués" par ces contingences, mais leurs enfants pour lesquels l'essentiel est encore inconnu ; on notera seulement que le test d'impartialité ne réside pas dans la possibilité de parvenir directement à un accord négocié entre individus sur le contenu de cet ordre social mais passe, de manière indirecte, par la contrainte qu'exercera sur eux la procédure du tirage au sort. Et Hayek de préciser aussitôt sa pensée (Hayek 1982, p. 159):

> "Bien peu de gens préfèreraient en ce cas un ordre strictement égalitaire. Toutefois, voici quelqu'un qui, par exemple, considère que le mode de vie le plus attrayant serait celui dont jouissait jadis l'aristocratie terrienne ; il choisirait ce type de classe, sous réserve d'être assuré que lui ou ses enfants en feront partie ; mais il déciderait autrement, sans doute, s'il savait que cette place sera tirée au sort, car alors le plus probable de loin serait que lui ou ses enfants seraient laboureurs. Son choix irait donc vraisemblablement à notre type même de société industrialisée qui n'offre pas de délectables fromages à un petit nombre mais ouvre de meilleures perspectives à la grande majorité"[11].

Ainsi, en soumettant les règles de juste conduite de la catallaxie à ce test ultime d'impartialité, Hayek cherche-t-il une validation d'ordre purement éthique, comparable à celle que Rawls impose comme préalable à la définition de ses principes de justice. Toutefois l'inversion de l'étape où intervient cette exigence d'impartialité explique, dans son prolongement, pourquoi dans leur démarche respective la précaution d'"expérimenter" les normes de justice, que partagent également les deux auteurs, se trouve, elle aussi, inversée.

---

11. Formellement, le procédé que propose le libéral Hayek se rapproche du postulat d'équiprobabilité que suggère dans des circonstances analogues l'utilitariste Harsanyi (1977), mais Hayek s'en démarque aussitôt, dans la mesure où il n'adopte pas le critère de l'utilité espérée de ce dernier. Plus généralement, quelle que soit la nature du test éthique d'impartialité finalement adopté (voile d'ignorance chez Rawls, postulat d'équiprobabilité chez Harsanyi, procédé du tirage au sort de Hayek), on notera que l'impartialité exige toujours de faire abstraction de ses caractéristiques personnelles : c'est le cas chez Rawls (l'individu est soumis sous le voile d'ignorance à une situation d'incertitude non probabilisable sur ses talents propres et sa position sociale futures) comme chez Harsanyi (il est alors plongé dans un contexte de risque probabilisable, où il doit raisonner comme s'il avait la même probabilité de se retrouver ultérieurement à la place et dans la peau de n'importe quelle personne membre de la société). C'est aussi le cas chez Hayek, au moins dans ce bref passage : l'individu doit y déterminer sa conception de "la meilleure société", non pour lui-même dont les particularités tant naturelles que sociales lui sont déjà connues, mais pour ses enfants, dans l'hypothèse où leur situation serait définie par tirage au sort.

2.3. "Expérimentation" des normes : une précaution également partagée

Compte tenu de l'écart épistémologique entre la démarche évolutionniste de Hayek et l'approche contractualiste de Rawls, il n'est pas surprenant que le processus d'expérimentation des normes de justice emprunte chez les deux auteurs des voies radicalement différentes :

- pour Hayek, la collectivité doit confier au juge de l'ordre judiciaire la lourde tâche de choisir, pour chaque litige qui lui est soumis, la règle abstraite de juste conduite à appliquer, au besoin en modifiant plus ou moins complètement la jurisprudence en vigueur : le test se déroule en plusieurs étapes et résulte d'un tâtonnement très pragmatique ;
- Rawls définit quant à lui le procédé de "l'équilibre réfléchi" qui est beaucoup plus individualisé et n'intervient que dans un second temps de la démarche : il consiste pour chacun à vérifier la conformité des principes de justice issus de la délibération sous voile d'ignorance avec ses propres "convictions bien pesées".

Dès lors, c'est le fait quelque peu inattendu de pouvoir, en dépit de la divergence de leur approche, comparer les deux auteurs sur le plan de l'expérimentation des normes, qui doit, nous semble-t-il, retenir ici l'attention.

En ce qui concerne d'abord Hayek, la mise au point "expérimentale" des règles de juste conduite est loin de constituer un aspect secondaire, puisqu'il s'agit d'une conséquence de son postulat fondamental, relatif à l'ignorance irrémédiable, pour l'homme d'action comme pour l'homme de réflexion, de la plupart des faits particuliers qui déterminent les processus sociaux.

Comme on le sait, Hayek établit une opposition dialectique majeure entre, d'une part, les "organisations sociales" que les hommes peuvent piloter en leur assignant un objectif propre (pouvoirs publics, entreprises, associations) et, d'autre part, "l'ordre spontané" de la société et de son prolongement économique - le marché -, dont les individus (et les organisations) sont les acteurs mais qu'ils ne maîtrisent pas : à la différence des premières, le degré de complexité de la société dans son ensemble devient bien trop élevé pour que les hommes puissent encore en contrôler tous les éléments constitutifs. Dès lors seules sont à la portée de la connaissance humaine les "règles générales et abstraites de juste conduite" dont le repérage et l'application peuvent engendrer un ordre social encore plus complexe, c'est-à-dire encore plus évolué.

Dans un tel contexte, c'est principalement au juge civil, chargé de corriger les perturbations survenant dans un ordre qui n'a été agencé par personne, qu'incombe la lourde tâche de perfectionner graduellement le système des règles existantes et d'en poser de nouvelles, susceptibles, le cas échéant, de faire jurisprudence. Bien entendu, cette tâche lui échoit en raison de sa fonction sociale – régler les litiges relevant de sa juridiction - et non en raison d'une compétence particulière – aucune omniscience ne lui est prêtée[12] – et Hayek (1980, pp. 143-144) de préciser :

> "[Le juge] est dans une situation analogue à celle du savant qui, lui aussi, est normalement guidé vers une hypothèse qu'il s'efforce de vérifier. Comme la grande majorité des tâches intellectuelles, celle du juge ne consiste pas à déduire logiquement la conséquence d'un nombre limité de prémisses, elle consiste à *tester* des hypothèses auxquelles il est arrivé par des processus qui n'ont été qu'en partie conscients. Mais bien qu'il puisse ignorer ce qui l'a d'abord poussé à penser qu'une certaine décision était bonne, il doit s'en tenir à sa décision seulement s'il peut la défendre rationnellement contre toutes les objections qu'on peut lui opposer".

Prolongement de la logique "poppérienne" de la découverte scientifique, à laquelle Hayek est naturellement sensible, le test de l'hypothèse retenue, même s'il est positif, ne signifie pas pour autant la validation définitive de la décision qui en est issue mais seulement sa non réfutation provisoire : en effet le processus de mise au point de la règle de juste conduite se déroule non seulement en amont de la décision que le juge cherche d'abord à immuniser contre toutes les objections possibles, mais surtout en aval, une fois la décision appliquée, lorsqu'il s'agit pour elle de "faire jurisprudence" en étant reprise par d'autres juges à l'occasion de litiges comparables. Plus généralement encore, la jurisprudence elle-même, loin de constituer un ensemble figé, peut en permanence être révisée à la marge, lorsque l'une ou l'autre de ses règles deviennent caduques du fait de changements dans l'ordre social (mœurs, progrès technique,..).

Ainsi le processus d'expérimentation de la norme de justice intervient-il à tous les stades de son élaboration et se poursuit, bien au-delà de son entrée en vigueur, par un mécanisme évolutionniste de sélection, pragmatique et collectif. Tel n'est pas le cas chez Rawls, où l'optique contractualiste limite le champ de l'expérimentation de la norme au stade purement individuel et théorique de "l'équilibre réfléchi".

Selon la conception de "la justice comme équité" (cf. 2.2), les conditions dans lesquelles ont été menées sous "voile d'ignorance" les délibérations des individus

12. Bien au contraire, dans la mesure où l'expérience acquise par les observations des générations précédentes incorpore plus de connaissances que n'en possède aucun individu, le résultat des efforts du juge est un cas typique de ces "produits de l'activité des hommes mais non de leur dessein" , formule de Ferguson que cite Hayek en plusieurs occasions ; en l'espèce il la précise ainsi : "Même lorsque, dans l'exercice de sa fonction, [le juge] crée des règles nouvelles, il n'est pas créateur d'un nouvel ordre : il est le serviteur d'un ordre existant, chargé de le maintenir et d'en améliorer le fonctionnement" (Hayek 1983, p. 143).

garantissent la qualité des principes de justice retenus. Encore faut-il vérifier si ces principes "s'accordent avec nos convictions bien pesées sur ce qu'est la justice ou s'ils les prolongent d'une manière acceptable" (Rawls 1987, p. 46). En effet, de deux choses l'une :

- ou bien chaque individu a quelques certitudes intuitives sur l'idéal d'une société juste, dans la mesure où, même en l'absence de voile d'ignorance, la connaissance de ses intérêts particuliers ne l'empêche pas de tendre à l'impartialité sur telle ou telle question (par exemple, refus de l'intolérance religieuse ou de la discrimination raciale) ; il faut alors vérifier que l'application des principes de justice serait compatible avec de telles convictions ;
- ou bien, sur d'autres problèmes, le contenu à donner à l'idée de justice paraît bien plus incertain, ne serait-ce qu'en matière de répartition de la richesse ou du pouvoir ; il convient alors de trouver une piste permettant de se forger une opinion et les principes issus de la position originelle pourraient fournir une solution à laquelle se rallier après mure réflexion.

Dans les deux cas, "nous pouvons donc *tester* la valeur d'une interprétation de la situation initiale, résume Rawls (1987, p. 46), par la capacité des principes qui la caractérisent à s'accorder avec nos convictions bien pesées et à nous fournir un fil conducteur, là où il est nécessaire". Lorsque, d'une manière ou d'une autre, cette convergence est acquise, on remarque que l'expérimentation des normes de justice s'avère relativement triviale et ne fait que renforcer, au moins dans l'immédiat, la position ainsi adoptée par l'individu.

En revanche, si le test de l'expérimentation se révèle négatif et que persiste une divergence entre principes de justice et convictions bien pesées, une nouvelle itération doit avoir lieu, soit par réaménagement de la position initiale, soit par révision des opinions communément admises :

> "Par un processus d'ajustement, en changeant parfois les conditions des circonstances du contrat, dans d'autres cas en retirant des jugements et en les adaptant aux principes, je présume, écrit Rawls (1987, p. 47), que nous finirons par trouver une description de la situation initiale qui, tout à la fois, exprime des conditions préalables raisonnables et conduise à des principes en accord avec nos jugements bien pesés, dûment élagués et remaniés. Je qualifie cet état final d'équilibre réfléchi".

Ainsi la recherche d'un équilibre réfléchi joue-t-il, au niveau individuel chez Rawls, un rôle analogue à celui de l'application de la règle de juste conduite que finit par choisir, après réfutation des objections, le juge hayékien agissant au nom de la collectivité ; l'analogie est en outre renforcée par le fait que l'équilibre réfléchi, pas plus que la règle de juste conduite finalement retenue, n'est "nécessairement stable", car il peut être notamment troublé " par des cas particuliers qui peuvent nous conduire à réviser nos jugements" (Rawls 1987, p. 47). Toujours est-il que la démarche contractualiste de Rawls devrait permettre aux individus de maîtriser les mutations éventuelles de l'équilibre réfléchi, alors qu'ils subissent les changements de règles voire de jurisprudence dans l'approche évolutionniste : les conditions de la justice comme équité (et notamment le voile d'ignorance) garantissent *a priori* que "si quelqu'un, après mure réflexion, préfère une conception de la justice à une autre, alors tous la préfèreront et on parviendra à un accord unanime" (Rawls 1987, p. 171).

Au total, chacun à leur manière, Hayek et Rawls semblent transposer à l'élaboration des normes de justice, problème d'essence normative, les principales étapes de la méthode expérimentale caractéristique d'une approche positive des faits : intuitions (du juge ou de l'individu doté d'un sens de la justice), hypothèses (sur les prémisses à retenir ou sur les caractéristiques de la position originelle), déduction (des règles de juste conduite ou des principes de justice), confrontation (aux comportements sociaux concernés ou aux jugements bien pesés), validation ou non (par intégration à la jurisprudence ou obtention d'un équilibre réfléchi).

Les observations précédentes illustrent une nouvelle fois l'existence d'un certain parallélisme des démarches de Hayek et de Rawls dans la mise au point des normes de justice, parallélisme difficile à repérer *a priori*, tant l'opposition entre l'évolutionnisme du premier et le contractualisme du second paraît frontale.

Compatible et même complémentaire dans leur critique de la doctrine utilitariste, leur réflexion passe finalement par des étapes comparables mais inversées : un test d'impartialité est imposé d'emblée dans l'élaboration du contrat social rawlsien, alors qu'il est utilisé comme argument ultime en faveur des règles hayékiennes de juste conduite. Par ailleurs, ces règles sont expérimentées de manière très pragmatique dans la démarche évolutionniste de Hayek, alors que Rawls se contente d'un équilibre réfléchi purement théorique entre principes de justice et jugements bien pesés, comme test préalable à l'émergence du contrat social.

Loin de se limiter à ces remarques d'ordre méthodologique sur la gestation des normes de justice, le rapprochement entre Hayek et Rawls se prolonge et même se confirme, lorsqu'on analyse leur contenu : à bien des égards en effet, on peut soutenir que ces normes correspondent à deux versions voisines, minimaliste pour l'une, volontariste pour l'autre, d'une seule et même conception de la justice en société.

3. Une même conception de la justice en société

Dans l'étude précédente de la procédure d'élaboration des normes de justice, le fossé épistémologique qui sépare Hayek de Rawls s'est révélé à plusieurs reprises difficile à franchir, puisque, dans l'un et l'autre cas, cette procédure n'était qu'un sous-produit de leur démarche respective, parfaitement antagoniste. Désormais, l'obstacle est moins redoutable, car les cheminements de Hayek et de Rawls finissent par déboucher, non sans paradoxe, sur des résultats très proches, qui se font écho au moins à trois niveaux, d'importance inégale mais relevant, semble-t-il, de la même conception de la justice en société :

- les "règles abstraites de juste conduite" chez Hayek, par leur prééminence, renvoient au "principe d'égales libertés", hiérarchiquement premier dans le système de valeurs "rawlsien" (3.1) ;
- la "Grande Société" de Hayek assure à chacun, de manière minimaliste, des chances "aussi grandes que possible", là où le second principe de la justice de Rawls vise, de manière volontariste, une "réelle égalité des chances" (3.2) ;
- enfin, la concession par Hayek d'un "revenu minimum garanti" trouve un écho nettement plus ambitieux dans le "principe de différence" de Rawls (3.3).

3.1. "Règles abstraites" et "égales libertés"

Comme on le sait, le thème de la liberté est central dans toute l'œuvre de Hayek, qui a notamment consacré un ouvrage entier – *La constitution de la liberté* (1960) – à la définition du terme. L'originalité de *Droit, législation et liberté* se situe donc en aval de cette question, dans le rôle majeur que les règles abstraites de juste conduite doivent jouer dans la protection de la liberté :

> "La thèse de cet ouvrage est qu'une situation de liberté dans laquelle tous ont la faculté d'employer leurs connaissances à la poursuite de leurs objectifs, bornés seulement par des règles de juste conduite applicables en toute circonstance, leur fournira probablement les conditions les plus favorables à la réalisation de leurs projets" (Hayek 1980, p. 65) ; "nous devons notre liberté aux bornes de la liberté", ajoutera-t-il (1983, p. 196), en désignant ainsi les règles abstraites de juste conduite.

Plus précisément, la protection de la liberté par de telles règles résulte directement de leur mise au point expérimentale par le juge : erreurs et tâtonnements étant inévitables, le processus jurisprudentiel opère par décantation et laisse peu à peu apparaître ces règles abstraites – le "droit" de l'ordre social – qui conduisent de fait les gens à se comporter d'une manière qui rende possible la vie en société. En outre, comme l'ordre spontané n'est pas finalisé, les règles à appliquer ne le sont pas non plus, elles doivent donc s'appliquer à un nombre indéterminé de cas et laisser chacun libre d'"utiliser ce qu'il connaît en vue de ce qu'il veut faire" (Hayek 1980, p. 66) : autant de caractéristiques qui s'opposent pour Hayek à la "législation", finalisée et ciblée, que les institutions publiques devraient en principe réserver à leur propre "organisation" interne (dispositions constitutionnelles, loi de finances, statut de la fonction publique,...). Même si, dans certaines circonstances, le droit issu de la pratique demande à être rectifié et codifié par la législation, le risque est grand que l'organe législatif abuse de ses prérogatives et oriente le droit selon ses objectifs propres.

En ce cas, la protection de la liberté et le fondement libéral de la société seraient fortement mis à mal, si la "législation" de l'État devait progressivement saper le "droit" de l'ordre social spontané. Ce risque d'érosion du "droit" par la "législation" au détriment de la "liberté" est suffisamment sérieux aux yeux de Hayek pour que ce triptyque constitue, comme on le sait, le titre général de son œuvre des années 70. Par là même, se trouve confirmé le rôle charnière des "règles abstraites de juste conduite" à l'égard de la liberté, aussi bien dans la dialectique initiale entre ordre social spontané et organisations que dans la dichotomie dérivée entre droit et législation.

Dans l'œuvre de Rawls, on retrouve également cette prééminence de la liberté à travers le contenu et surtout le statut du principe d'"égales libertés" qui lui est entièrement dévolu. Selon ce principe, "chaque personne doit avoir un droit égal au système le plus étendu de libertés de base égales pour tous qui soit compatible avec le même système pour les autres" (Rawls 1987, p. 91). Par ailleurs, si "le voile d'ignorance rend possible un choix unanime d'une conception particulière de la justice" (Rawls 1987, p. 172), ce choix unanime incorpore également l'ordre hiérarchique dans lequel il convient d'exploiter successivement les deux principes finalement retenus : en matière d'institutions de base pour la société, les citoyens doivent d'abord évaluer les grandes options qu'ils ont à départager en fonction du principe d'égales libertés ; ce n'est que lorsque ce principe a d'abord permis d'opérer un premier tri, qu'interviennent, pour départager les options résiduelles, les dispositions du second principe de la justice relatif à la gestion des inégalités économiques et sociales.

C'est moins le principe d'égales libertés que le traitement privilégié dont il est l'objet qui doit ici retenir l'attention. En effet ce principe est en lui-même très classique et pourrait être soutenu par de nombreux courants philosophiques ; par exemple, il ne fait que reprendre, à peu de choses près, l'article 4 de la déclaration des droits de l'homme de 1789, selon lequel "l'exercice des droits naturels de chaque homme n'a de bornes que celles qui assurent aux autres membres de la société la jouissance de ces mêmes droits". En réalité, beaucoup plus déterminant pour la sauvegarde des libertés est son caractère prioritaire par rapport au second principe, ce qui interdit expressément tout "marchandage" visant la réduction des inégalités économiques et sociales, dont la contrepartie serait une remise en cause de la sphère des libertés politiques et juridiques. A rebours d'une telle perspective, "la priorité de la liberté, affirme Rawls (1987, p. 280), signifie que la liberté ne peut être limitée qu'au nom de la liberté elle-même" et il ajoute :

"Mon objectif a été d'indiquer non seulement que les principes de la justice s'accordent avec nos jugements bien pesés, mais aussi qu'ils fournissent l'argumentation la plus solide en faveur de la liberté. Au contraire des principes téléologiques ne fournissent dans le meilleur des cas que des bases incertaines pour la liberté, ou du moins pour la liberté égale pour tous"[13].

Si l'égalité dans l'accès aux libertés de base est ainsi clairement affichée par le premier principe rawlsien de la justice, on peut en revanche légitimement s'interroger sur la présence de cette dimension égalitaire dans la défense hayékienne de la liberté. En faveur d'une telle convergence de vues milite toutefois l'impartialité des règles de juste conduite (cf. 1.2) ainsi que leur caractère abstrait, dans la mesure où ces règles ne sont orientées vers aucun objectif concret, susceptible de favoriser tel individu ou groupe. La convergence envisagée devient en outre explicite, lorsque Hayek (1980, p. 195, note 11) remarque que l'"égale liberté d'autrui", formule d'Emmanuel Kant, fournit le "seul motif légitime d'une restriction de la liberté par la loi". Et Hayek d'ajouter : "Sur toute cette question, voir John Rawls, *A Theory of Justice*, Oxford, 1972". On peut ainsi considérer qu'il s'agit là, après la convergence sur la dimension procédurale de la justice (cf. 1.3), d'un second terrain d'entente explicite entre Hayek et Rawls ; en même temps, s'en trouve atténué le caractère *a priori* sibyllin de la citation de Hayek, sur les différences "plus verbales que substantielles" qui le séparent selon lui de Rawls.

En fait, il subsiste sur un autre plan une véritable divergence entre Rawls et Hayek, dans le contenu à donner à l'idée de liberté. En effet, d'un côté, Hayek préserve l'unité et la généralité d'un concept applicable en tout domaine, y compris dans le champ de l'échange marchand ; plus précisément la liberté est définie, de manière négative, comme "absence de coercition" (pas d'obligation à agir imposée par autrui), voire comme "absence d'interdiction" (pas d'empêchement à agir), conception qu'il avait largement développée dans *La constitution de la liberté* et à laquelle il fait à nouveau allusion dans *Droit, législation et liberté* (cf. respectivement Hayek 1994, p. 11et 1983, pp. 155-157). De l'autre côté, Rawls (1987, pp. 92-93) définit la liberté de manière additive en établissant une liste des libertés de base, parmi lesquelles outre les libertés politiques et juridiques très classiques, figure un "droit de propriété personnelle". Toutefois, cette liste de libertés, de portée universelle, doit être compatible avec le contexte économique, social et technologique qui peut être très différent d'une société donnée à une autre. C'est pourquoi, aux yeux de Rawls (1987, p. 93) :

---

13. Parmi les principes téléologiques ainsi visés figure sans nul doute l'utilitarisme d'acte, dont l'objectif reconnu – la maximisation de l'utilité collective – donne une dimension purement instrumentale à la liberté, susceptible le cas échéant d'être sacrifiée (cf. 2.1).

"Les libertés ne figurant pas sur cette liste, comme le droit de posséder certaines formes de propriété (par exemple les moyens de production), la liberté de contrat comme dans la doctrine du "laissez-faire", ne sont pas des libertés de base et ainsi elles ne sont pas protégées par la priorité du premier principe".

C'est dans la préface à l'édition française de *Théorie de la justice* que Rawls (1987, p. 13) a le mieux expliqué cette double absence, parmi les libertés de base, de la propriété privée des moyens de production et de la liberté contractuelle (cf. également Rawls 1987, pp. 313-314). Le principe d'égales libertés s'applique naturellement à une "démocratie de propriétaires", où un système de marchés concurrentiels contribue à disperser la propriété de la richesse et du capital "pour éviter qu'une petite partie de la société ne contrôle l'économie et, indirectement, la vie politique elle-même"[14] ; mais ajoute un peu plus loin Rawls (1987, p. 14) :

"La théorie de la justice comme équité laisse ouverte la question de savoir si ses principes sont mieux réalisés dans une démocratie de propriétaires, ou dans un régime socialiste libéral. C'est aux conditions historiques et aux traditions, institutions et forces sociales de chaque pays de régler cette question. En tant que conception politique, la théorie de la justice comme équité ne comporte aucun droit naturel de propriété privée des moyens de production (bien qu'elle comporte un droit à la propriété personnelle nécessaire à l'indépendance et à l'honnêteté des citoyens) ni de droit naturel à des entreprises possédées et gérées par les travailleurs. Au lieu de cela, elle offre une conception de la justice grâce à laquelle ces questions peuvent être réglées de manière raisonnable en fonction du contexte particulier à chaque pays".

De tout ce passage, on peut certes retenir que la "démocratie de propriétaires" est tout à fait compatible avec la défense hayékienne du capitalisme ; en revanche le refus de Rawls d'inclure les libertés économiques (contrat, propriété) parmi les libertés de base, d'une part, et, d'autre part, l'évocation d'un "régime socialiste libéral", où ces libertés de base seraient théoriquement conciliables avec une forme de propriété collective des moyens de production, sont à l'évidence aux antipodes de la constante fermeté intellectuelle de Hayek sur cette question : pour ce dernier, "la

14. Cette dispersion de la propriété de la richesse et du capital est, aux yeux de Rawls (1987, pp. 13-14), un avantage majeur de la "démocratie de propriétaires" par rapport au système de "l'Etat-Providence" : la propriété privée du capital est la règle dans les deux cas, mais, dans le second, l'objectif d'empêcher quiconque de tomber au dessous d'un niveau de vie décent n'empêche pas l'existence d'inégalités de richesse importantes et transmissibles par héritage. Or de telles inégalités, en facilitant la concentration des pouvoirs économiques et politiques, peuvent à terme se révéler incompatibles avec le respect du principe d'égales libertés.

route de la servitude" commence précisément avec le "socialisme démocratique, cette grande utopie des dernières générations" (Hayek 1946, p. 29).

Au total, avec ce constat de désaccord, on prend déjà conscience que Hayek et Rawls, s'ils partagent au fond la même conception de la justice, en offrent toutefois deux versions nettement différentes, où la tolérance du philosophe sur les modalités d'application de sa théorie de la justice contraste avec le refus de toute concession de l'économiste sur l'indivisibilité de la notion de liberté. Sur le thème des chances offertes à chacun par la société, on retrouve aussi un tel décalage mais la fermeté de principe change de camp : Hayek se contenterait de "chances aussi grandes que possible" pour chacun, là où Rawls refuse toute concession sur "l'égalité réelle des chances" entre individus.

3.2. Des chances "aussi grandes que possible" ou "l'égalité réelle des chances" ?

Sur le thème de l'égalité des chances, Rawls et Hayek se situent, dans les prémisses de leur réflexion respective, à proximité l'un de l'autre : pour le premier, les "choix de société" entre lesquels les individus peuvent hésiter doivent d'abord être évalués, comme on vient de le voir, en fonction du principe d' "égales libertés" ; et ce n'est que si ce premier principe est scrupuleusement respecté que l'égalité des chances intervient comme critère discriminant de second rang. Plus précisément intervient alors l'un des deux volets du second principe de la justice, selon lequel les inégalités économiques et sociales peuvent être légitimes si elles sont liées à des fonctions et à des positions ouvertes à tous, dans des conditions d'"égalité réelle des chances" - *"fair equality of opportunity"* (Rawls 1971, p. 83) -.

Cette subordination hiérarchique du second principe de la justice par rapport au premier constitue en soi la plus sérieuse des garanties que Rawls puisse offrir à Hayek ; ce dernier redoute en effet que l'attrait de la formule "égalité des chances" ne soit attentatoire à la liberté et ne conduise, de proche en proche, à concentrer entre les mains du pouvoir politique tous les éléments susceptibles d'affecter le bien-être de chacun :

> "Dès que l'idée en est étendue au-delà des services que, pour d'autres raisons, doit fournir le gouvernement, cela devient un idéal totalement illusoire, écrit Hayek (1982, p. 102), et tout essai de le faire passer dans les réalités risque de créer un cauchemar".

Les deux auteurs ont ainsi une claire conscience des excès totalitaires que pourrait engendrer une application intransigeante de la notion[15].

Par ailleurs, le philosophe et l'économiste font initialement référence tous les deux à "la carrière ouverte aux talents" comme interprétation courante de la notion d'égalité des chances, laquelle dépend directement des décisions des pouvoirs publics (accès aux fonctions publiques, par exemple[16]) ; mais, alors que pour le second (Hayek 1982, p. 102) "cette revendication a en réalité constitué l'un des points essentiels du libéralisme classique", il s'agit pour le premier (Rawls 1987, p. 103) de s'en démarquer, "en ajoutant à la condition d'ouverture des carrières aux talents, une condition supplémentaire : le principe de la juste (*fair*) égalité des chances. L'idée ici est que les positions ne doivent pas seulement être ouvertes à tous en un sens formel, mais que tous devraient avoir une chance équitable (*fair*) d'y parvenir"[17].

Au-delà de la notion élémentaire de carrière ouverte aux talents, le système social peut-il prendre en compte une conception plus ambitieuse de l'égalité des chances ? C'est à cette question que Hayek et Rawls répondent alors de manière divergente : le premier insiste sur les difficultés irréductibles rencontrées pour "améliorer également les chances de tous", alors que le second évoque la nécessité d'"éliminer [ainsi] l'influence des contingences sociales".

En ce qui concerne d'abord Hayek, son scepticisme à l'égard de la possibilité d'égaliser les chances est une conséquence directe du rôle des règles abstraites de juste conduite dans un ordre social spontané, auquel il est impossible d'assigner un objectif précis. Compte tenu de leur impartialité (cf. 2.2), ces règles n'ont jamais pour vocation de garantir à tout ou partie de la population un résultat défini, mais visent uniquement à rendre compatibles les objectifs différents d'individus nom-

15. L'abolition de la famille fournit à cet égard un exemple éclairant, même si en l'espèce Hayek est manifestement plus à l'aise que Rawls ; l'existence de la cellule familiale est en effet un argument qui milite en faveur de la thèse réaliste de Hayek – cf. citation *infra* dans ce § 3.2 -, alors que Rawls (1987, pp. 104-105) est obligé de concéder que "le principe de l'équité des chances ne peut être qu'imparfaitement appliqué, du moins aussi longtemps qu'existe une quelconque forme de famille". A la fin de *Théorie de la justice*, Rawls (1987, p. 550) souligne toutefois que le principe de différence (cf. 3.3) et la règle de priorité qu'il suggère rendent moins nécessaire la réalisation d'une parfaite égalité des chances.

16. L'accès aux fonctions publiques ne fait qu'illustrer aux yeux de Hayek (1982, p. 102) la conception minimaliste de l'égalité des chances désignée par les deux auteurs sous l'expression "la carrière ouverte aux talents" : il s'agit d'une égalité purement formelle des chances, où l'intervention publique se borne à supprimer surtout les obstacles juridiques qui pourraient empêcher que des positions sociales soient accessibles à "ceux qui sont capables et désireux de faire les efforts nécessaires pour les obtenir" (Rawls 1987, p. 97). Dans le cas de la France, la suppression des corporations de l'Ancien Régime (Loi Le Chapelier de 1791) est un autre exemple classique d'une telle conception.

17. C'est pourquoi, à la traduction fidèle par C. Audard de l'expression "fair equality of opportunity", nous préférons la formule "égalité réelle des chances", laquelle souligne mieux l'opposition avec l'égalité formelle des chances, dont Rawls veut précisément se départir.

breux. En ce sens, les règles de juste conduite augmentent les chances de réussite des initiatives prises par n'importe quel d'entre eux, mais cet effort pour ajouter indifféremment aux chances de quiconque ne rendra pas pour autant égales les chances de chaque individu : celles-ci dépendront toujours non seulement d'évènements sur lesquels la loi n'a pas de prise, mais aussi de la position initiale de chacun et de ses efforts dans un processus qui ne s'arrête jamais. Et Hayek (1982, p. 158) d'ajouter :

> "Dans la mesure où c'est sur l'institution de la famille que nous comptons pour le lancement de l'individu dans la vie, la chaîne des évènements affectant les perspectives de chacun s'étendra au-delà de la durée de son existence personnelle. Il est par conséquent inévitable que dans le processus de la catallaxie le point de départ des divers individus, et donc aussi leurs perspectives, soient différents".

Ce penchant réaliste de Hayek contraste fortement avec l'attitude volontariste de Rawls (1987, p. 133), lequel s'insurge notamment contre les sociétés aristocratiques ou de castes, parce qu'elles utilisent des contingences naturelles – le fait de naître dans une position sociale particulière – comme critère de répartition des hommes entre des classes plus ou moins fermées et privilégiées :

> "La structure de base de ces sociétés fait sien l'arbitraire qui se trouve dans la nature. Mais aucune nécessité ne contraint les hommes à se résigner à ces contingences. Le système social n'est pas un ordre intangible, échappant au contrôle des hommes, mais un mode d'action humaine".

Ce qui est injuste aux yeux de Rawls (1987, pp. 132-133), c'est donc moins l'existence de ces contingences, que le refus de les traiter, "comme si le refus d'accepter l'injustice était de même nature que l'impossibilité d'accepter la mort". Dès lors, leur incidence sera atténuée et mise au service de tous, à condition d'encadrer le fonctionnement du marché par des dispositions contraignantes visant "à empêcher les accumulations excessives de propriété et de richesse et à maintenir des possibilités égales d'éducation pour tous" (Rawls 1987, p 104). Plus précisément :

> "Les chances d'acquérir de la culture et des compétences techniques, ajoute Rawls (1987, p. 104), ne devraient pas dépendre de notre situation de classe et ainsi le système scolaire, qu'il soit public ou privé, devrait être conçu de manière à aplanir les barrières de classe".

A ce stade de l'analyse comparative, il se confirme que les positions de l'économiste et du philosophe semblent moins diverger sur le contenu des institutions à mettre en place que sur leur aptitude à atteindre l'objectif visé : le premier met en avant les limites du processus d'égalisation des chances, le second en souligne les avancées par rapport à "l'arbitraire" naturel. Cette impression est en outre confirmée par l'application de la grille de lecture de la "justice procédurale" (cf. 1.3) au thème de l'égalité des chances vue par les deux auteurs.

En effet, la juste égalité des chances constitue pour Rawls l'illustration par excellence de la justice procédurale pure, notion qu'il définit et développe dans le § 14 de *Théorie de la justice*, précisément intitulé "juste égalité des chances, justice procédurale pure" ; en conséquence, la répartition des revenus et de la richesse, quelle qu'elle soit, sera juste pourvu qu'une réelle égalité des chances soit instaurée, ce qui suppose seulement qu'en arrière plan la structure de base de la société soit elle-même juste. A l'inverse, fidèle à sa vision évolutionniste, Hayek développe sur le même thème une conception de la justice procédurale qui ne pourra être qu'impure : compte tenu des différents obstacles précédemment évoqués, les efforts pour réaliser une certaine égalité des chances resteront incomplets, même s'ils ne sont pas en soi inutiles.

Second point partiel de convergence plus inattendu, Hayek et Rawls avancent sur le thème de l'égalité des chances des conceptions qui se veulent non méritocratiques, à l'opposé de la notion de "carrière ouverte aux talents" qui revendique souvent cette caractéristique. Les arguments employés sont toutefois très différents, inspirés par l'efficacité économique dans le premier cas et l'absence de justification morale dans le second.

Pour Hayek (1982, p. 154), il s'agit là d'une nouvelle conséquence de l'absence de maîtrise des processus sociaux, qu'il s'agisse de la société dans son ensemble ou du jeu du marché :

> "Dans un ordre spontané, des déceptions imméritées ne peuvent pas ne pas se produire. Elles provoquent forcément de l'amertume et un sentiment d'avoir été traité injustement, alors cependant que personne n'a agi injustement. [...] Ceux dont la position se trouve rabaissée et qui s'en plaignent en sont là pour avoir couru les mêmes chances par qui d'autres se trouvent maintenant favorisés, et dont eux-mêmes précédemment avaient bénéficié. C'est uniquement parce que d'innombrables autres personnes supportent de voir leurs raisonnables espérances déçues, que tout le monde a le haut niveau de revenu atteint de nos jours".

Quant à Rawls, une société méritocratique ne peut absolument pas résulter de l'égalité réelle des chances qu'il préconise, dans la mesure où celle-ci vise précisément à traiter la contingence, arbitraire au plan moral, du milieu social de naissance : ce dernier ne dépendant en aucune manière des initiatives et des efforts personnels, l'individu ne peut en être tenu pour responsable et ne le mérite donc pas. Toutefois, pourrait-on objecter, si cette contingence sociale est complètement neutralisée, la réussite de l'individu ne dépend plus que de ses seuls talents naturels et son mérite personnel n'en serait que rehaussé. Or, ajoute Rawls (1987, p. 134) :

"Nous ne méritons pas notre place dans la répartition des dons à la naissance, pas plus que nous ne méritons notre point de départ initial dans la société. Avons-nous un mérite du fait qu'un caractère supérieur nous a rendus capables de l'effort pour cultiver nos dons ? Ceci aussi est problématique ; car un tel caractère dépend, en bonne partie, d'un milieu familial heureux et des circonstances sociales de l'enfance que nous ne pouvons mettre à notre actif"[18].

En d'autres termes, selon Rawls, il ne suffit pas d'atténuer l'influence des contingences sociales à travers l'égalité réelle des chances (second volet du second principe de la justice) ; encore faut-il que le résultat tout aussi arbitraire de la "loterie naturelle" des talents personnels soit également mis à la disposition de tous les individus, à commencer par ceux que le sort a le moins favorisés. C'est ici que Rawls sollicite le premier volet de ce second principe, plus connu sous le nom de "principe de différence". Or, face à la justification ambitieuse proposée par Rawls de rendre ainsi le plus élevé possible le revenu des plus modestes, Hayek ne concède que la mise en place d'un "revenu garanti", réservé à ceux qui se révèlent incapables de se procurer sur le marché des ressources suffisantes. Au-delà de la dissymétrie manifeste des argumentations, il s'agit pourtant là d'un troisième terrain de relative convergence des deux auteurs.

3.3. "Revenu garanti" *versus* "principe de différence"

A ce dernier niveau de notre étude comparative, une observation préliminaire s'impose : le terrain de relative convergence entre Hayek et Rawls que nous abordons est certainement le moins important des trois que l'on tente ici de faire émerger et les deux auteurs fournissent eux-mêmes des arguments parallèles qui militent en ce sens.

S'agissant de Hayek, la mise en place d'un revenu garanti par les pouvoirs publics n'est qu'une exception à la règle de la non intervention dans l'ordre spontané de la société et du marché ; les règles de juste conduite anonymes et impartiales y occupent la place essentielle, on l'a vu, tant dans la protection de la liberté que dans l'augmentation des chances de réussite de chacun. Pour autant :

---

18. Toutefois, Rawls (1987, § 48 "Attentes légitimes et mérite moral") ajoute ultérieurement qu'il convient de ne pas confondre le "mérite moral" des individus - qu'il conteste absolument pour les raisons évoquées ci-dessus – et leurs "attentes légitimes" dans une société juste, lesquelles résultent d'une logique fonctionnelle et "incitative" – stimuler et attirer l'ardeur des plus productifs là où ils peuvent le mieux contribuer à l'intérêt général - ; dans cette seconde perspective, la rémunération à laquelle ils ont droit ne peut que tenir compte des initiatives et des efforts personnels dont l'individu reste pleinement responsable.

> "Il n'y pas de raison, précise Hayek (1982, p. 105), pour que le gouvernement d'une société libre doive s'abstenir d'assurer à tous une protection contre un dénuement extrême, sous la forme d'un revenu minimum garanti, ou d'un niveau de ressources au-dessous duquel personne ne doit tomber. [...] A condition qu'un tel minimum de ressources soit fourni hors marché à tous ceux qui, pour une raison quelconque, sont incapables de gagner sur le marché de quoi subsister, il n'y là rien qui implique une restriction de liberté ou un conflit avec la souveraineté du droit. Les problèmes qui nous occupent ici apparaissent seulement lorsque la rémunération de services rendus est fixée par l'autorité, mettant ainsi hors de jeu le mécanisme impersonnel du marché qui oriente les efforts des individus".

Quant au principe de différence, il n'intervient qu'au troisième rang dans la hiérarchie des principes de justice de Rawls : comme on le sait, les "choix de société" entre lesquels peuvent hésiter les individus, sont évalués d'abord en fonction de leur compatibilité avec le critère d'"égales libertés" (premier principe de la justice), puis, si ce principe est correctement respecté, selon leur conformité avec "l'égalité réelle des chances" (deuxième partie du second principe de la justice). Ce n'est donc qu'en dernière instance que les ordres sociaux doivent être départagés, si nécessaire, en fonction du sort qu'ils réservent aux plus défavorisés (première partie de ce second principe encore appelée principe de différence)[19] : selon les termes mêmes de Rawls (1987, p. 115) :

> "Les inégalités sociales et économiques doivent être organisées de façon à ce qu'elles apportent aux plus désavantagés les meilleures perspectives"[20].

La comparaison attentive du revenu garanti chez Hayek et du principe de différence de Rawls révèle de prime abord une évidente communauté d'objectif entre les deux auteurs, lesquels cherchent à offrir aux plus démunis des membres de la société un filet de sécurité empêchant leur marginalisation. Toutefois, pour parvenir à ce résultat, les deux argumentations ne traduisent pas un degré comparable de cohé-

19. "Les deux parties du second principe sont en ordre lexical. Ainsi nous avons un ordre lexical à l'intérieur d'un autre ordre lexical" (Rawls 1987, p. 120) ; " [Un ordre lexical] est un ordre qui demande que l'on satisfasse d'abord le principe classé premier avant de passer au second, le second avant de considérer le troisième, et ainsi de suite. On ne fait pas entrer un nouveau principe avant que ceux qui le précèdent aient été entièrement satisfaits ou bien reconnus inapplicables" (Rawls 1987, p.68).

20. Le principe de différence offre lui-même un exemple d'application de la notion d'ordre lexical (cf. note précédente) ; en effet, dans l'hypothèse extrême où deux états sociaux offriraient les mêmes avantages aux plus défavorisés, il conviendrait de choisir celui qui réserve le meilleur sort aux individus qui se trouvent immédiatement au-dessus dans la hiérarchie sociale et ainsi de suite, le cas échéant, jusqu'au sommet.

rence des deux auteurs, tant au plan purement théorique qu'au niveau de leur application pratique.

En ce qui concerne le premier aspect, le principe de différence constitue chez Rawls une entorse explicite et assumée au principe d'égalité auquel se réfèrent les deux premiers critères de sa théorie de la justice ("égales libertés" et "égalité réelle des chances") ; en revanche pour Hayek, si l'octroi d'un revenu garanti est une constante de sa réflexion que l'on retrouve d'un bout à l'autre de son œuvre, il s'agit là d'une disposition qui cadre mal avec la conception de la liberté négative à laquelle il se réfère.

Le "principe de différence" est, dans l'esprit de Rawls, le complément indispensable de l'"égalité réelle des chances" : avec cette dernière, il s'agissait de lutter contre l'arbitraire moral du milieu social de naissance dont nul ne peut être tenu pour responsable, avec le premier, il convient d'exploiter au mieux la "loterie naturelle" des talents personnels, tout aussi arbitraire sur le plan moral. Les moyens à mettre en œuvre sont toutefois complètement différents :

- Le principe de différence ne s'identifie pas à un simple principe de réparation, visant à compenser le déficit de talents ou d'intelligence des plus démunis par des ressources accrues qui leur seraient octroyées :
  "[Le principe de différence] ne demande pas à la société d'essayer d'atténuer les handicaps, comme si tous devaient participer, sur une base équitable, à la même course dans la vie. Mais il conduirait à attribuer des ressources à l'éducation, par exemple, avec comme but d'améliorer les attentes à long terme des plus défavorisés. Si ce but est atteint en consacrant plus d'attention aux plus doués, cette inégalité est acceptable, sinon, non" (Rawls 1987, pp. 131-132).
- Par ailleurs, égaliser les talents en limitant par des pratiques eugéniques la dotation des plus favorisés serait impossible, voire contre-productif :
  "Nous devrions remarquer qu'un programme politique qui limite les talents dans d'autres groupes sociaux n'est pas, en général, à l'avantage des plus défavorisés" (Rawls 1987, p. 138).
  En revanche, il est dans l'intérêt de tous que la dotation de chacun soit améliorée :
  "Au cours du temps, ajoute Rawls (1987, p. 138), une société doit prendre des dispositions pour, au moins, préserver le niveau général des capacités naturelles et pour empêcher la diffusion de défauts graves".

Ainsi le principe de différence impose-t-il de gérer et non de supprimer les différences d'aptitudes naturelles entre individus et il s'agit alors de naviguer entre deux écueils : il faut d'une part stimuler l'ardeur des plus productifs et des plus talentueux, faute de quoi les ressources économiques à partager seraient réduites et la situation des plus pauvres en serait dégradée ; mais il faut, d'autre part, que ces derniers tirent également avantage de ce patrimoine commun que constituent les différences naturelles d'aptitudes entre individus. De la première contrainte résulte l'acceptation par Rawls d'inégalités de revenus et de richesses indispensables à la motivation des plus productifs, mais de la seconde découle le fait que ces inégalités ne sont acceptables que parce que les plus défavorisés n'en sont pas les principales victimes mais les premiers bénéficiaires.

En d'autres termes, la répartition contingente des talents naturels pousse Rawls à s'écarter pragmatiquement, au niveau du principe de différence, de la référence à l'égalité que l'on trouvait dans les deux premiers critères de sa théorie de la justice. Il en fait même une ligne de conduite générale :

> "Toutes les valeurs sociales – liberté et possibilités offertes à l'individu, revenus et richesse ainsi que les bases sociales du respect de soi-même – doivent être réparties également à moins qu'une répartition inégale de l'une ou de toutes ces valeurs ne soit à l'avantage de chacun" (Rawls 1987, p. 93).

Toutefois, ces inégalités, parce qu'elles sont "justes", ne pourraient légitimer le développement cumulatif sur plusieurs générations d'écarts en termes de revenus, de patrimoines ou de libertés ; en effet de tels écarts remettraient en cause soit l'existence d'une "réelle égalité des chances", soit même le principe d'"égales libertés", critères dont on connaît le caractère prioritaire par rapport au principe de différence dans la théorie rawlsienne de la justice (cf. 3.1 et 3.2).

L'octroi d'un revenu minimum garanti, accordé à tous ceux qui ne peuvent en atteindre le niveau par le jeu normal du marché, est un point fixe de la pensée de Hayek, mentionné dès *La route de la servitude* (1946, pp. 89-90), repris et précisé dans *La constitution de la liberté* (1994, pp. 259, 302-303), et de nouveau abordé à plusieurs reprises dans *Droit, législation et liberté* (1982, pp. 105, 165, 172-173 et 1983, p. 169)[21]. Loin d'être une simple conséquence de sa réflexion générale évolutionniste, il s'agit plutôt d'un complément indispensable, sans lequel la discipline déjà fort rigoureuse des règles de juste conduite aurait encore moins de chances d'être un jour acceptée.

Parallèlement, comme on l'a déjà évoqué (cf. 3.1), Hayek (1994, p. 11) développe une conception de la liberté définie de manière négative comme "absence de coercition", voire comme "absence d'interdiction". Pour autant, la liberté, dans l'es-

---

21. L'analyse présentée ici est plus amplement développée par ailleurs (cf. Gamel 2000-a, pp. 97-106) ; le plaidoyer hayékien pour le revenu minimum garanti y est comparé à l'argumentation de Van Parijs (1995) en faveur de l'allocation universelle.

prit de Hayek (1994 :16-17), "ce n'est pas "le pouvoir faire ce que l'on veut"" ; en effet :

> "Il n'est que trop facile en définissant la liberté de passer d'une définition en termes d'absence d'interdits à une définition en termes d'absence de tous obstacles à la réalisation de nos aspirations, voire d'"absence de gêne extérieure"".

La question est alors de savoir si la position de principe ainsi adoptée par Hayek est compatible ou non avec l'octroi, dans des circonstances extrêmes, d'un revenu garanti. A cet effet, l'analyse peut prendre appui sur l'exemple suivant fourni par Hayek lui-même (1994, p. 137) :

> "Même si la menace de la faim pèse sur moi et peut-être sur ma famille, au point que j'accepte un emploi répugnant pour un salaire très bas, même si je suis "à la merci" du seul employeur qui veuille m'embaucher, je ne suis pas sous sa contrainte, ni sous celle d'aucun autre. Dès lors que l'acte qui m'a placé dans cette situation n'a pas été conçu pour me faire accomplir certaines choses, dès lors que le but de l'acte qui m'affecte n'est pas destiné à me faire servir les fins de quelqu'un d'autre, l'effet de cet acte sur ma liberté ne diffère pas de celui d'une quelconque calamité naturelle, un incendie ou une inondation qui détruit ma maison, ou un accident qui atteint ma santé".

Dans un tel contexte, l'alternative est alors la suivante :

- s'il s'agit bien pour Hayek de rester fidèle à sa conception fondamentale de la liberté comme absence de coercition, il n'existe de fait aucune justification à l'octroi d'un revenu garanti dans la situation extrême précédente, où plane pourtant la menace de la faim ;
- s'il s'agit au contraire d'assurer à chacun "un minimum vital pour sa subsistance" lui permettant de "se sentir à l'abri des privations physiques élémentaires" (Hayek 1946, pp. 89-90), la liberté ne peut se réduire à l'absence de coercition et doit tolérer, dans ce cas extrême, une possibilité minimale de choix, c'est-à-dire un minimum de "liberté positive", sous la forme du revenu garanti.

Comme c'est bien la seconde option que défend Hayek, il semble bien que sa justification d'un revenu garanti cadre mal avec la conception de la liberté négative à laquelle il se réfère par ailleurs. Le contraste avec la forte cohérence de Rawls sur ce point est alors saisissant, mais le bilan d'ensemble, au plan théorique, de la comparaison des deux auteurs doit aussi tenir compte de la conception "additive" des libertés de Rawls qui, elle, fait plutôt pâle figure par rapport à la fermeté intellectuelle de Hayek sur l'indivisibilité de la notion (cf. 3.1).

En revanche, au niveau des applications, le principe de différence de Rawls conserve un avantage sur le revenu minimum garanti de Hayek. En effet, même dans ses écrits les plus récents, Hayek ne mentionne pas la critique majeure faite de nos jours à la notion de revenu minimum, lequel peut créer une "trappe à inactivité" : par peur de perdre la sécurité du revenu garanti si leur revenu dépasse de peu le critère de ressource, les individus peuvent renoncer à se porter sur le marché du travail, où leur rémunération est forcément plus aléatoire, en se contentant de revenus complémentaires non déclarés. Comme il n'est pas toujours facile de distinguer entre incapacité de gagner sa vie et refus d'assumer le risque du marché, le phénomène est susceptible de prendre une grande ampleur.

A l'inverse, un système d'impôt négatif sur le revenu, dont l'objectif est précisément d'inciter les bénéficiaires de l'assistance à sortir de l'inactivité, constitue la modalité concrète d'application du principe de différence auquel songe Rawls (1987, p. 316) :

> "Le gouvernement garantit un minimum social soit sous la forme d'allocations familiales et d'assurances maladie et de chômage, soit, plus systématiquement, par un supplément de revenu échelonné (ce qu'on appelle un impôt négatif sur le revenu)".

Défendu notamment par un autre célèbre économiste libéral (cf. Friedman 1971, pp. 237-243), un tel dispositif semble ainsi bien mieux correspondre à la perspective hayékienne de responsabilisation des plus démunis que la notion beaucoup moins incitative de revenu minimum garanti.

Au total, le principe de différence de Rawls relève d'une conception fort ambitieuse visant à faire bénéficier les plus défavorisés des talents naturels de ceux que le sort a mieux traités, alors que le revenu minimum de Hayek n'est qu'une mesure d'exception visant à atténuer la précarité de leur situation. Les deux perspectives finissent pourtant par se rejoindre pour déboucher pragmatiquement, à travers l'impôt négatif sur le revenu, sur un troisième point de rapprochement partiel : explicitement envisagée par le premier, cette technique de redistribution des revenus n'est en effet qu'une forme plus élaborée de la garantie de ressources proposée par le second[22]. Plus généralement, il nous reste désormais à tirer les enseignements de l'en-

22. Plus précisément, le revenu minimum garanti est une allocation "différentielle", puisque le salaire gagné par l'individu sur le marché du travail réduit d'autant le montant de l'allocation qu'il perçoit : le taux marginal d'imposition – par baisse de l'allocation – est de 100 %, niveau confiscatoire qui est à l'origine du phénomène de "trappe à inactivité". L'impôt négatif est, quant à lui, une allocation "dé-

semble des points de relative convergence entre les deux auteurs, que nous avons successivement relevés.

4. Conclusion : des similitudes insoupçonnées

Les différences entre Hayek et Rawls sont-elles plus "verbales que substantielles" ? A la question *a priori* surprenante, suscitée par la remarque sibylline de Hayek sur la théorie rawlsienne de la justice, notre analyse comparative permet, nous semble-t-il, de répondre de manière bien plus nuancée que ne le suggère la lecture classique de chacun des deux auteurs, indépendante l'une de l'autre. Certes, à première vue tout les sépare, aussi bien la discipline de référence (économie *versus* philosophie) que le paradigme adopté (évolutionnisme *versus* contractualisme) et, de ce fait, toute tentative de rapprochement semble relever d'une obstination téméraire, pour ne pas dire d'une inconscience déplacée.

Pourtant, si l'on circonscrit la comparaison à la problématique déjà vaste de la justice sociale, les différences tant disciplinaires que paradigmatiques s'estompent quelque peu, pour laisser émerger des similitudes insoupçonnées :

- Face à une question aussi éminemment normative que celle de la justice en société, Hayek et Rawls sont d'abord amenés à adopter des postures comparables pour mener à bien leur réflexion : critiques à l'égard d'un utilitarisme jugé dominateur, Hayek et Rawls insistent tous deux sur les garanties d'impartialité que doivent offrir les normes retenues et sur la nécessité de soumettre ces normes à une procédure d'expérimentation. Certes, dans la première partie de notre exploration, l'exercice intellectuel auquel nous nous sommes livrés conserve un caractère assez artificiel, tant les trois étapes conceptuelles, par lesquelles sont passés Hayek et Rawls, renvoient en fait à des modalités très différentes, inspirées directement de leur choix épistémologique respectif : pour ne citer qu'un exemple, le rapprochement entre le rôle attribué par le premier à la jurisprudence et la notion d'équilibre réfléchi du second n'a manifestement rien d'évident.
- En revanche, dès lors que la comparaison porte moins sur les méthodes adoptées que sur les résultats obtenus, la seconde partie de notre analyse fait ressortir, quant à elle, une convergence inattendue des deux auteurs vers une même conception de la justice en société, tant au niveau des normes retenues que de leur hiérarchie. Certes Hayek et Rawls en offrent chacun une version

---

gressive", conçue pour que la baisse de l'allocation, subie par l'individu revenu sur le marché du travail, soit inférieure aux gains salariaux qu'il y perçoit : le taux marginal d'imposition, inférieur à 100%, incite ainsi à devenir actif, l'individu disposant alors d'un revenu total (salaire + impôt négatif) supérieur. Pour les individus restés inactifs, par choix ou par incapacité de travailler, revenu minimum garanti et impôt négatif peuvent ne pas se différencier s'ils garantissent tous deux le même montant – maximal – d'allocation.

différente, dans la mesure où leur position de départ est antinomique. Plus précisément, Hayek insiste sur la liberté (au sens d'absence de coercition) comme valeur éthique première, protégée par des règles de juste conduite et valorisée par les chances accrues de réussite de chacun ; il n'accepte de s'en écarter, au profit d'une conception minimale de la liberté positive, qu'en cas d'extrême dénuement (le revenu garanti). Rawls met au contraire en avant l'égalité qui doit structurer les libertés comme les chances offertes à tous, et il n'accepte de s'en départir que si un tel écart profite à tous (principe de différence), sous la forme du revenu minimum le plus élevé possible.

Ce faisant, Hayek et Rawls finissent par aboutir à des positions assez proches l'une de l'autre, issues pour le premier de l'atténuation de la discipline qu'impose le marché et, pour le second, de la prise en compte de justes inégalités dont chacun peut tirer parti. La voie est notamment ouverte pour des systèmes de protection sociale que l'un et l'autre peuvent légitimer, dès lors que l'objectif en est la lutte contre la pauvreté absolue et non la réduction de principe, voire le nivellement de toute forme d'inégalité[23].

Plus généralement encore, c'est la cohérence du discours libéral dans son ensemble qui semble ainsi renforcée, alors qu'une lecture séparée des deux auteurs conduit le plus souvent à souligner sa dissonance. Certes une telle perspective, par son caractère hétérodoxe, doit rester soumise à discussion publique, tant il est rare, même parmi les intellectuels libéraux, que les thèses de Hayek et de Rawls soient perçues comme capitales par les mêmes personnes. Pourtant, à l'heure où le débat politique majeur, dans la plupart des pays comme au plan international, concerne la traduction la plus adaptée du jeu combiné des droits de l'homme et de l'économie de marché, les points de relative convergence entre leurs analyses pourraient sans doute fournir autant de repères fort utiles…

23. Sur la relative convergence des fondements hayékiens et rawlsiens d'un système libéral de protection sociale, cf. Gamel 2000-b.

BIBLIOGRAPHIE

Arrow Kenneth J. (1973), "Some Ordinalist-Utilitarian Notes on Rawls's Theory of Justice", *The Journal of Philosophy*, Vol. LXX, n° 9, pp. 245-263.

Bayles Michael D. (1968) (éd.), *Contemporary Utilitarianism*, New York, Garden City.

Brandt Richard B. (1959), *Ethical Theory*, Englewood Cliffs, N.J., Prentice-Hall Inc.

Fleurbaey Marc (1996), *Théories économiques de la justice*, Paris, Economica, collection "Economie et statistiques avancées".

Friedman Milton (1971), *Capitalisme et liberté*, Paris, Robert Laffont ; traduction de *Capitalism and Freedom*, Chicago, University of Chicago Press, 1962.

Gamel Claude (1991), "L'apport de la philosophie sociale à l'économie du bien-être : une question de "procédure" ?", *Économies et Sociétés*, série Oeconomia PE, n° 14, pp. 57-85.

Gamel Claude (1992), *Économie de la justice sociale - Repères éthiques du capitalisme*, Paris, Cujas, collection "Regards sur notre temps".

Gamel Claude (1999), "L'extériorité irréductible dans les théories de la justice sociale", in Leroux Alain et Marciano Alain, éd., *Traité de philosophie économique*, Paris/Bruxelles, De Boeck Université, collection "Ouvertures économiques", pp. 209-224.

Gamel Claude (2000-a), ""Le mirage de la justice sociale" : faut-il craindre que Hayek n'ait raison ?", *Revue de philosophie économique*, n° 2 (2000/2), pp. 87-109.

Gamel Claude (2000-b), "Les fondements éthiques et économiques de la protection sociale", in Daniel Christine et Le Clainche Christine, éd., *Réduire les inégalités – Quel rôle pour la protection sociale ?*, Paris, DREES (Ministère de l'Emploi et de la Solidarité), collection "MiRe", pp. 7-17. Cf. aussi *Cahiers de recherche de la MiRe*, 2001, n° 10-11, pp. 56-60.

Harrod Roy F. (1936), "Utilitarianism Revised", *Mind*, n° 45, pp. 137-156.

Harsanyi John C. (1977), "Morality and the Theory of Rational Behaviour", in Sen Amartya et Williams Bernard, *Utilitarianism and Beyond*, Cambridge, Cambridge University Press, 1982, pp. 39-62.

Hayek Friedrich A. (1946), *La route de la servitude*, Paris, Librairie de Médicis, P.U.F. rééd. coll. "Quadrige",1993 ; traduction de *The Road of Serfdom*, Londres, George Routledge and sons, 1944.

Hayek Friedrich A. (1978), *New Studies in Philosophy, Politics, Economics and the History of Ideas*, Londres, Routledge and Kegan Paul.

Hayek Friedrich A. (1980), *Droit, législation et liberté - Une nouvelle formulation des principes libéraux de justice et d'économie politique* tome 1 *Règles et ordre*, Paris, P.U.F., rééd. coll. "Quadrige", 1995 ; traduction de *Law, Legislation and Liberty* vol. I *Rules and Order*, Londres, Routledge and Kegan, 1973.

Hayek Friedrich A. (1982), *Droit, législation et liberté - Une nouvelle formulation des principes libéraux de justice et d'économie politique* tome 2 *Le mirage de la justice sociale*, Paris, P.U.F., rééd. coll. "Quadrige", 1995 ; traduction de *Law, Legislation and Liberty* vol. II *The Mirage of Social Justice*, Londres, Routledge and Kegan, 1976.

Hayek Friedrich A. (1983), *Droit, législation et liberté - Une nouvelle formulation des principes libéraux de justice et d'économie politique* tome 3 *Règles et ordre*, Paris, P.U.F., rééd. coll. "Quadrige", 1995 ; traduction de *Law, Legislation and Liberty* vol. III *Political Order of a Free People*, Londres, Routledge and Kegan, 1979.

Hayek Friedrich A. (1993), *La présomption fatale - Les erreurs du socialisme*, Paris, P.U.F. ; traduction de *The Fatal Conceit - The Errors of Socialism*, Londres, Routledge and Kegan, 1988.

Hayek Friedrich A. (1994), *La constitution de la liberté*, Paris, Litec ; traduction de *The Constitution of Liberty*, Londres, Routledge and Kegan Paul, 1960.

Kymlicka Will (1990), *Contemporary Political Philosophy – An Introduction*, Oxford, Oxford University Press.

Lukes Steven (1997), "Social Justice: the Hayekian Challenge", *Critical Review*, Vol. 11, n° 1, pp. 65-80.

Nozick Robert (1988), *Anarchie, État et Utopie*, Paris, PUF ; traduction de *Anarchy, State and Utopia*, Oxford, Basil Blackwell, 1974.

Rawls John (1958), "Justice as Fairness", *The Philosophical Review*, Vol. 67, n° 2, pp. 164-194.

Rawls John (1963), "Constitutional Liberty and the Concept of Justice", in Friedrich Carl J. et Chapman John W., éd., *Nomos VI : Justice*, New York, Atherton Press, pp. 98-125.

Rawls John (1987), *Théorie de la justice*, Paris, Seuil ; traduction de *A Theory of Justice*, Cambridge, Harvard University Press, 1971.

Rawls John (1993), *Justice et démocratie*, Paris, Seuil, collection "La couleur des idées".

Rawls John (1995), *Libéralisme politique*, Paris, P.U.F., collection "Philosophie morale" ; traduction de *Political Liberalism*, New York, Columbia University Press, 1993.

Roemer John. E. (1996), *Theories of Distributive Justice*, Cambridge, Massachusetts, Harvard University Press.

Van Parijs Philippe (1995), *Real Freedom for All – What (if Anything) Can Justify Capitalism?*, Oxford, Oxford University Press.

ÉCONOMIE ET RATIONALITÉ : APPORTS ET LIMITES DE L'APPROCHE POLANYIENNE

Nicolas POSTEL, Richard SOBEL[1]

Résumé :
Polanyi analyse le déploiement historique d'une science économique "formelle" à partir du triptyque "marché-rareté-rationalité instrumentale". Il fait apparaître ce triptyque, et le savoir qui s'y consacre, comme étant un sous-ensemble d'une question plus large que devrait analyser une science économique "substantielle" s'intéressant au triptyque "besoin-nature-institution". Si l'on suit Polanyi dans sa critique fondamentale de l'économisme inhérent au premier triptyque, on a plus de réticences à accepter sa solution de substitution, mélange hétérogène de naturalisme et d'institutionnalisme, d'essentialisme et d'historicisme. La thèse défendue dans l'article est qu'il faut être plus polanyien que Polanyi et rechercher une économie de la raison pratique, fondement d'une science économique réintroduite à l'intérieur des sciences sociales.

Abstract: Economics and Rationality: Contributions and Limits of Polanyian Approach
Polanyi analyzes the historical deployment of a "formal" economic science starting from the triptych "market-rarety- instrumental rationality ". It reveals this triptych, and the knowledge which is devoted to it, as being a part of a question broader than should analyze a "substantial" economic science being interested in the triptych "need-nature-institution". If we can and must follow Polanyi in his criticism of economism suited to the first triptytic, we have more reserve to accept his solution of substitution, an heterogeneous mixture of naturalism and institutionalism, of essentialism and historicism. The thesis defended in the article is that it is necessary to be more polanyian that Polanyi himself, and to develop an economy of the practical reason, base of an economic science reintroduced inside social sciences.

Classification JEL: A10, A14, B25, B40, B52

1. Maîtres de Conférences en Économie et chercheurs au Centre Lillois d'Études et de Recherches Sociologiques et Économiques (CLERSE – UMR 8019 CNRS), Bâtiment SH2, Faculté des Sciences Économiques et Sociales de l'USTL (Lille1), 59655 Villeneuve d'Ascq Cedex. nicolas.postel@univ-lille1.fr, richard.sobel@univ-lille1.fr

Introduction

Dans les sciences sociales qui s'intéressent à la place de l'économie dans la société, Karl Polanyi est sans doute aujourd'hui l'un des auteurs les plus cités et les moins compris[2]. Son analyse de l'effondrement, au cours des années trente, des démocraties européennes, sous le coup d'un délitement du tissu social produit par le principe du marché autorégulateur demeure comme un exemple unique d'épistémologie critique et de philosophie sociale fondée sur l'histoire. Soixante ans plus tard, *La grande transformation* (1944) est encore, explicitement ou implicitement, au cœur du débat sur les liens entre libéralisme, marchandisation du monde et totalitarisme nationaliste, religieux ou fasciste. Cet ouvrage fondateur, et ses thèses ailleurs reprises et développées (Polanyi, 1977), est pourtant tout sauf simple, clair, univoque (Dumont, 1983). On ne peut le lire sans un sentiment de vertige devant les perspectives ouvertes, mais aussi sans regretter l'absence de réelle synthèse qui le caractérise. Que dit exactement Polanyi ? Beaucoup de choses, saisissantes souvent, et parfois contradictoires. On comprend aisément que cet ouvrage ait donné lieu à commentaires et interprétations[3]. La présente contribution se propose, modestement, de clarifier les apports de la définition de l'économie que propose Polanyi pour définir un terrain commun aux hétérodoxies institutionnalistes[4]. Karl Polanyi constitue déjà, en France, un point d'appui important pour les courants de sociologie économique qui se revendiquent de l'économie sociale et solidaire (Caillé, 2005 ; Laville, 1994). Mais, s'agissant des sciences économiques – domaine auquel se restreint notre contribution –, les interventions se réclamant de Karl Polanyi ont du mal à se faire entendre en dehors des murs de l'histoire économique, de l'histoire de la pensée et de l'épistémologie. Or, l'œuvre de Polanyi constitue une ressource théorique légitime pour intervenir de façon critique au cœur même du paradigme dominant. Il nous semble en effet possible de lire Polanyi à travers le prisme d'un questionnement sur la rationalité individuelle comme en témoigne d'une certaine manière cette appréciation finale de Polanyi lui-même :

2. Comme le suggère, d'une certaine manière le titre du récent ouvrage de Jérôme Maucourant (2005).
3. Dalton (1987) est un point d'entrée incontournable pour les économistes. En se limitant aux publications en langue française, signalons également : pour une présentation générale de la vie et de la pensée de Karl Polanyi : (Maucourant, 2005), et pour une mise en perspective historique et théorique : (Servet, Maucourant, Tiran, 1998). On trouve notamment dans le premier ouvrage une bibliographie critique très complète sur de nombreux aspects de l'œuvre de Karl Polanyi et dans le second une étude précieuse de la réception de la pensée de Karl Polanyi dans le monde anglo-saxon, en France, au Japon et en Italie.
4. L'œuvre de Polanyi est certes pluri voire transdisciplinaire, mais s'agissant des sciences économiques, les relations se nouent assez facilement avec les courants institutionnalistes, comme le souligne l'article de Stanfield (1980) ou encore celui de Hodgson (1992). Notre contribution propose un éclairage des conditions de possibilité épistémologiques d'un tel dialogue entre approche polanyienne et approche institutionnaliste, dans la lignée de ces deux articles, mais en travaillant davantage l'ambigüité de Polanyi quant au naturalisme.

"*La véritable critique que l'on peut faire à l'économie de marché n'est pas qu'elle était fondée sur l'économique - en un sens toute société quelle qu'elle soit doit être fondée sur lui - mais que son économie était fondée sur l'intérêt personnel. Une telle organisation de la vie économique est complètement non naturelle (...).*" (Polanyi, 1983, p. 320).

Notre article se propose d'une certaine manière de commenter et tirer toutes les conséquences de cette remarque qui met en accusation la confusion de l'économique et du rationnel. Ainsi, derrière la critique du libéralisme et de l'économisme contemporain apparaît un plaidoyer pour le dépassement de la représentation de l'acteur économique uniquement sous l'angle de sa rationalité instrumentale. Un dépassement dont le sens reste cependant ambigu. En effet, faut-il concevoir la critique polanyienne depuis une conception naturaliste de l'acteur économique comme le suggère l'expression "*non naturelle*" ? Faut-il au contraire la concevoir depuis une conception institutionnaliste précisément soumise à l'exigence d'une position antinaturaliste ? Il convient de trancher cette ambigüité, pour poser, avec Polanyi, les jalons d'une économie de la raison pratique, fondement d'une science économique réintroduite à l'intérieur des sciences sociales (et non pas intégrée aux sciences naturelles...).

Pour défendre cette idée, nous proposons, de restituer la séquence critique de Polanyi de la manière suivante : (1) Polanyi met en évidence l'ambigüité du terme "économique" en ce qu'il recouvre deux réalités, formelle et substantive, différentes. (2) Il rejette l'approche formelle comme étant coextensive au mythe d'un marché autorégulateur se réduisant au triptyque "marché-rareté-rationalité". (3) Il tente de lui substituer un autre triptyque, conçu comme universel, le triptyque "nature-besoin-institution". Or, si l'on suit Polanyi dans le fil de sa critique décisive de l'économisme[5] inhérent au premier triptyque – que nous appellerons "économisme de niveau 1" –, on a plus de réticence à accepter telle quelle sa solution de substitution, mélange hétérogène de naturalisme et institutionnalisme, d'essentialisme et d'historicisme – que nous appellerons "économisme de niveau 2". Sans doute, pour faire aujourd'hui usage théorique de Polanyi, il faut être plus polanyien que lui, et rompre définitivement avec tout naturalisme pour affirmer la spécificité socio-historique de l'objet d'une science économique, désormais pleinement réintroduite à l'intérieur des sciences sociales.

5. Par naturalisme, nous entendons l'opération "idéologique" qui consiste à faire passer un fait social-historique pour un fait de nature, c'est-à-dire l'opération qui consiste à faire disparaître le caractère de construit social propre à tout fait social-historique (Rosset, 1973). L'économisme est le naturalisme qui concerne plus particulièrement cette catégorie de faits sociaux que sont les faits économiques.

1. L'ambiguïté de l'économique

C'est dans le chapitre 13 de l'ouvrage collectif de K. Polanyi, C.M. Arensberg et H.W. Pearson (1957)[6] que Polanyi (1957a, p.241-245) présente et oppose le double sens, formel et substantif de l'économique, véritable malentendu épistémologique qui sous-tend selon lui la domination et l'extension contemporaine du discours économiste, en théorie et en pratique[7]. Il y revient longuement dans "*The economic fallacy*", premier chapitre de *The livelihood of Man*[8], un texte peu commenté en langue française comme le souligne Alain Caillé (2005). Nous appuierons donc dans un premier temps sur une analyse de ce texte, lequel clarifie selon nous définitivement la notion d'économie :

> *"Toute tentative d'appréciation de la place de l'économie dans une société devrait partir du simple constat que le terme "économique" que l'on utilise couramment pour désigner un certain type d'activité humaine, est un composé de sens distincts. (...) Le premier sens, le sens formel, provient du caractère logique de la relation des moyens aux fins, comme dans les termes "economizing" ou "economical"[9] ; la définition économique par rareté provient de ce sens formel. Le second sens, ou sens substantif, ne fait que souligner ce fait élémentaire que les hommes, tout comme les autres êtres vivants, ne peuvent vivre un certain temps sans un environnement naturel qui leur fournit leur moyen de subsistance ; on trouve ici l'origine de la définition substantive de l' "économique". Ces deux sens, le sens formel et le sens substantif, n'ont rien de commun"* (Polanyi, 1986, p. 20).

1.1. Définition substantive versus définition formelle

Communément, et avant même la constitution du discours de connaissance du même nom, l'économie s'est ainsi toujours entendue en deux sens différents, mais

---

6. Désormais les citations extraites de cet ouvrage collectif (et de ses différents chapitres) sont celles de sa traduction française, publiée en 1975.

7. Dans son propre travail de définition de l'économique, l'anthropologue Maurice Godelier (1971) repère et commente cette opposition. Celle-ci constitue pour lui le noyau identitaire de la science économique dominante et menace d'envahir l'anthropologie. Il dénonce ainsi l'économisme de l'anthropologue R. Burling (1962), lequel considère qu' "*il n'y a de techniques ni de buts économiques spécifiques. C'est seulement la relation entre la fin et les moyens qui est économique... Si tout comportement impliquant une allocation (de moyens) est économique, alors la relation d'une mère à son bébé est également une relation économique ou plutôt a un aspect économique tout autant que la relation d'un employeur à son ouvrier"* (cité dans (Godelier, 1971), tome 1, p. 20)

8. Nous suivons la traduction d'Antoine Deville (Polanyi, 1986). La pagination que nous utilisons est celle de cette traduction en français.

9. Dans sa traduction, Antoine Deville conserve les termes anglais, car selon lui l'équivalent français ne peut rendre aussi parfaitement le sens précis de ces deux termes

qui ne sont pas de même niveau d'analyse. En un premier sens, dit "*substantif*" (ou encore parfois appelé "matériel"), l'économie désigne un certain domaine de la vie sociale en général, un ensemble circonscrit de pratiques, de règles et d'institutions dont l'objet est la production, la distribution et la consommation de ressources, biens ou services, nécessaires à la vie individuelle et collective. Certes, cet ensemble de pratiques peut recevoir un contenu variable, être différemment valorisé selon les époques et les sociétés, et différemment organisé suivant les rapports sociaux qui la structurent et le niveau technique qui en commande la productivité. Mais le point essentiel est que, dans l'histoire des hommes, aucune formation sociale ne saurait se concevoir sans économie[10]. Il y là quelque chose de "naturel" – ou plus précisément de transhistorique – que Karl Polanyi définit de la façon suivante pour marquer la finitude de la condition humaine toujours vécue comme pluralité organisée et coexistant dans un substrat naturel:

> *"(...) le sens substantif provient de ce que l'homme est manifestement dépendant de la nature et des autres hommes pour son existence matérielle. Il subsiste en vertu d'une interaction institutionnalisée entre lui-même et son environnement naturel. Ce procès est l'économie ; elle lui offre les moyens de satisfaire ses besoins matériels. (...) "Économique" ne signifie rien d'autre que "contenant une référence au procès de satisfaction de besoins matériels". Étudier l'existence matérielle de l'homme, c'est étudier l'économie dans son sens substantif, c'est ce sens que nous attribuons au terme "économique" tout au long de ce livre"* (Polanyi, 1986, p. 21).

Nous aurons à revenir plus loin sur le contenu, naturel et institutionnel, de cette définition. Pour l'heure, contentons-nous de marquer la différence avec l'autre définition de l'économie pour Karl Polanyi. En un second sens, dit "formel", l'économie ne désigne plus une sphère incontournable de toute vie sociale mais qualifie une certaine disposition de l'esprit humain, disposition que l'on repère communément en disant de quelqu'un qu'il est "économe". Si ce déplacement de perspective en soi n'est en rien illégitime, la confusion des perspectives, en revanche, l'est assurément. Tout le travail critique de Karl Polanyi peut être vu comme l'explicitation de cette confusion de perspectives. L'économicité désigne un calcul portant, à fin donnée, sur l'utilisation la plus efficace des moyens disponibles dans un contexte de rareté, contexte hors duquel il n'y aurait pas le moindre sens à vouloir être économe. Être économe, c'est ainsi vouloir, pour le dire vite, le plus par le moins, et ce en mesurant au plus juste la dépense de moyens, qu'elle s'exprime en temps, en effort ou bien encore, suivant des figures moins concrètes et plus occidentales, en argent. Ainsi,

10. Nous n'insistons pas ici sur cette perspective d'encastrement et/ou de différenciation des ordres de pratiques sociales qui est seconde au regard du problème fondamental de la définition (Théret, 1992).

"*le sens formel* [du mot économie] *a une origine entièrement différente. Provenant de la relation des moyens aux fins, il est un universel dont les référents ne sont restreints à aucun champ particulier d'intérêts humains. Les logiques ou mathématiques de ce type sont appelées "formelles" pour contraster avec les champs particuliers auxquels elles sont appliquées. Un tel sens sous-entend le verbe "maximiser", ou encore – moins techniquement, encore que le plus précisément possible – "faire du mieux avec ses propres moyens"* (Polanyi, 1986, p. 21).

Certes, l'économie, au premier sens du terme, ne peut se passer d'économes : on imagine mal la viabilité d'une société dont la sphère économique serait organisée autour d'un infini gaspillage[11]. Mais cette seconde définition comporte intrinsèquement un danger d'extraversion qui fait que sa perspective est à la fois différente et plus large que la première : l'économicité est, en effet, une disposition psychique qui peut *a priori* objectiver n'importe quoi, et pas seulement les ressources nécessaires à la vie, quel qu'en soit du reste le contenu historiquement variable. N'importe quelle activité humaine, quelles que soient sa "substance" et son épaisseur historique, peut être saisie sous un point de vue "économique", décomposée en fin(s) et moyen(s) et rationalisée quant à l'usage des moyens sous la forme réductrice d'une rationalité instrumentale intemporelle (Berthoud, 1994). L'économie comme type de connaissance a vu dans cette perspective praxéologique universelle le moyen de se constituer en véritable Science Économique :

"*La reconnaissance de la double origine du terme "économique" n'est en aucun cas nouvelle. On peut même affirmer que, dans les années 1870, la théorie néoclassique s'est construite à partir de cette distinction entre la définition de l'économique par la rareté et la définition substantive*" (Polanyi, 1986, p.23).

Sans développer plus avant les conséquences de ces deux définitions, arrêtons-nous sur notre questionnement de départ. Peut-on faire l'hypothèse que cette distinction des deux définitions de l'économie nous permet de produire un éclairage nouveau sur les fondements de l'opposition orthodoxie/hétérodoxies qui traverse les sciences économiques ? Il semble en effet possible de classer l'Économie politique classique d'hier (Smith, Ricardo, et Marx) ainsi que les hétérodoxies keynésiennes, institutionnalistes ou marxistes d'aujourd'hui, du côté d'une conception substantive et historique (Postel, 2007). A l'inverse, la théorie néoclassique dominante depuis son ambitieux noyau dur, l'Équilibre général de Walras-Arrow-

11. Ce qui, du reste, ne présage en rien du sens social que peuvent prendre, à un moment donné dans des sociétés données, des formes non "utilitaires" de consommation, comme les "sociétés de consumation" qu'analyse G. Bataille (1967) dans le cadre d'une "économie générale" s'inspirant notamment de M. Mauss (1924) et qui entend dépasser les "insuffisances du principe de l'utilité classique".

Debreu, jusqu'aux avatars récents de la théorie des contrats (Brousseau, 1993), se verrait toute entière rangée du côté de la définition formelle et anhistorique telle que la définit par exemple Lionel Robbins (1935)[12]. L'analyse des tenants et des aboutissants de cette distinction chez Polanyi devrait permettre de clarifier les enjeux de cette partition, notamment s'agissant des hétérodoxies d'aujourd'hui.

1.2. L'économisme de niveau 1

La distinction que nous venons d'exposer est extrêmement et doublement précieuse. D'abord, pour peu qu'elle soit mobilisée et assumée jusqu'au bout, elle manifeste un pouvoir critique très important. Elle permet en effet de mettre en évidence l'économisme dont fait preuve le courant dominant dans les sciences économiques, comme l'a très bien analysé l'anthropologue Gérald Berthoud (1986a ; 1986b) et comme le rappelle plus récemment le sociologue Alain Caillé (2005, pp. 207-232). Définir l'économique par l'économicité entraine, qu'on le veuille ou non, une visée totalisante. Dès lors qu'on la mobilise rigoureusement, cette entrée est en effet exclusive de toute autre et s'affirme comme un mode d'explication, complet et autonome, de n'importe quelle pratique humaine en tout lieu et en tout temps. Cette entrée ambitionne de ne laisser aucun résidu inexpliqué[13]. Au mieux, les autres sciences sociales sont utiles pour décrire, chacune à leur manière, le contexte social-historique des pratiques en question – rien de plus. Or, cette visée n'est pas aussi neutre qu'elle le laisse entendre et tout le propos critique de Polanyi est de montrer, précisément, qu'elle tient son efficacité d'avoir partie liée avec un certain fonctionnement social-historique de l'économie – au sens substantiel du terme –, à savoir celui du principe de marché autorégulateur. Ce que critique Polanyi, c'est une forme d'illusion d'universalité : dès lors qu'on la recontextualise sous la perspective historique de l'extension de la logique marchande, la pertinence de l'analyse par l'économicité comme définition générale de l'économique tombe[14].

Ensuite et sur un plan positif, la distinction polanyienne, en libérant l'économie du joug de l'économicité, ouvre un espace théorique nouveau. Elle permet de

12. L'usage épistémologiquement discriminant de l'analyse historique dont il est ici question est le suivant : non pas historiciser après coup des analyses d'abord construites a priori à partir de catégories anthropologiques essentialistes, mais historiciser les catégories elles-mêmes, et ne s'appuyer sur aucune essence "économique" de l'homme qui serait immuable (Castoriadis, 1975). Car on trouve aussi des développements "historiques" dans les analyses néoclassiques, développements visant à produire le récit des changements affectant le contexte extérieur dans lequel se meuvent les *homo oeconomicus*, quant à eux parfaitement immuables. Voir l'exemple des néo-institutionnalistes dans (Maucourant, 2003)

13. Voir à cet égard les développements actuels de la théorie des contrats (Favereau, Picard, 1996), des institutions (Sudgen, 1986), du droit (Posner, 1973, 2001).

14. La notion même d'économicité, qui est fondamentalement logique, n'est en rien affectée par ce type de critique externe !

donner des fondements théoriques solides, mais non ésotériques[15], à l'analyse des pratiques économiques concrètes qui caractérise, pensons-nous, l'hétérodoxie. Nous proposons d'appeler "Économisme de niveau 1" la réduction de l'économique à l'économie formelle qui procède d'une confusion entre la définition de l'économie et le fonctionnement particulier d'un système économique. On doit à Karl Polanyi l'analyse la plus fine des tenants et aboutissants de cette confusion. La force de sa démonstration tient au point de vue substantif et réaliste qui constitue son camp de base : on ne peut ériger en conceptualisation à vocation universelle ce qui n'est que l'effet contingent d'un fonctionnement socio-historiquement déterminé de l'économique.

2. L'apport critique de Karl Polanyi : le rejet de l'économisme de niveau 1

Les analyses de Polanyi n'ont pas mis fin aux controverses autour de la théorie de l'équilibre général – que de toute évidence il ne connaissait pas – ni même entravé la conquête des esprits par la théorie néoclassique. Pourtant, et pour le dire de façon ramassée : comment accepter encore de se ranger sous la définition formelle-néoclassique de l'économie après Polanyi ? Sa critique est en effet difficile à dépasser en ce qu'elle allie de manière convaincante arguments historiques et épistémologiques en replaçant la construction du dogme néoclassique – mot qu'il n'emploie jamais, comme Keynes – dans le contexte de la révolution industrielle et de l'émergence du marché autorégulateur. Son schéma critique est le suivant : l'économie s'autonomise en prenant comme objet, et en popularisant au niveau des représentations de la vie économique concrète, le principe de marché. Ce principe une fois solidement en place – en théorie et en pratique –, les concepts fondamentaux de rareté et de rationalité peuvent alors être reconnus par le regard occidental comme spécifiant le problème universel de l'être humain lorsqu'il cherche à satisfaire ses besoins et, partant, constituer assez "naturellement" le fondement d'une science économique autonome vis-à-vis des contextes sociaux-historiques[16]. Pourtant, force est de constater que le marché autorégulateur n'est qu'un mythe, qui plus est dévastateur, et dès lors le triptyque "marché-rareté-rationalité" s'effondre.

15. Bien évidemment, nous ne confondons pas ésotérisme (qui forclôt le concret) et abstraction (qui suppose un rapport au concret pour ensuite s'en émanciper en proposant d'en saisir la diversité sous la perspective de formes générales), et considérons du coup que, loin de se réfugier dans un empirisme naïf, les sciences sociales ont aussi à produire leur propre forme d'abstraction (Passeron, 2006).

16. Ce sont évidemment les travaux des anthropologues qui ont le mieux développé, en liaison avec ou en complément à l'œuvre de Polanyi, cette déconstruction de l'économisme occidental ; voir notamment : (Godelier, 1973), (Sahlins, 1976) et, s'agissant précisément de l'idéologie économique moderne, voir (Dumont, 1977).

2.1. La critique du constructivisme de l'économie classique

L'analyse que Polanyi, dans *La grande transformation*, propose du principe de marché autorégulateur est bien connue et discutée (Servet, Maucourant, Tiran, 1998). Qu'il suffise simplement ici d'en rappeler quelques éléments. L'État prend une part déterminante dans l'unification de l'espace économique sous l'ère mercantiliste et construit, ce faisant, un espace marchand. La mécanisation de la production, dans le fil de la recherche d'une certaine compétitivité internationale, implique l'immobilisation de capitaux importants sur le long terme. Cette immobilisation nécessite un constant approvisionnement des entreprises en matières premières (travail, terre) et en capitaux (monnaie). Cette constance, nous dit Polanyi, n'est pas "naturelle" : il faut la produire. Il faut ainsi que le travail, la terre, la monnaie, deviennent des marchandises, disponibles, marchandises dont le prix est géré par... un mécanisme de marché. Comme toute marchandise[17], ces trois éléments fondamentaux de la production doivent être disponibles en permanence, l'évolution de leur prix fournissant l'information nécessaire pour déterminer l'échelle à laquelle ils doivent être produits. Il s'agit bien sûr d'un mythe – aucun de ces éléments fondamentaux de la production ne sont, au sens propre, des marchandises – mais d'un mythe qui tend à organiser le fonctionnement des économies occidentales du 19ème. Le marché autorégulateur ainsi construit repose sur une séparation entre deux ordres, le "politique" (ou plus précisément le "politico-étatique") et l'économique. Ce dernier ordre s'autonomise, et nécessite la mise en place d'une "société de marché" organisée de telle sorte que les marchandises "fictives" aient, malgré tout, toutes les apparences des véritables marchandises.

L'économie classique découvre ce système et lui cherche une assise naturelle. Que cette assise soit celle du penchant naturel de l'être humain pour l'échange et la poursuite de son intérêt, qu'elle aille se loger dans une théorie de la valeur-travail comme lien entre les prix de marché et la valeur "véritable" des produits, ou apparaisse à travers les "lois de population" de Malthus qui seront au fondement de la "loi d'Airain" des salaires de Ricardo, est une distinction secondaire à ce niveau de problématisation. Reste ceci : les premiers économistes appuient et défendent le marché contre les agissements de l'État en matière d'organisation de la production. Ils sont libéraux car ils sont naturalistes. Ils considèrent, comme le souligne l'étude magistrale de Foucault, le marché comme une "*instance de véridiction*" (Foucault, 2004, p. 35). Pour cette raison, ils participent à la construction d'un es-

17 Rappelons que, pour Karl Polanyi, "*les marchandises sont empiriquement définies comme des objets produits pour la vente sur le marché (...) Il est évident que travail, terre et monnaie ne sont pas des marchandises ; en ce qui les concerne, le postulat selon lequel tout ce qui est acheté et vendu doit avoir été produit pour la vente est carrément faux*" (Polanyi, 1944, p. 107). Pour une réflexion hétérodoxe sur la définition rigoureuse de la marchandise et la caractérisation théorique des "marchandises fictives", on pourra se reporter à (De Vroey, 1984).

pace économique conforme à la théorie qu'ils ont construite, et dissimulent, consciemment ou non, ce double constructivisme sous l'argument naturaliste.

Cette première confusion en entraîne d'autres. Car avec le principe "naturel" de marché, les Classiques découvrent aussi le problème "naturel" de la rareté ...et sa solution "naturelle" à savoir la capacité des êtres humains à poursuivre rationnellement leur propre intérêt. Envisageons d'abord la question de la rareté. Polanyi souligne, tout comme Salhins (1976), que la rareté n'est que l'autre face des désirs infinis de consommation que suscite le marché. La rareté devient ainsi un terme fallacieux pour désigner un phénomène évidemment réel : à un moment donné des techniques et des forces productives, la capacité de production est toujours bornée, tandis que la poursuite de nos désirs ne l'est pas. C'est donc l'ouverture de cette infinité, réalisée par le marché, qui installe le principe du surplus, de la croissance et de l'accaparement comme principe organisateur de la société. Appeler cela "problème de la rareté" n'est qu'un moyen de recouvrir d'un vernis naturel le problème de la "mauvaise chrématistique"[18] . De cette rareté et du contexte marchand naît la nécessité du calcul et de l'exercice d'une rationalité instrumentale en vue d'accaparer un maximum de biens (et non pas un minimum nécessaire comme pourrait le suggérer l'emploi du terme rareté). L'exercice de la recherche égoïste de son bien-être à travers la captation d'une part maximale de la production marchande devient alors le mode de comportement "naturel" de l'individu. *Homo oeconomicus* est donc un sous-produit du couple marché-rareté. Marché-rareté-rationalité forment le triptyque de l'approche "formelle".

Ce triptyque n'est bien sûr pas uniquement de nature épistémologique. En s'impliquant politiquement dans la construction du marché, l'économie classique produit son propre objet, conforme la société à ce qu'elle croit être la nature humaine, et construit dans les faits une société obsédée par l'accumulation contre la rareté et par le calcul rationnel. D'une certaine manière, Polanyi suit ainsi Marcel Mauss (1924) annonçant que "*homo oeconomicus est devant nous*". Il est devant les Classiques et devant nous car le discours économique, où cet *homo oeconomicus* trouve naissance, précède et suscite son apparition effective dans la société.

2.2. Après le mythe, une science sans objet identifié

L'idée-force bien connue et très commentée de *La grande transformation* consiste à démontrer que le principe du marché autorégulateur et de la marchandisation du social est un mythe. Un mythe qui guide certains réformateurs politiques et

18. Au sens d'Aristote, dont Polanyi (1957b) reprend et développe les "intuitions", notamment l'opposition entre, d'une part, une économie solidaire des besoins et organisée sous une perspective de justice sociale et, d'autre part, une économie débridée de l'enrichissement monétaire, menace radicale pour la cohésion sociale de la Cité.

modifie ainsi profondément la réalité de la société du 19ème – et devrait-on ajouter de ce début de 21ème. Mais un mythe, par définition, condamné à l'échec. Or, la démonstration polanyienne du caractère mythique du principe de marché autorégulateur est d'une certaine manière incomplète, parce ce qu'elle n'est qu'empirique.

La preuve historique du caractère illusoire d'une société de marché est, pour Polanyi, son effondrement dans les années trente. C'est l'objet de la démonstration que Polanyi mène le premier, et de manière magistrale. Mais on ne saurait démontrer "empiriquement" la faillibilité "logique" d'une théorie. Il est toujours possible en effet de défendre que les contingences historiques ont rendu temporairement impossible un projet théoriquement viable. Or la démonstration théorique, elle, ne se trouve pas explicitement chez Polanyi. Polanyi parvient à établir, à partir de l'histoire et de l'anthropologie comparative, qu'une société de marché est une exception. Mais il n'entreprend pas de démontrer que la figure même de l'*homo oeconomicus* est asocial et ne peut être "contenue" dans aucune société parce qu'il travaille précisément contre toute idée de collectif, ruinant en cela la possibilité logique d'existence d'une "société de marché". Cette démonstration, nous la devons aux théoriciens néoclassiques conséquents et en particulier à Kenneth J. Arrow.

Pendant et après que Polanyi eut cherché à démontrer l'illusion d'une organisation économique reposant sur une société d'*homo oeconomicus*, les économistes néoclassiques ont en effet cherché à démontrer la possibilité d'une économie autonome reposant, précisément, sur cet *homo oeconomicus*. Et ils ont échoué[19]. La théorie de l'équilibre général a démontré que l'équilibre général était formellement pensable et qu'il serait alors efficace au sens de Pareto (Arrow, 1951 ; Arrow, Debreu, 1954). Elle a aussi, et peut-être surtout, montré que l'on ne pouvait rien dire de son caractère effectif (Sonnenschein, 1973) et de sa nature socialement souhaitable (Arrow, 1963). Cet échec, retentissant et pourtant silencieux, a clos les recherches sur la théorie de l'équilibre général de marché. Mais il n'a pas clos les recherches menées à partir de l'outillage que les néoclassiques avaient forgé pour cet objectif, bien au contraire.

Ainsi Arrow, le premier, a cherché à comprendre ce qu'il pouvait en être du comportement d'un individu instrumentalement rationnel en dehors d'un univers walrassien. Que se produit-il lorsque le système de marché est incomplet (en raison de l'absence de marché futur) ? Que se produit-il lorsque le bien échangé est imparfaitement défini (problème de l'organisation du système de soin ou encore des "lemons" d'Akerloff (1970)) ? Que se produit-il lorsque la relation marchande doit s'inscrire dans la durée (problème de l'organisation de la production, repris ensuite par Williamson (1975, 1985)) ? A toutes ces questions, la réponse apportée par Arrow est claire : l'accord entre les *homo oeconomicus* est rendu impossible par l'ab-

19. Pour plus de développements sur cette impasse, voir (Postel, 2003)

sence de confiance mutuelle. Cette confiance nécessaire à l'échange doit être rendue possible par des règles et normes sociales extérieures à l'interaction. Ces règles peuvent être "des normes morales" partagées ou encore des "règles coercitives" (comme dans la perspective hobbienne) fondées sur une relation d'autorité[20]. Le testament théorique d'Arrow est donc clair : "*la rationalité nécessite des conditions d'exercice qui sont très rarement réunies*" (Arrow, 1986, p.43) ou encore, dans un autre texte : "*du point de vue de l'efficience comme du point de vue de la justice distributive, il faut quelque chose de plus que le marché*" (Arrow, 1974, p.24). Autrement dit, les recherches menées à partir de l'hypothèse standard de rationalité appliquée en dehors du marché walrassien (marché à ce point spécifique qu'il ne comporte, rappelons-le, aucun échange direct entre acteur...) attestent de l'incapacité d'*homo oeconomicus* à prendre lui-même en charge la question de la coordination, y compris dans le cadre d'un échange marchand.

Ces analyses néoclassiques des limites de la rationalité instrumentale – que l'on peut tout aussi bien repérer en théorie des jeux – ont donné lieu à deux types de développement. Le premier consiste à prendre acte de ces limites et à prendre en compte les règles et normes, c'est la stratégie que nous qualifierons d'institutionnaliste, qui est selon nous au centre de l'hétérodoxie, et que nous étudions dans la partie suivante. La seconde stratégie, cohérente dans son acharnement, consiste à maintenir coûte que coûte cette hypothèse comme principe unique d'analyse quitte à augmenter encore les capacités calculatoires et manipulatrices des individus et à proposer une représentation du monde où seul le comportement stratégique peut exister, envers et contre toutes les évidences empiriques du contraire. C'est la stratégie de la théorie standard étendue (modèle principal agent, théorie des contrats, etc....) parfaitement conforme à la définition formelle de l'économie, telle qu'exprimée par Polanyi. Elle nous fait paraître de plus en plus nettement à quel point cette définition, une fois sortie de la perspective de l'équilibre général ou du mythe du marché autorégulateur, ne peut en aucun cas nous servir de boussole. La théorie standard à travers ses extensions récentes a vocation à traiter en effet :

- De tous les comportements rationalisables, même extra économiques (le mariage, le choix de faire des enfants et de les éduquer, le vote, la construction de relations amicales). Or quel comportement ne peut être après coup rationalisé, pour peu que l'on produise les hypothèses adéquates[21]?

---

20. Cette séquence critique d'Arrow est développée plus longuement dans par Postel (Postel, 2003 et 2007a) ; retenons simplement ce constat lourd de sens d'Arrow : "*le plus simple en apparence des actes individuels nécessite la participation de la société dans son ensemble*" (Arrow, 1967, p.63).

21. Maurice Godelier, dans une perspective polanyienne, signalait déjà fort bien la vacuité épistémologique d'une telle extension. "*L'analyse du comportement rationnel se présente donc comme la recherche théorique des conditions de possibilité à atteindre un objectif quelconque compte tenu d'un jeu déterminé de contraintes. Comme toute activité finalisée a la possibilité de posséder une logique qui en assure l'efficacité face à une série de contraintes, la théorie du comportement rationnel se pré-*

- Mais pas de tous les phénomènes économiques, puisque certains ne peuvent pas être retranscrits comme étant l'effet de choix rationnels (par exemple : l'action collective, la coopération, la consommation éthique, l'amour du travail bien fait, l'économie solidaire, la protection sociale fondée sur des cotisations solidaires, le don/contre-don, l'évolution des règles collectives, ...)

La question ne laisse de se poser : une définition du champ de la science économique qui conduit les économistes à laisser de côté des pans entiers de la vie économique tout en s'aventurant à traiter de phénomènes non économiques, une telle définition est-elle vraiment rigoureuse ? N'est-ce pas là le signe, annoncé par Polanyi, d'une inadaptation profonde de la définition de l'économie formelle à ce que l'on attend du travail de l'économiste ? Nous suivons donc Polanyi, aujourd'hui davantage encore qu'hier, dans sa critique de l'approche formelle ; cette approche est, à la fois, ontologiquement illusoire (car le principe du marché autorégulateur est un mythe), politiquement orientée (car son assise suppose une organisation libérale de l'économie) et désormais épistémologiquement incomplète (depuis que la crise du paradigme de l'équilibre général a laissé orphelin les concepts de rareté et de rationalité qui en découlaient). Ce point est important puisqu'il légitime d'une certaine manière la recherche d'autres approches, hétérodoxes, de l'économie. Mais pour qu'un paradigme succède à un autre, il ne suffit pas que l'un soit en crise. Il faut aussi que l'autre se constitue avec un minimum d'unité. La définition substantielle de l'économie peut-elle servir un tel projet ?

3. Apports et limites de la définition substantive de l'économie

La définition "substantive" de l'économique par Polanyi, est très largement débattue dans le champ de l'anthropologie économique[22] mais l'est peu dans le champ des sciences économiques. Notre contribution prend donc le risque d'ouvrir un débat qu'elle ne pourra pas entièrement clore. De plus, nous cherchons à saisir le sens de la proposition polanyienne depuis les sciences économiques, et non depuis une position extérieure, ce qui ne nous permet pas de débuter notre analyse par une référence fouillée à la littérature anthropologique. Mais malgré ces deux obstacles, il nous semble utile et même urgent de tenter de critiquer la définition de Polanyi. Cette critique a en effet un enjeu essentiel : celui de pouvoir identifier, ou non, une définition commune de l'économique à même de fédérer les différentes approches dites "hétérodoxes" qui ne se reconnaissent pas dans la définition for-

---

sente nécessairement, si le contenu de l'activité reste indéterminé, comme la théorie formelle de toute action finalisée, comme une logique (...), comme une praxéologie. Cette théorie des formes générales de l'action finalisée peut-elle se constituer comme science et éviter d'être autre chose qu'une réflexion vide et inutilement compliquée sur des concepts généraux tels que : la fin, les moyens, le plan, l'efficacité, la correction, etc. ?" (Godelier, 1971, pp. 18-19)

22. (Isaac, 2005) présente la réception de l'œuvre de Polanyi dans ce champ, (Topik, 2001) présente un bilan plus critique de son approche.

melle. Notre ligne argumentaire est la suivante : pour rendre cette définition opératoire il faut être, finalement, plus institutionnaliste – ou plus polanyien ? – que Polanyi...

3.1. L'économie substantive : "besoin-nature-institution"

Karl Polanyi cherche, après *La grande transformation*, à élaborer une autre définition de l'économie, replacée dans le giron d'une science sociale réunifiée : "*nous nous proposons essentiellement de déterminer le sens du terme "économique" de telle sorte qu'il puisse s'appliquer uniformément à toutes les sciences sociales*" (Polanyi, 1957a, p.239)[23]. Dans ce cadre il propose de rassembler les chercheurs en sciences sociales autour d'une définition de l'économie substantive : "*qui tire son origine de la dépendance de l'homme par rapport à la nature*" (ibid., p. 239), c'est-à-dire d'une sorte d'universel empirique de la condition humaine. Cet universel le conduit à une nouvelle définition de l'économie "substantive" comme "*procès institutionnalisé d'interaction entre l'homme et son environnement qui se traduit par la fourniture continue des moyens matériels permettant la satisfaction des besoins*" (ibid., p. 242).

Le premier palier de cette définition est donc la nature. D'une certaine façon, Polanyi assume l'ancrage naturaliste de sa définition tout en soulignant cependant "*qu'aucun concept purement naturaliste de l'économie ne peut concurrencer l'analyse économique dans l'explication des mécanismes dans lesquels l'homme assure son existence dans un système de marché*" (ibid., p.236). Polanyi sait bien que l'homme, dans les sociétés occidentales, n'est plus dans un rapport direct à la nature – à supposer qu'il l'ait un jour été - ni dans une économie de subsistance ; mais il cherche à faire apparaître ce cas particulier comme s'intégrant quand même dans une perspective générale, laquelle, assure-t-il, trouve son origine dans cette dialectique homme/nature. Cette assise est étrange, quand on a suivi en particulier avec quelle lucidité Polanyi rejette par ailleurs le naturalisme des Classiques et le concept de rareté comme fondement universel de l'économie (Berthoud, 1986a). C'est qu'au concept de rareté, Polanyi suggère de substituer celui de besoin, second stade de sa redéfinition. En effet, souligne-t-il : *"à moins qu'un homme n'ait à manger, il doit mourir de faim, qu'il soit ou non rationnel*" (Ibid., p.236). Cette translation est cependant moins anodine qu'il n'y parait puisqu'elle déplace la contrainte d'où nait le problème économique depuis une perception subjective (le sentiment de rareté) jusqu'à un problème objectif (le besoin vital de nourriture). Cette translation, habile, permet à Polanyi d'identifier un universel humain qui ne soit pas un sous produit d'une époque, mais qui tienne à la condition humaine.

23. On retrouve sur ce point le projet des premiers "socio-économistes" (Orléan, 2005)

Le troisième stade de sa définition est institutionnel. En effet "*si ce procès économique se limitait à une interaction mécanique, biologique et psychologique des éléments, il ne posséderait pas de réalité globale. (...). D'où l'importance fondamentale de l'aspect institutionnel de l'économie*" (Ibid., p. 244). L'institution est ainsi ce qui détermine ce qu'est l'économie dans un lieu et un temps donné. Contre la "robinsonnade" d'un homme seul face à la nature, Polanyi défend la thèse qu'il y a toujours institution sociale de l'ordre économique. En définitive, la nature n'est convoquée que pour souligner le caractère "universel" car indispensable d'une telle institution. Toute collectivité "produit" une structure institutionnelle pour organiser ses rapports matériels avec la nature : voilà pour Polanyi le fait économique fondamental. La définition substantive de l'économie est donc avant tout une définition sociale. Toutes les sociétés ont nécessairement leur part "économique" et celle-ci est toujours déjà "encastrée", insérée dans le social. C'est le point de départ des études d'anthropologie et d'histoire comparative (Garlan, 1973 ; Valensi, 1974) que propose Polanyi avec en particulier l'étude des deux grandes formes d'économie encastrée qu'il repère : la redistribution qui fonctionne selon le modèle social de la centralité, et la réciprocité qui fonctionne avec un modèle social fondé sur la symétrie[24]. On notera que le système de marché autorégulateur a pour caractéristique de n'être pas "encastré" mais au contraire de soumettre la société à une certaine forme de l'économique, et que c'est cette caractéristique qui rend ce modèle non viable. La "grande transformation", pour Polanyi, donne naissance à une économie de marché moderne qui est ré-encastrée et il convient précisément de comprendre comment.

On peut tenter de présenter la définition substantive de l'économie à l'aide d'un triptyque ayant la prétention d'englober le triptyque formel. D'une certaine manière en effet Polanyi indique que la biologie humaine, la situation naturelle de l'homme, permet de faire émerger la notion universelle de besoin, puis celle d'institution permettant d'y faire face. Ainsi émerge le triptyque "nature-besoin-institution", le marché n'étant qu'une des institutions envisageables dans ce cadre. Une institution, qui plus est, "encastrée" dans la société – comme toute formule institutionnelle viable socialement selon Polanyi. Cette définition est forte de sa généralité : "*Seul le sens substantif d'économique est capable de produire les concepts qu'exigent les sciences sociales pour analyser toutes les économies empiriques du passé et du présent*" (Polanyi, 1957a, p.239). Cette généralité est un progrès important pour l'analyse de l'économique dans les sciences sociales[25]. Mais pour autant est-elle véritablement satisfaisante ?

24. Deux modèles auxquels il ajoute l'économie domestique, autarcique, qu'il repère chez Aristote.

25. L'histoire et l' "ancienne" sociologie économique (Swedberg, 1987 ; Steiner, 1999), depuis Marx jusqu'à Polanyi en passant par Weber, pour ne citer qu'eux, nous ont appris à décrire et comprendre, en leur spécificité technique politique et culturelle, les différents modes de production, de distribution et de consommation de ressources propres à telle ou telle société humaine. Le capitalisme, quelles que

3.2. "Nature-besoin-institution" : un économisme de niveau 2 ?

Ce travail de redéfinition de l'économique est connu et commenté (Godelier, 1975 ; Berthoud, 1986a ; 1986b ; Caillé, 2005). Reste tout de même, selon nous, une interrogation qui tient au fait que Polanyi n'explicite aucunement les concepts d'institution et de besoin qu'il convoque dans son élaboration de la notion transhistorique d'économie substantive. On peut sans doute percevoir relativement bien ce que peut être une institution qui assure la subsistance dans une société[26]. Mais pour autant et en ne se plaçant plus sur le plan de l'observation mais sur celui de la théorisation, est-ce là la limite de l'économique ? Certainement pas pour Polanyi, qui insiste au contraire sur le fait que sa définition embrasse tous les aspects "matériels" qui ont trait à la satisfaction des besoins :

> *"[besoin matériel] ne doit pas être interprété comme signifiant que les besoins qu'il s'agit de satisfaire sont exclusivement des besoins physiques, tels que la nourriture ou l'habitat, aussi essentiels soient-ils pour la survie, car ceci restreint de façon absurde le champ de l'économie. Ce sont les moyens, non les fins, qui sont matériels. Peu importe que les objets soient nécessaires à prévenir la faim, ou nécessaires à des objectifs d'éducation, militaires ou religieux. Tant que les besoins dépendent pour leur satisfaction d'objets matériels, la référence est économique.".* (Polanyi, 1986, p. 21).

Or, outre que le qualificatif "matériel" fait vraiment problème pour nos économies tertiarisées[27] – ce qui est gênant dans une perspective qui se veut historiciste et constructiviste - il faut admettre que cette définition générale n'est pas suffisamment synthétique pour circonscrire avec précision le champ économique. On voit mal, en effet, ce que l'on peut exclure du champ des besoins, si l'on n'entend pas par besoins les seules conditions de subsistance, par ailleurs elles-mêmes

---

soient ses figures, n'est qu'un de ces modes, dominant certes, mais somme toute fort récent. Beaucoup plus récent que le mode de production domestique dont nous parle Sahlins (1976).

26. "Relativement bien", disons-nous, tout en sachant pertinent que la notion de "subsistance", en dépit de son ancrage naturel et contre toute réduction vitaliste de l'existence humaine, doit aussi être envisagée d'un point de vue antinaturaliste, c'est-à-dire comme relevant dans son sens effectif d'une construction sociale propre à une communauté humaine à tel moment de son histoire. Pour une réflexion antinaturaliste sur l'énigmatique notion de besoins naturels chez l'homme, on pourra lire Castoriadis (1976).

27. Ce que Polanyi pressent indiquant, maladroitement : "*La satisfaction des besoins est matérielle si elle implique l'usage de moyens matériels pour satisfaire des fins ; lorsqu'il s'agit d'un type précis de besoins physiologique tels que la nourriture et le logement, seuls ce qu'on appelle les services entrent en jeu*" (Polanyi, 1957, p. 243). Outre que cette remarque est bien difficile à saisir (en quoi la nourriture renvoie-t-elle au service ?) ces implications sont lourdes et non assumées : car faut-il en conclure que les services sont en dehors de l'économie ? Et avec eux la question de la nourriture ? Dans ce cas, c'est l'ensemble de la notion polanyienne d'économie qui tombe…

problématiques pour tout antinaturalisme conséquent. D'une certaine manière, cette définition pose le même type de problème que la définition formelle : elle n'embrasse pas tout le processus économique, et elle n'embrasse pas que le processus économique. Plus généralement, l'absence de précision concernant le champ des "besoins matériels" fragilise fortement l'objectif universaliste de Polanyi, puisque certaines sociétés bornent le champ des besoins auxquels elles répondent de manière collective à ce qu'elles se représentent comme étant les seuls biens de subsistance tandis que d'autres s'organisent pour susciter toujours de nouveaux besoins et y répondre. Pour le dire de façon générale, la notion de besoin est elle-même toujours déjà *socialement instituée*[28]. Et Polanyi le reconnaît d'ailleurs explicitement :

> "*En l'absence de toute indication sur les conditions sociales d'où émanent les motivations des individus, il n'existerait que peu de choses, sinon rien, qui permette d'affirmer l'interdépendance et la récurrence de ces mouvements sur lesquels reposent l'unité et la stabilité du processus* [économique]" (Polanyi, 1957a, p. 243).

Mais alors, que signifie l'ancrage naturaliste de la définition de Polanyi ? Comment comprendre exactement le rapport qu'entretient la notion de besoin avec la nature d'une part, et l'institution d'autre part ?

De cette première interrogation, en jaillit une autre : une fois déstabilisée, la notion de besoin ne permet en effet plus de bien comprendre le rôle des institutions. Dans une première lecture, on peut comprendre que la nécessaire satisfaction des besoins naturels légitime la présence d'institutions permettant d'y répondre efficacement. Mais une fois que la vacuité de cette notion de "besoins naturels" est mise en lumière... on ne peut plus concevoir que l'institution tire sa légitimité de besoins eux même institutionnellement ou socialement conçus. Cette circularité de la légitimation de la notion d'institution par celle des besoins est en fait, d'une certaine manière, l'impasse de toute position fonctionnaliste. Il n'est pas sûr, en définitive, que la définition que propose Polanyi de l'économie substantive y échappe complètement.

La définition polanyienne de l'économie n'est donc pas parfaitement satisfaisante, et ce en raison de son assise curieusement naturaliste. Karl Polanyi est, sur

28. Pour lever définitivement toute ambiguïté naturaliste dans la définition substantive, on peut suivre Alain Caillé qui propose, dans une terminologie stoïcienne, la reformulation suivante : "L'activité économique a trait aux moyens mis en œuvre pour obtenir des biens ou des qualités désirables – appelons les des désirables – par une dépense d'énergie pénible parce que contrainte" (Caillé, 2005, p. 219). Car pour lui dans une perspective toute sartrienne (Sartre, 1960), la rareté n'est "*ni un absolu ni une chose: Effet autant que cause, elle ne précède pas, au titre de matrice originelle, les systèmes sociaux. Elle est leur corrélat, selon un mode qui n'est pas tant le produit passif d'une nécessité naturelle que la mise en forme d'une logique proprement symbolique et sociale*" (Caillé, 2005, p. 52).

ce point, ambigu : il cherche à énoncer des propositions sur ce qu'est l'économique en général, selon une visée naturaliste, tout en privilégiant l'ancrage institutionnel. Sans doute est-ce contradictoire. L'économie est définie à partir des besoins matériels, de la nécessité de vivre et de reproduire la vie pour tout collectif humain. Polanyi constate ensuite que les groupes humains subsistent en vertu d'une interaction institutionnalisée (donc à analyser à chaque fois de façon spécifique) avec leur environnement matériel. C'est la thématique philosophique de la finitude humaine : l'existence humaine s'insère dans des limites physiques et biologiques, et l'économique, c'est l'organisation (institutions et règles) à chaque fois différente de cette contrainte (la marchandisation en est une perversion récente et dangereuse, rien de plus). Mais la difficulté vient de ce qu'il faut penser à la fois notre appartenance au monde vivant (mais peut-on parler d'une sphère économique chez les vivants ?) et notre rupture avec lui (la culture comme spécificité humaine). L'économicité constitue-t-elle une catégorie permettant de penser cette différence ? Assurément non pour Karl Polanyi qui en critique la fausse universalité. Elle ne peut pas être le fondement d'une Science Économique pertinente ; au mieux d'une anthropologie universaliste et essentiellement normative. Soit. Mais alors de deux choses l'une :

1. Ou bien il faut trouver un "universel de substitution" à mettre en face, candidat au remplacement de l'économicité comme principe anthropologique de base sur lequel ériger une science économique, qui fasse autant que lui et aussi bien.
2. Ou bien cette recherche d'universel économique est toujours une illusion et tout n'est qu'analyse concrète de situation concrète à chaque fois nouvelle, en dehors de toute visée scientifique de type naturaliste à la manière des sciences physiques. C'est une position dont Louis Dumont propose de radicaliser l'historicisme à partir de sa lecture de Karl Polanyi. Dans sa préface à *La grande transformation*, il propose de "*refuser jusqu'au bout la compartimentation que notre société et elle seule propose, et au lieu de chercher dans l'économie le sens de la totalité sociale – ce à quoi Polanyi s'est certes opposé – de chercher dans la totalité sociale le sens de ce qui est chez nous et pour nous économie.*" (Dumont, 1983, p. XXVI)[29].

Entre ces deux options, Polanyi semble, par sa définition, revendiquer la première. En ce sens il s'inscrit dans ce que nous proposons d'appeler "économisme de niveau 2". Mais il échoue à nous convaincre de son succès dans l'identification de "l'universel" économique avec sa définition substantive, et son imprécise utilisation du concept de "besoin". Plus généralement cette définition semble finalement en

29 Parmi les chercheurs français en sciences sociales qui cherchent à rendre compte de la place et du sens de la "sphère économique" aujourd'hui, les travaux de Maurice Godelier (1984), mais surtout de Michel Freyssenet (1990a) et de Bruno Théret (1992) présentent trois perspectives différentes mais complémentaires prolongeant cette exigence historiciste formulée par Louis Dumont.

porte à faux au regard de ce que son élève, Anne Chapman souligne comme étant son véritable objet : "*son intérêt réside dans les institutions humaines, tout autant que dans la place de l'économie dans les différentes sociétés au cours du temps*" (Chapman, 2005, p.19). Notre critique de la définition substantive nous conduit ainsi à creuser davantage la dimension institutionnaliste de l'approche polanyienne, et à assumer, avec et au-delà de la définition polanyienne, le principe de créativité et de contingence humaine qui la sous-tend.

4. Polanyi contre Polanyi

Le mot institution chez Polanyi renvoie à la notion de structure sociale. Cette structure sociale est prégnante et toujours déjà première par rapport aux comportements individuels. Polanyi précise assez longuement que "*si les effets sociaux du comportement individuel dépendent de la présence de conditions institutionnelles déterminées, celles-ci ne résultent pas pour autant du comportement personnel en question.*" (Polanyi, 1957a, p.245). Polanyi est donc holiste, et d'une façon très spécifique : il mobilise le rapport de l'homme à la nature pour préciser l'origine, obscure, de ces institutions. Pourtant, on l'a vu, cet ancrage naturaliste ne tient pas parce qu'on ne peut expliquer en même temps la diversité des modèles institutionnels et leur origine naturelle commune. Comment sortir du piège ? Un premier pas consiste, comme on vient de le suggérer, à renoncer à toute visée universaliste pour situer la pertinence d'une approche théorique au regard d'un temps et d'un lieu[30]. Ce faisant, on n'a fait que la moitié du chemin, puisque les structures institutionnelles ne sont alors plus adossées à rien : comment en rendre compte sans faire appel à une efficace structuraliste ou à la créativité sans acteur d'un "imaginaire social" hypostasié[31] ?

4.1. Liberté et choix des institutions

La réponse nous est suggérée par les réflexions de Polanyi quant au sens de la "*liberté dans une société complexe*"[32]. La question de la liberté est absolument centrale pour Polanyi et explique sa réticence face au marxisme, dont il déplore le mé-

30. On rejoint ainsi l'exigence épistémologique sous laquelle J.-C. Passeron (2006) place la spécificité du travail théorique des sciences de l'homme et de la société, à la différence des disciplines logico-formelles et des disciplines empirico-formelles.

31. Comme c'est selon nous le cas – sous des modalités différentes et malgré l'apport antinaturaliste – des perspectives historicistes radicales sans acteurs véritables, notamment celles de M. Freyssenet (1990 a ; 1990b) et de Bruno Théret (1992), ainsi que celle de Castoriadis (1975).

32. Ce qui est le titre du dernier chapitre de "*La Grande Transformation*" (Polanyi, 1983, chap.21) mais aussi d'un recueil de texte publié, en italien, par Alfredo Salsano (1987) et largement commenté dans (Maucourant, Servet, Tiran, 1998).

canicisme, et son rejet de plus en plus net de l'Union Soviétique[33].Cette question de la liberté se pose au travers d'une double exigence que Polanyi indique dans une lettre à Von Mises (citée par J. Maucourant (1993)) : "*L'essor de la productivité maximale d'un côté et le principe de la justice de l'autre constituent l'essence de notre concept d'économie socialiste*" (Polanyi, 1924). Cette double exigence est posée dés le départ de la réflexion de Polanyi, et montre à quel point, la question matérielle (ou vitale, pour faire signe à la célèbre trilogie d'Arendt (1983)) de l'efficacité est immédiatement compensée par la question éthico-politique de la justice. Polanyi se situe d'emblée dans une perspective de philosophie politique et insiste sur la dimension éthique du comportement économique[34]. Pour autant, il ne rabat pas la dimension éthique sur une position morale ou essentialiste mais la prolonge au contraire par une réflexion sur la manière dont la collectivité, en se choisissant des institutions, dessine une trajectoire éthique. C'est cette exigence qui rend complexe la lecture de Polanyi, lequel peut ainsi être considéré précurseur du dépassement de l'opposition entre holisme et individualisme qui hante aujourd'hui les sciences sociales. Ce vers quoi pointe son analyse est précisément le principe, fort ancien, de la liberté qu'ont les acteurs d'édifier des règles collectives qui sont autant de signes qu'ils ne sont pas "contraints" par un quelconque déterminisme transcendant ou naturel. L'analyse de Polanyi ménage un espace pour cette capacité d'action dans la collectivité humaine, capacité politique qui conduit à la production des règles de la cité et qui soutient un sens : "*Les institutions sont les incarnations d'un sens et d'un projet humain*" (Polanyi, 1944, p. 326)[35].

L'analyse polanyienne du libéralisme et de l'économie formelle montre à quel point il saisit les dangers d'un système qui "instrumentalise" l'être humain et lui ôte toute disposition pratique. Pour le paraphraser, on pourrait dire que le postulat de rareté associé au mécanisme de marché enferme l'individu dans le choix des moyens et l'empêche précisément d'accéder à l'existence sociale en participant, en tant qu'acteur, au choix des institutions. S'il est entendu que l'*homo oeconomicus* ne peut être au fondement des institutions de la société, faut-il pour autant nier tout lien entre l'acteur et les institutions ? L'histoire même de l'institution du marché autorégulateur, comme "*exception historique construite par l'État*", devrait inciter Polanyi à répondre par la négative ! Car enfin, si cette institution n'a aucun fonde-

33. C'est ce que défend vigoureusement sa fille Kari Polanyi-Levitt (1998, 2005). Sur l'éloignement progressif vis-à-vis de Marx, voir Block (2003) et Maucourant (2000). L'ambigüité des rapports de Polanyi à l'égard du marxisme se lit aussi dans sa recension du livre de Sweezy (Polanyi, 1954).
34. Ce que soulignent avec force J. Maucourant, J.-M. Servet et A.Tiran : "Les derniers écrits de Polanyi après *la grande transformation* et *the livelihood of man* relèvent de la philosophie politique et de l'éthique" (Servet, Maucourant, Tiran, 1998, introduction, p.XX).
35. On ne peut qu'être surpris si l'on compare cette remarque à celle de J. D. Reynaud, grand penseur de la régulation sociale : "*Créer des règles de relation, c'est donner un sens à l'espace social*" (J.D. Reynaud, 1989, p.280).

ment naturel[36], ni aucune nécessité historique, c'est qu'elle est bien le fruit d'une action humaine – ce que Karl Polanyi décrit d'ailleurs tout au long de *La grande transformation*. Finalement Karl Polanyi ne peut raisonnablement être naturaliste et pour que son institutionnalisme ne tourne pas à vide – c'est-à-dire ne soit pas un mot savant mis à la place d'un problème –, il faut mobiliser le concept d'acteur économique "délibératif", ou encore de raison pratique[37]. Ce que Polanyi ne fait certes pas, mais ce que tout le mouvement de sa pensée suggère, ou, en tout cas, rend nécessaire pour sortir de l'impasse dans laquelle il nous laisse après avoir, à juste titre, rejeté l'idée d'économie formelle.

4.2. Vers un triptyque "besoin-institution-raison pratique "

Au triptyque "nature-besoin-institution" on serait donc enclin à substituer un triptyque "besoin-institution-raison pratique". Ce glissement nous permet en effet de suggérer que la notion de besoin naturel, si elle est sans doute à l'origine de la question économique, ouvre immédiatement, parce qu'elle reçoit une réponse collective institutionnelle, à celle de la justice et donc de la raison pratique. L'ancrage naturaliste n'est qu'un leurre, sans doute maladroit, dans la définition de Polanyi. L'introduction de la raison pratique n'est cependant pas un ajout inoffensif : il conduit bien sûr à produire une conceptualisation, exigeante sur le plan antinaturaliste, à la fois de la notion de besoin et de celle d'institution. Il n'entre pas dans le cadre de cet article portant sur la définition de l'économie par Polanyi de développer les lignes d'une problématique véritablement institutionnaliste en économie. Les projets théoriques de l'économie des conventions ou de l'école de la régulation pointent d'ores et déjà cet agenda théorique d'une économie institutionnaliste assise sur un acteur doté d'une capacité pratique à raisonner non seulement sur l'efficace mais aussi sur le juste (Postel, Sobel, 2006). Les importants écrits de Lawson, visant à un pluralisme "structuré", mettent eux aussi en avant la fécondité d'un tel programme de recherche (Lawson, 2003). Dans cette optique, notre analyse critique de Polanyi permet de concevoir une définition de l'économique qui puisse fédérer effectivement les recherches hétérodoxes institutionnalistes. Dans un champ davantage enclin à la différenciation critique qu'à l'unité théorique, l'existence d'un tel point de repère commun est essentielle[38].

---

36. Ce qui ne signifie bien sûr pas – levons encore un fois le malentendu – qu'elle n'ait aucune assise naturelle, aucun substrat sur laquelle elle prend appui pour déployer une certaine forme.
37. En utilisant cette terminologie de raison pratique, nous nous situons délibérément dans la tradition aristotélicienne (Aubenque, 1963) qui trouve, dans la période contemporaine, une reformulation dans la philosophie de l'action d'Hanna Arendt (1983). Il y aurait bien sur – mais cela dépasse les ambitions de cet article et les compétences de ses auteurs – tout un travail à faire pour mettre en lien Karl Polanyi et la philosophie pragmatiste américaine.
38 Sur cette question de l'unification possible du champ hétérodoxe autour de la problématique institutionnaliste on peut se reporter aux analyses de (Postel, 2007b) et (Théret, 2000) ou bien encore à l'excellente mise en perspective historique de (Chavance, 2007).

Qu'avons-nous en effet appris au terme de cette lecture critique de Polanyi ? Qu'on ne peut plaquer, sans plus de procès, une ambition institutionnaliste sur une considération aussi générique que "l'espèce humaine et ses besoins" sans prendre appui sur la pierre angulaire de tout institutionnalisme conséquent : la catégorie antinaturaliste d'acteur ou de raison pratique. Tout comme l'économie substantive, mais "l'économisme de niveau 2" en moins, cette économie pratique a vocation à être pleinement réintégrée dans les sciences sociales et assise sur le principe d'une diversité des modèles institutionnels envisageables, signe de la liberté et de la créativité de l'homme face à l'environnement naturel dans lequel l'humanité comme espèce prend place. Dans ces conditions, existe-t-il encore un champ particulier de connaissances dites "économiques" ? Pour nous, en général : non ; en particulier : oui. Dans une organisation sociale donnée, l'économiste peut encore avoir quelque chose de spécifique à dire en se concentrant sur le domaine des interactions sociales qui concerne la production, la répartition et la consommation des richesses[39]. Cette position implique cependant une surdétermination du "social" par rapport à l'"économique" : si la manière de faire face aux besoins est un fait social, alors l'économie s'insère dans les sciences sociales, non pas dans une position de subordination mais dans une position de travail en commun[40]. Il faut alors dire clairement ce qu'une telle posture implique. Sorti de quelques grandes formules sur le travail, la production, la rareté, la consommation – bref, d'une philosophie économique (Berthoud, 2002)[41] – il n'y aurait pas vraiment de Science Économique Générale, mais simplement des théories socioéconomiques particulières, à chaque fois contextualisées. Bien sûr, certaines de ces théorisations particulières seraient plus complexes que d'autres et pourraient présenter un certain degré de formalisation, se faisant écho du caractère déjà abstrait et complexe des pratiques historiquement déterminées dont elles essaient de rendre compte. C'est le cas des théories du mode de production capitaliste telles l'approche classique, l'approche néomarxiste, les approches postkeynésiennes (identifiant une économie monétaire de production), les approches institutionnalistes (de type régulationniste, conventionnaliste, sociétal).

---

39. Par exemple, le système capitaliste – lequel est distinct du principe de marché autorégulateur – peut constituer un objet de connaissance propre aux économistes. Étudier le capitalisme, c'est étudier l'ensemble des formes institutionnelles qui le caractérise, et qui ne se laisse pas réduire au marché, surtout pas dans des économies où la moitié environ des richesses sont redistribuées par l'État (où l'on reconnaît la "redistribution" comme modèle social de gestion de l'économique).

40. C'est encore un point d'accord avec Lawson (2005, p.17) : "*Par conséquent je pense que nous devons accepter qu'il n'y a aucune base légitime à distinguer une science économique autonome. Les sciences économiques doivent être considérées comme tout au plus une forme de division de travail au sein des sciences sociales*". Mais fort curieusement, Lawson ne cite pas Polanyi comme fondement d'une ontologie hétérodoxe, bien que sa conception en soit très proche.

41. Mais ce disant, il reste encore à trancher sur le statut d'une telle philosophie : car, pas plus que le champ économique, le champ philosophique n'est homogène : des positions essentialistes et des positions historicistes s'y affrontent depuis toujours, même si la visée essentialiste domine le plus souvent (Rosset, 1973).

Polanyi nous donne un point d'appui essentiel pour fonder une perspective institutionnaliste en économie. Mais sa définition ne devient opératoire qu'à condition de lever toute ambigüité quant à l'assise naturaliste de la définition substantive, laquelle court le risque de soutenir, finalement, un autre économisme (niveau 2) que l'économisme dominant (niveau 1). Cela passe par une réflexion sur la liberté de l'acteur quant à la définition institutionnelle de ces besoins et des manières collectives de les satisfaire, une liberté à agir sur et dans les institutions. Une telle capacité implique d'élargir la représentation de l'acteur économique au-delà de la simple rationalité instrumentale et vers une forme de raison pratique. La question en sciences sociales reste finalement indéfiniment la même : sommes-nous capables de tenir jusqu'au bout une position radicalement antinaturaliste ?

BIBLIOGRAPHIE

Akerloff George A, (1970), "The Market for Lemons: Qualitative Uncertainty and the Market Mechanism", *Quarterly Journal of Economics*, vol. 84, pp.488-500.

Arendt H. (1983), *La condition de l'homme moderne*, Paris, Agora Pocket/ Plon

Arrow K. J. (1951), "An extension of the basic theorem of classical welfare economics", in, J Neyman (ed), *Proceedings of the Second Bekerley Symposium on Mathematical Statistics and Probability*, pp.507-532.

Arrow K. J. (1963), *Social Choice and Individual Values*, New Haven, Yale University Press.

Arrow K. J., (1967), "Values and collective decision making", in Laslett and Ruciman (Eds) *Philosophy, Politics and Society*, Third series, Oxford, Basil Blackwell. Repris dans *The Collected Papers*, vol.1, pp.59-77.

Arrow K. J. (1974), *The Limits of Organisations*, New York, Norton (Ed. Française: 1976, *Les limites de l'organisation*, Paris, PUF).

Arrow Kenneth J. (1986), "Economic Theory and the Hypothesis of Rationality", *Journal of Business*, Vol. 59, n° 2, pt 4. Repris dans J. Eatwell (ed), *The New Palgrave*, pp.69-75.

Arrow K. J., Debreu G. (1954), "Existence of an equilibrium for a competitive economy", *Econometrica*, vol. 22, pp.265-290.

Aubenque P. (1963), *La prudence chez Aristote*, Paris, PUF.

Bataille G. (1967), *La part maudite*, Paris, Minuit.

Berthoud A. (1994), "Remarques sur la rationalité instrumentale", *Cahiers d'économie politique*, n°24-25, pp 105-124.

Berthoud, A. (2002), *Essais de philosophie économique*, chapitre 5, Villeneuve d'Ascq, Presse universitaire du Septentrion, pp. 195-226.

Berthoud G. (1986a), "L'économique en question", *Bulletin du MAUSS*, n°18, pp. 65-92.

Berthoud G. (1986b), "Dichotomie ou totalité", *Bulletin du MAUSS*, n°19, pp. 115-137.

Block F. (2003), "Karl Polanyi and the writting of *The Great Tranformation*", *Theory and Society*, vol. 32, pp. 275-306.

Brousseau E. (1993), *L'économie des contrats*, Paris, PUF.

Burling R. (1962), "Maximization theories and the study of Economic Anthropology", *American Anthropologist*, n°64, pp. 802-821.

Caillé A. (2005), *Dépenser l'économique*, Paris, La Découverte.

Castoriadis C. (1975), *L'institution imaginaire de la société*, Paris, Le Seuil.

Castoriadis C. (1976) "Valeur, égalité, justice, politique de Marx à Aristote et d'Aristote à nous", *Les carrefours du labyrinthe*, Paris, Seuil, pp. 249-315.

Chapman A., (2005), "Karl Polanyi (1886-1964) for the students", in Rouillard Pierre (2005), *Autour de Polanyi*, Coll. Colloques de la maison René-Ginouves, Paris, De Boccard, pp. 17-32

Chavance B., 2007, *L'économie Institutionnelle*, Paris, Repères/La Découverte.

Dalton G. (1987), "Karl Polanyi", in Eatwell J., Milgate M. et Newman P. (Sous la direction de), *The new Palgrave Dictionnary of economics*, vol. 3, London, The Macmillan Press.

De Vroey M. (1984), "Marchandise, société marchande, société capitaliste : un réexamen de quelques définitions fondamentales", *Cahiers d'économie politique*, n°9, p. 109-134.

Dumont L. (1977), *Homo aequalis Genèse et épanouissement de l'idéologie économique moderne*, Paris, Gallimard.

Dumont L. (1983), "Préface", in Polanyi K., *La grande transformation*, Paris, Gallimard.

Eymard-Duvernay F. (2006) (Sous la direction de), *L'économie des conventions Méthodes et résultats Tome 1 Débats*, Paris, La Découverte.

Favereau O., Picard P. (1996), "L'approche économique des contrats : unité ou diversité ?", *Sociologie du travail*, vol. XXXVIII, n°4, pp. 276-338

Foucault M. (2004) *Naissance de la biopolitique : Cours au collège de France (1978-1979),* Paris, Seuil.

Freyssenet M. (1990a), "Le concept de rapport social peut-il fonder une autre conception de l'objectivité et une autre représentation du social", in Freyssenet M, Magri S. (dir.), *Les rapports sociaux et leurs enjeux*, tome 1, CSU, Paris, pp. 9-23

Freyssenet M. (1990b), "Le rapport capital-travail et l'économique", in Freyssenet M, Magri S. (dir.), *Les rapports sociaux et leurs enjeux*, tome 2, Paris, CSU, pp. 5-16.

Garlan Y. (1973), "La place de l'économie dans les sociétés anciennes", *La Pensée*, n° 171, dossier "Ethnologie et marxisme", pp.119-127

Godelier M. (1971), *Rationalité et irrationalité en économie*, Maspero, Paris

Godelier M. (1973), "Anthropologie et économie : une anthropologie économique est-elle possible ?", *Horizon, trajets marxistes en anthropologie*, Paris, Maspero, pp. 13-82

Godelier M. (1975), "L'œuvre de Karl Polanyi", préface à K. Polanyi, *Les systèmes économiques dans l'histoire et dans la théorie*, Larousse, 1957

Godelier M. (1984), *L'idéel et le matériel*, Fayard, Paris.

Hodgson G. (1992), "Karl Polanyi (1986-1964)", in *A bibliographical dictionary of dissenting economist*, Arestis P. & Sawyer M. (Ed.), Hants: Edward Edgar, pp. 432-438

Isaac L. B. (2005) "Karl Polanyi", in Carrier J (ed), *A Handbook of Economic Anthropology*, Northampton, Mass., Edward Elgar, pp.14-25

Laville J.-L. (1994), "Économie et solidarité : esquisse d'une problématique", in *L'économie solidaire : une perspective internationale* (Sous la direction de J.-L. Laville), Paris, Desclée de Brouwer, pp 9-89.

Lawson T. (2003), *Reorienting Economics*, London and New York, Routledge

Lawson T. (2005), "The nature of heterodox economics", *Cambridge Journal of Economics,* December, pp.1- 23.

Maucourant J (1993), "Monnaie et calcul économique selon K. Polanyi : le projet d'une économie socialiste fédérale", *Revue Européenne des sciences sociales*, vol 31, n° 96, pp.29-46.

Maucourant J. (2000), "Polanyi, lecteur de Marx", *Actuel Marx*, n°27, p. 133-151.

Maucourant J. (2003), "Le néo institutionnalisme à l'épreuve de quelques faits historiques", *Économie appliquée*, n°3, pp. 111-131

Maucourant J. (2005), *Avez-vous lu Polanyi ?*, Paris, La Dispute.

Maucourant J., Servet J.-M., Tiran A. (1998), "La réception de la pensée de Karl Polanyi", in Maucourant J., Servet J.-M, Tiran A. (dir.) *La modernité de Karl Polanyi*, Paris, L'Harmattan, pp. 385-398.

Mauss M. (1924), "Essai sur le don Forme et raison de l'échange dans les sociétés archaïques", *L'Année Sociologique*, seconde série, 1923-1924, pp. 30-86 (Repris partiellement dans *Sociologie et anthropologie*, PUF, 1950, réédition Quadrige)

Orléan A. (2005) "La sociologie économique et la question de l'unité des sciences sociales", *L'Année Sociologique*, Vol. 55, pp. 279-305.

Passeron J.-C. (2006), *Le raisonnement sociologique*, Paris, Nathan.

Polanyi K. (1924), "Die funktionnelle Theorie des gesellschaft und das Problem des sozialistische Rechnungselegung eine erwiderung an Pr L .Von Mises und Dr F. Weil" traduit en anglais par Polanyi-Levitt K., *Cahier Monnaie et Financement*, Université de Lyon2, 22, pp. 115-126.

Polanyi K. (1954), "Review of *The Present as History: Essays and Reviews on Capitalism and Socialism* by P.M. Sweezy", *The Journal of economic History*, vol.14, n°3, pp.293-294.

Polanyi K. (1957a), "L'économie en tant que procès institutionnalisé", in Polanyi K., Arensberg C.M., Pearsons H.W. (eds), pp. 239-260.

Polanyi K. (1957b), "Aristote découvre l'économie", in Polanyi K., Arensberg C.M., Pearson H.W. (eds), pp. 93-117.

Polanyi K. (1977), *The livelihood of man* (édité par H.-W Pearson), New York Academic Press.

Polanyi K. (1983), *La Grande Transformation, Aux origines politiques et économiques de notre temps* (1ière édition anglaise, *The Great Transformation*, 1944)

Polanyi K. (1986), "La fallace de l'économie", *Bulletin du MAUSS*, n°18, p.11-26 (Extrait de Polanyi (1977) traduit par Antoine Deville).

Polanyi K., Arensberg C.M., Pearson H.W. (eds) (1957), *Trade and Market in the Early Empires,* New York, The Free Press. Traduction de Claude et Annie Rivière *Les systèmes économiques dans l'histoire et la théorie*, Paris, Larousse (1975).

Polanyi-Levitt K. (1998), "Karl Polanyi, socialiste" in Servet J.-M, Maucourant J., Tiran A. (dir.) *La modernité de Karl Polanyi*, L'Harmattan, Paris, pp.5-25.

Polanyi-Levitt K. (2005), "les principaux concepts dans le travail de Karl Polanyi et leur pertinence actuelle", in Rouillard Pierre (2005), *Autour de Polanyi*, Coll. Colloques de la maison René-Ginouves, De Boccard, Paris, pp 1-15.

Posner R.A., 1973, *Economic analysis of Law*, Boston, Little Brown.

Posner R.A., 2001, *The economic structure of law, the collected economic essays of R. Posner*, Francesco Parisi ed., Edward Elgard Publishing Ltd.

Postel N. (2003), *Les règles dans la pensée économique*, Paris, CNRS Éditions.

Postel N (2007a), "Les économistes, de la recherche de lois universelles à la découverte des règles contingentes", in Berthoud A., Delmas B., Demals T. (dir) *Y-a-t-il des lois en économie?*, Lille, Presses Universitaires du Septentrion.

Postel N (2007b) "*Hétérodoxie et Institution*", *La Revue du Mauss*, n° 30, second semestre, pp 68-101

Postel N., Sobel R. (2006) "Quelle théorie hétérodoxe de l'acteur économique", in Eymard-Duvernay F. (dir.) (2006), pp. 131-150.

Reynaud J. D., 1989, *Les règles du jeu, L'action collective et la régulation sociale*, Paris, Armand Colin.

Robbins L., (1935). *Essai sur la nature et la signification de la science économique,* Librairie de Médicis (trad. Française : 1947)

Rouillard Pierre (2005), *Autour de Polanyi*, Coll. Colloques de la maison René-Ginouves, Paris, De Boccard.

Rosset C., *L'anti-nature*, Paris, PUF, 1973.

Sahlins M. (1976), *Age de pierre, âge d'abondance*, Paris, Gallimard.

Salasano A. (ed), (1987), *La liberta in una societa complessa*, Torino, Bollati Boringhieri.

Sartre J.- P. (1960), "Rareté et mode de production", *Critique de la raison dialectique*, Tome 1, Paris, Gallimard, pp. 234-263.

Servet J.-M., Maucourant J., Tiran A. (Sous la direction de) (1998), *La modernité de Karl Polanyi*, Paris, L'Harmattan.

Sonnenschein H. (1973), "Do Walras identity and continuity characterise the class of Community Excess Demand Function?", *Journal of Economic Theory*, vol 6, n°4, pp.345-354.

Stanfield D. (1980), "The institutional economics of Karl Polanyi", *Journal of economics issues,* September, pp. 593-614.

Steiner Ph. (1999), *La sociologie économique*, Paris, Repères/La Découverte.

Sudgen Robert, 1986, *The Economics of Rights, Cooperation and Welfare*, Oxford, Basil Blackwell.

Swedberg R. (1987), *Une histoire de la sociologie économique*, Paris, Desclée de Brouwer.

Théret B. (1992), *Régimes politiques de l'ordre économique,* Paris, PUF.

Théret B. (2000), "Nouvelle économie institutionnelle, Économie des conventions et Théorie de la régulation : vers une synthèse institutionnaliste ?", *La lettre de la régulation*, n°35, p. 1-4.

Topik S. (2001), "Karl Polanyi and the creation of the market society", in Centeno M.A. et Lopez-Alvarez F. (Eds), *The Great Mirror: grand theory through the lens of Latin America*, Princeton University Press, pp. 81-104.

Valensi L. (1974), "Anthropologie économique et histoire : l'œuvre de Karl Polanyi", *Annales*, n°6, pp. 1311-1319

Williamson O. E. (1975), *Market and Hierarchies Analysis and Antitrust Implications*, New York, The Free Press.

Williamson Oliver E. (1985), *The Economic Institutions of Capitalism*, New York, The Free Press.

INTERVENTION ET LAISSER-FAIRE CHEZ TURGOT
(Le rôle de l'État selon le droit naturel)

Francisco VERGARA[1]

Résumé :
Les historiens des idées écrivent souvent que Turgot et Adam Smith *se contredisent* puisque d'un côté ils avancent un "principe de *non-intervention*" tandis que d'un autre ils proposent de nombreuses mesures publiques. En fait, aucun de ces auteurs n'adhérait au principe selon lequel l'État "ne doit pas intervenir". Pour Turgot, le *principe* qui devait diriger l'action de la puissance publique était la "protection des droits naturels", pour Smith c'était la "promotion du bonheur de la communauté" ; la poursuite de ces buts exigeait que l'État intervienne dans certains cas et s'abstienne dans d'autres.

Abstract:
Historians of ideas have frequently misunderstood the founders of classical liberalism. They often write that authors like Adam Smith or Turgot are inconsistent in their adherence to a supposed "principle of *non-intervention*" by Government, since they propose many types of public intervention in the economy. The truth is that none of the great economists who founded classical liberalism have ever professed such an absurd principle as that of "non-intervention". They have, however, vigorously defended other principles, such as the "protection of natural rights" and the "promotion of general happiness", two principles which clearly require that the Government intervene in some cases and abstain in others.

Classification JEL : B0, B1, H1, H4 et H5

Les historiens des idées ont souvent du mal à saisir la *cohérence d'ensemble* de la pensée des fondateurs du libéralisme classique. Ils sont, par exemple, surpris lorsque Adam Smith propose que l'État subventionne la scolarisation des enfants des pauvres (Smith, 1776, vol. II, p. 785) ou lorsqu'en période de famine Turgot donne des primes aux commerçants pour qu'ils apportent des céréales vers les localités les plus en difficulté (Turgot, 16 décembre 1769 au 29 octobre 1770, p. 111-154). Nombre d'entre eux crient à la *contradiction* avec les principes du libéralisme,

---

1. Francisco Vergara est économiste et philosophe. Il a publié une édition annotée et commentée du livre de Condorcet, *Vie de Monsieur Turgot* (Éditions ADEP, Paris, 1997) qui peut être téléchargée à partir du site www.economiepolitique.net. D'autres articles de l'auteur peuvent être obtenus sur le site www.fvergara.com.

à l'*incohérence* entre la théorie et la pratique, à l'existence de *résidus* d'idéologie mercantiliste, etc. Un libéral ne doit-il pas faire confiance aux forces du marché ?

La source de leur trouble est facile à identifier. Ils partent de l'idée fausse selon laquelle les libéraux classiques adhéraient à un "principe de *non-intervention*" de l'État. Lorsque Smith ou Turgot proposent de telles interventions, ces historiens sont étonnés et concluent qu'il y a contradiction. C'est clairement ainsi qu'Elie Halévy interprète Adam Smith. Il commence par nous dire que Smith était favorable à :

> "l'extension universelle du *principe de non-intervention* gouvernementale" (Halévy, 1901-1904, vol. II, p. 138).

Ensuite, une quarantaine de pages plus loin, il écrit :

> "il est intéressant de noter que, dans les deux passages de son livre où il attribue à l'État une fonction pédagogique, *il viole consciemment **le principe*** qu'il avait d'abord posé" (*Ibid.*, p. 180-181).

Les commentateurs de Turgot éprouvent souvent une difficulté similaire pour le comprendre. Ainsi, Jean-Claude Peyronnet nous dit que dans ses réflexions théoriques Turgot "condamne *toute intervention* de l'État" (Peyronnet, 1983, p. 218). Mais, lorsque le ministre de Louis XVI doit faire face à une famine, il donne des secours aux pauvres, il accélère les travaux publics et il subventionne des commerçants pour qu'ils apportent des céréales vers les localités les plus touchées. Et Peyronet conclut que :

> "devant la nécessité, Turgot *oublie la doctrine.* Il prend sur lui ... de garantir les marchands de Limoges de toute perte" (Peyronnet, 1983, p. 217).

*Le soi-disant "principe de **non-intervention**"*

En réalité, aucun des grands économistes, ni anglais ni français, n'a jamais adhéré à cet absurde principe de non-intervention. Ce soi-disant principe est un de ces nombreux mythes qui se sont glissés dans la littérature secondaire et qui, a force d'être répétés de génération en génération, finit par évincer la vérité. Comme le dit Keynes (en parlant des classiques anglais) :

> "c'est ce que l'on prétend que les économistes ont dit. En réalité, aucune doctrine de la sorte ne peut être trouvée dans les écrits des plus grandes autorités. C'est ce qu'ont écrit ... les vulgarisateurs (*It is what the popularisers and the vulgarisers said*)" (Keynes, 1926, p. 17).

Lionel Robbins dit la même chose :

> "la thèse en question a été reprise ... par une cascade de commentateurs mineurs et est devenue la pacotille (*the small change*) qui circule dans les livres sur les livres" (*Ibid.*, p. 191).
> "Identifier de tels points de vue avec les opinions explicites et clairement exprimées par les classiques est sûrement un signe d'ignorance" (Robbins, 1953, p. 3).

Remarquons que depuis la naissance de l'économie politique, les grands théoriciens ont tous critiqué ce prétendu principe de non-intervention qu'on attribuait à leur discipline. Plusieurs d'entre eux ont rappelé que les expressions "État" et "non-intervention" sont même incompatibles car un État, pour exister, est obligé de prélever des impôts ; or, prélever, c'est déjà intervenir. Ainsi, dans ses *Principes d'économie politique*, Malthus écrit :

> "il y a une cause qui oblige absolument tout gouvernement à intervenir mettant ainsi fin à la possibilité même de rester à l'écart. Il s'agit de la nécessité de prélever des impôts ... les impôts ne peuvent, de par la nature des choses, être prélevés sans interférer avec l'industrie et la richesse privées" (Malthus, 1820, p. 15).

Quant à John Stuart Mill, bien avant qu'Elie Halévy ne soit né, il se moquait déjà des commentateurs qui parlaient d'un soi-disant principe de non-intervention :

> "Il y quelque chose d'amusant et de naïf dans la manière où l'intervention de l'État est perçue par nombre de commentateurs ... D'après eux, il s'agirait de faire des exceptions à ce qu'ils appellent les principes de l'économie politique ... puis-je me permettre de rappeler qu'*il n'existe pas*, dans l'économie politique, *de tels principes*" (Mill, 1870, vol. V, p. 674).

TURGOT A PROPOSÉ DE NOMBREUSES INTERVENTIONS DE L'ÉTAT

Pendant son court ministère sous Louis XVI, Turgot a pris de nombreuses mesures pour rendre la société française *plus libre* :

- il a aboli les jurandes (ces monopoles que détenaient certaines corporations, comme les boulangers et les bouchers) ;
- il a levé les entraves à la libre circulation des céréales ;
- Il a supprimé les corvées (ces travaux forcés, non-rémunérés, par lesquels étaient réparés les routes et les chemins).

Mais, son action ne s'est pas limitée à l'abrogation ou à la suppression de lois et d'institutions qui entravaient la liberté. La lecture de ses écrits (ou de ce que Condorcet ou Dupont de Nemours ont écrit sur lui) montre qu'à toutes les époques de sa vie il n'a cessé de proposer les mesures d'intervention publique les plus diverses.

A la tête de l'administration du Limousin, par exemple, il a introduit la culture de la pomme de terre, créé des écoles de sages-femmes et, en période de mauvaises récoltes, ouvert des ateliers pour les démunis et accéléré les travaux publics. Lorsqu'il est arrivé aux Finances de l'administration centrale, il a créé les Messageries Royales (précurseurs de la Poste nationale), une Caisse d'escompte (d'où est issue la Banque de France), une Régie pour la fabrication de salpêtre (avec Lavoisier à sa tête), etc. Dès son arrivée au pouvoir, il a nommé une commission des meilleurs scientifiques de l'époque (Condorcet, d'Alembert et l'abbé Bossut) pour élaborer le projet d'un système national intégré de communications fluviales et routières (Condorcet, 1786, p. 74-76). Nous savons aussi, par sa correspondance, qu'il réfléchissait à un vaste système national d'enseignement public.

Une action fondée sur des principes ?

Il semble évident donc que Turgot n'adhérait pas à ce soi-disant principe de non-intervention que les historiens des idées attribuent si souvent aux libéraux classiques. Tout comme Adam Smith, il était *favorable* à certaines interventions de l'État et *opposé* à d'autres. La question se pose donc de savoir s'il n'était qu'un *homme pratique* (un politicien habile qui subodorait ce que l'opinion publique voulait) ou si ses jugements d'approbation et de désapprobation à l'égard de telle ou telle mesure publique découlaient d'une pensée systématique, fondée sur des principes clairement énoncés mais très différents d'un quelconque principe de non-intervention.

C'est la première interprétation qu'avance Joseph Schumpeter dans son *Histoire de l'analyse économique* :

> "aucune des mesures mises en place ou envisagées par Turgot ne peut être rattachée à quelque doctrine que ce soit, ni scientifique ni autre ... il n'était qu'un fonctionnaire particulièrement habile ... un *esprit pratique*" (Schumpeter, 1952, p. 246).
> "[Turgot] était si peu enclin à s'élever à des principes abstraits ... que, dans une circonstance particulière ... il a même créé une entreprise publique dans le secteur de la chimie" (*Ibid.*, p. 246).

Condorcet, qui connaissait intimement Turgot, dit pourtant exactement le contraire :

> "Toutes les opinions philosophiques de M. Turgot formaient *un système* également vaste et enchaîné dans toutes ses parties" (*Ibid.*, p. 136).
> "toutes ses opérations, jusque dans leurs détails, étaient autant de parties d'un plan régulier et général qu'il s'était formé ... ce plan, et les motifs qui dictaient toutes ses décisions particulières, étaient les conséquences d'*un petit nombre de principes liés entre eux*" (Condorcet, 1786, p. 126).

Remarquons que John Stuart Mill, qui est pourtant en désaccord avec Turgot sur nombre de doctrines philosophiques et politiques fondamentales, a également (de même que Condorcet) très bien vu le lien étroit entre sa *théorie* et sa *pratique* :

> "[Turgot est] l'exemple le plus remarquable que l'époque moderne nous offre d'un homme qui joignait l'esprit philosophique à la poursuite d'une vie active [...] il a évité totalement les biais et les préjugés tant du chercheur pur (*the student* ou *the closet student*) que ceux de l'homme d'action (*practical statesman*) ; il était le prodige non seulement de son temps mais de toute l'histoire humaine" (Mill, 1836, p. 335).

Telle est aussi l'opinion de son biographe, Alfred Neymarck, qui écrit :

> "A mesure qu'on avance dans l'étude de la vie de Turgot, à mesure que des considérations générales on descend aux questions de détail, on est frappé de l'harmonie de toutes ses parties entre elles ... il faut qu'il soit guidé par la lumière constante de *principes solidement fondés*, mûrement examinés et si fermement arrêtés qu'il ne songe jamais à s'en départir. C'est ce que l'on pense nécessairement de Turgot lorsque l'on considère l'enchaînement naturel de toutes ses actions et leur succession si logique" (Neymarck, 1885, p. 4-5).

Les différentes acceptions du mot "principe"

Nous soutenons ici (avec Condorcet et contre des auteurs comme Schumpeter) que Turgot avait *un système* fondé sur des *principes* et qu'il était (dans l'ensemble) cohérent avec ses principes. Mais, comme le mot principe est utilisé de plusieurs manières différentes, il convient de rappeler les différentes acceptions que ce mot possède et le sens dans lequel nous l'utilisons ici.

Dans son acception première, le mot désigne "un point de départ" dans les raisonnements ; pour mieux véhiculer ce sens on dit parfois "principe *premier*" ou sinon on dit "il *partait du* principe selon lequel ...". Ainsi, pour le dictionnaire *Le Petit Robert* il signifie "Proposition première, posée et non déduite". C'est dans ce sens que nous entendons ici le mot "principe".

En politique, par exemple, Turgot partait du principe selon lequel *le but* de tout gouvernement (le critère donc pour juger de son excellence) est d'assurer le plus complètement possible "les droits naturels des citoyens". Bentham par contre (comme il le dit lui-même), partait du principe différent selon lequel le but de tout gouvernement est de promouvoir "le bonheur de la communauté". Pour éviter tout malentendu, Bentham précise, dans une note de bas de page, ce qu'il entend par ce mot :

> "Le mot "principe" dérive du latin *principium* ... il s'applique à toute chose qui est considérée comme base ou début (*foundation or beginning*) d'une série d'opérations : il s'applique parfois à des opérations physiques, mais dans le cas présent à des opérations mentales" (Bentham, 1781, p. 11-12).

C'est dans ce sens que Turgot utilise l'expression dans une célèbre lettre à Hume, où il rappelle un des principes *dont il part* en économie :

> "Je veux seulement vous indiquer le *principe d'où je* ***pars*** ... qu'il n'y a d'autre revenu possible dans un État que la somme des productions annuelles de la terre" (Turgot, 25 mars 1767, tome II, p. 658-665).

Le mot "principe" est toutefois utilisé dans la langue courante avec une foule d'autres acceptions beaucoup *moins précises,* qui désignent des choses assez différentes les unes des autres. Elles sont tellement diverses et vagues qu'un auteur comme Condillac a pu écrire que souvent on parle de principes "machinalement, par habitude et sans y attacher d'idées" (Lalande, 1902-1923, p. 827).

Ainsi, on appelle parfois "principes" de simples maximes de sagesse empirique en matière de conduite, des vérités approximatives susceptibles de nombreuses exceptions. Comme cette proposition souvent répétée selon laquelle :

> "les individus sont les meilleurs juges de leur propre intérêt ... que l'on présente abusivement comme le *grand principe* de l'économie politique" (Mill, 1848, p. 965).

Il serait plus heureux donc d'appeler de telles propositions "maximes" ou "règles générales" ce qui permet d'éviter d'appeler "*violations* des principes" les exceptions qu'elles comportent.

C'est une confusion de ce genre qui a probablement eu lieu concernant Turgot. On a cru qu'il s'était fixé comme principe d'éviter toute intervention dans le marché des céréales, là où il avait simplement avancé quelques *règles générales* de bon sens :

- dégager l'administration publique des lourdes tâches de ravitaillement général afin de libérer ses forces pour secourir les démunis,
- éviter certains types d'intervention qui faisaient très peur aux commerçants (comme l'achat de céréales "pour le compte" de l'administration).

Ces maximes n'ont pas le statut de principes. Elles comportent des *exceptions* qui sont, elles-mêmes, gouvernées par les principes. Ainsi, à moins de laisser les démunis mourir de faim, Turgot a dû parfois acheter "pour le compte" de l'administration, comme il explique devant le Roi :

> "Je sais, Monsieur, combien toute opération de ce genre semble d'abord opposée aux principes" (Turgot, 16 décembre 1769, tome III, p. 118).
> "Les principes de l'administration sur ce point, comme sur beaucoup d'autres, ne peuvent être réduits en maximes absolument générales et sans exceptions" (Turgot, 8 mai 1775, tome IV, p. 514-515).

Ainsi, c'était un *principe* de Turgot (au premier sens du mot) que l'État doit "assurer les droits naturels de tous". Mais, ce n'est qu'une *règle générale* (avec des exceptions) que "l'État ne doit pas intervenir dans le commerce des céréales".

La confusion entre "principes" (points de départ dans les raisonnements) et "maximes et règles générales" (propositions et directives qui comportent des exceptions) est très répandue et très ancienne. C'est en regardant les vrais principes de Turgot que l'on saisira mieux la différence.

LES VRAIS "PRINCIPES" DANS LE SYSTÈME DE TURGOT

Turgot avait plusieurs "principes", tant descriptifs que normatifs, lui permettant de comprendre la manière dont fonctionne le monde qui nous entoure et lui indiquant les réformes souhaitables (ce que nous devons faire) pour que ce monde fonctionne mieux.

Contrairement à Hume et à John Stuart Mill, par exemple, il croyait au *libre arbitre* et aux *causes finales*. A l'opposé de Smith et de Ricardo (et même de son ami de Gournay), il voyait le revenu annuel (ce flux de produits sur la base duquel vit une nation) comme ayant son origine dans une *propriété biologique* que possède la nature, dans la faculté qu'ont les plantes et les animaux de *se multiplier* (phénomène qu'il appelait *reproduction* ou *productions renaissantes*) – alors que les économistes classiques anglais voyaient le revenu annuel principalement comme le résultat du *travail*, cette *capacité qu'ont les hommes* d'initier le mouvement, de déplacer un objet d'un endroit à l'autre en le mettant dans d'autres circonstances et en contact avec d'autres objets, et ils parlaient (en se référant au revenu) de *production* plutôt que de *reproduction.*

Son "principe" éthique suprême

Turgot pensait que notre raison peut distinguer dans *la nature* (dans tout ce qui nous entoure) un "ordre" dans lequel on décèle les traces d'une intention bienveillante[2]. Pour que cet ordre produise le résultat bienfaisant pour lequel il semble conçu, il faut que les différents éléments qui le composent jouent chacun leur rôle. Le soleil apporte la chaleur, les arbres produisent des fruits, les sources donnent de l'eau, etc.. Mais les éléments qui, dans cet ordre naturel, sont dotés de libre arbitre (les citoyens et le Souverain) ne peuvent pas se comporter n'importe comment, ils doivent aussi jouer leur rôle : ils ont des *devoirs naturels* à accomplir et des *droits naturels* à respecter.

Dans cette doctrine, le devoir suprême de l'administration publique (le principe premier qui *doit guider* son action) n'est pas de "ne pas intervenir" ou d'intervenir "le moins possible" ou de rester "en dehors de l'économie". Ce n'est pas non plus de chercher le "bonheur de la communauté" (comme le soutient l'utilitarisme, la grande doctrine rivale) mais de respecter et faire respecter "les droits naturels de l'homme". Dans sa *Vie de Monsieur Turgot*, Condorcet exprime clairement cette doctrine :

> "tout doit tendre non à la plus grande utilité de la société, *principe* vague et source profonde de mauvaises lois, mais au maintien de *la jouissance des Droits naturels*" (Condorcet, 1786, p. 149).

Il en découle, comme conséquence logique, que la constitution *la plus parfaite* est celle qui conserve le mieux les droits naturels :

> "puisque l'objet de la société est ... le maintien des droits ... le système de lois qui le remplira le mieux, sera *le meilleur*" (Condorcet, 1786, p. 144).

Remarquons que le principe dont nous parlons ici n'était pas l'apanage du seul Turgot, mais de toute une famille de pensée qui comprend notamment Jefferson, Condorcet, Humboldt, et plus tard Benjamin Constant (puis, encore plus tard, Walras). La doctrine en question était très répandue à l'époque et a été reprise dans la *Déclaration des droits de l'homme de 1789* :

> "ART. 2. Le *but* de toute association politique est la *conservation des droits naturels*"

2. Voir notre essai "Les deux acceptions du mot "'loi'", pages 99-103, *in* John Stuart Mill, *La Nature*, La Découverte/Poche, 2003.

Deux conséquences

De ce principe premier découlent deux conséquences immédiates qui expliquent pourquoi Turgot était *hostile* à certaines interventions de l'État tandis qu'il était *favorable* à d'autres, les considérant même comme des "devoirs de justice naturelle" :

1) L'État ne doit *jamais* violer les droits naturels de quelqu'un, quelle que soit l'utilité publique que l'on puisse en attendre. Si on se rappelle que la *liberté* et la *propriété* sont deux des droits naturels les plus importants dans la doctrine dont nous parlons ici, on comprend pourquoi il est inadmissible de réparer les routes et chemins en faisant appel aux *corvées* (puisque les corvées – travail obligatoire – sont des violations de la liberté personnelle). Il en découle aussi qu'il est illégitime, afin d'assurer le ravitaillement d'une province, d'*interdire* aux propriétaires d'exporter leur blé (atteinte à leur droit de propriété). Telle est la raison principale pour laquelle Turgot a aboli ces pratiques. Mais le principe suprême de Turgot n'interdit pas d'autres types d'interventions publiques, *pourvu qu'elles ne violent aucun droit naturel.* Il est ainsi parfaitement légitime de réparer les routes nationales en faisant appel au travail salarié ; aucune règle morale n'interdit d'assurer le ravitaillement d'une région en encourageant l'amélioration et la diversification des cultures, en construisant de meilleures routes d'accès et, dans des cas d'urgence, en subventionnant les marchands pour qu'ils apportent des céréales. Nous verrons plus bas comment ces mesures peuvent être financées sans violer le droit de propriété.
2) Si dans une société où l'on jouit déjà de la liberté et du droit de propriété il reste néanmoins d'*autres droits naturels* qui ne sont pas respectés, l'État *doit intervenir* pour qu'ils le soient. Prenons le cas du droit à *la vie* et du droit à *l'instruction* des enfants, deux droits naturels reconnus par tous les grands théoriciens de la doctrine examinée ici. De même que l'État doit empêcher les assassins de tuer, il doit aussi – si le *droit à la vie* est pris au sérieux – empêcher les pauvres de *mourir* lorsqu'il y a des famines. Et, comme il n'y a aucune raison magique pour que le jeu des initiatives privées assure, à lui tout seul, l'instruction de chaque enfant au niveau où l'exigent ses droits naturels, l'État doit intervenir ici aussi.

Le principe dit "laisser-faire" *(ne pas confondre avec la "non-intervention")*

Dans les pages qui précèdent nous avons vu que Turgot n'adhérait pas au principe absurde de *non-intervention* de l'État. Il en va autrement du principe *laisser-faire*, lorsque ce précepte est compris à la manière dont l'entendait Turgot. Malheureusement, dans la langue courante, ainsi que dans de nombreux textes sur l'histoire de la pensée, l'expression "laisser-faire" est utilisée comme synonyme de "ne rien faire" ; elle est ainsi souvent confondue avec le principe de non-intervention. Il s'agit pourtant de deux doctrines très différentes. Afin de bien les distinguer, nous rappellerons *deux différences* en les illustrant avec quelques exemples.

1) Premièrement, le principe laisser-faire concerne *uniquement les actions humaines*. Elle ne prescrit pas à l'État de laisser-faire *les forces nocives de la nature*. Les épidémies, incendies, inondations, prolifération d'insectes et animaux nocifs, etc., peuvent mettre en danger *les vies* et *les propriétés* autant que les assassins et les voleurs. Un État qui prend comme principe directeur la "conservation des droits naturels" violerait son principe s'il restait passif devant ces forces destructrices. Ainsi, dès son arrivée à la tête de l'administration du Limousin, Turgot écrit aux Curés des paroisses sous sa juridiction :

"La première chose que je vous demande aujourd'hui, c'est de m'informer ... des accidents considérables qui peuvent arriver dans votre paroisse, surtout des maladies contagieuses qui s'y répandraient, soit sur les hommes, soit même sur les animaux ; ces occasions exigent des secours qui ne peuvent être trop prompts, et je ne puis y pourvoir si je n'en suis averti sur-le-champ" (Turgot, 1762, p. 169).

Et, treize ans plus tard, après la grande épizootie qui frappa la Guyenne en 1775, Condorcet nous dit qu'il préparait le projet d'une *administration permanente* chargée de ces questions :

"une société de médecine permanente, essentiellement chargée de porter des secours aux peuples dans les épizooties comme dans les épidémies, d'éclairer l'administration dans les circonstances où les opérations politiques peuvent influer sur la santé et sur la vie des hommes, dans toutes celles où la conservation des citoyens a besoin des secours, de la vigilance, de l'autorité du gouvernement" (Condorcet, 1786, p. 88).

2) Deuxièmement, ce ne sont pas *toutes les actions* humaines qui sont permises par le principe du laisser-faire mais uniquement celles qui *ne transgressent aucun droit* ou qui "ne *nuisent* à personne" (d'après l'expression juridique souvent utilisée à l'époque). Ici encore Turgot est très clair :

"La liberté de *nuire* n'a jamais existé ... La loi doit l'interdire ... La liberté d'*agir sans nuire* ne peut, au contraire, être restreinte" (Turgot, 1754, p. 424)

Par "nuire" on entendait à l'époque *transgresser les droits* de quelqu'un et pas simplement le contrarier, mécontenter ou lui causer un désagrément. L'expression était très répandue et est utilisée dans ce sens dans la *Déclaration des Droits de l'homme de 1789* :

"Art. 4 : La liberté consiste à pouvoir faire *tout ce qui ne nuit pas à autrui* : ainsi, l'exercice des droits naturels de chaque homme n'a de bornes que celles qui assurent aux autres membres de la société la jouissance de ces mêmes droits".

Ainsi, le véritable principe du laisser-faire exclut, par exemple, que l'on fasse du bruit la nuit, puisque chaque personne a droit à un sommeil réparateur ; il n'autorise pas, non plus, de garder chez soi des produits dangereux, de construire avec des matériaux inflammables, puisque nos voisins ont droit à la sécurité. Sur les fleuves, la libre construction de moulins à eau doit être limitée par le droit de chacun à la navigation fluviale, etc.. La formule exacte est de "laisser-faire *tout ce qui ne nuit à personne, tout ce qui ne viole aucun droit*".

Rappelons aussi que dans la doctrine éthique de Turgot il est possible de violer un droit non seulement par une *action*, mais aussi par une *omission*. Il existe des devoirs non seulement "négatifs" (s'abstenir de faire ceci ou cela) mais aussi "positifs" (faire ceci, faire cela). Ainsi, les parents "doivent" instruire leurs enfants, les passants "doivent" assister les personnes en danger, en cas de famine les propriétaires "doivent" nourrir leurs métayers, etc... Ces personnes fragilisées possèdent des droits naturels (à l'*instruction*, à la *vie*, etc.) dont l'État doit veiller à la conservation.

Si l'on prend toutes ces précautions pour énoncer avec exactitude le principe de laisser-faire, alors (mais seulement alors) il est exact de dire que, dans la doctrine de Turgot, l'État doit ***toujours*** *laisser-faire*. Ainsi Condorcet, son plus célèbre biographe, nous rappelle que pour Turgot :

"il n'en est ni moins généralement ni moins strictement vrai, qu'il n'existe *jamais aucune raison* pour la puissance souveraine, de gêner les citoyens dans l'exercice de leurs droits" (Condorcet, 1786, p. 169).

Si on utilise l'expression *laisser-faire* dans un autre sens, comme synonyme de *non-intervention* par exemple, ce n'est plus un principe premier mais une simple maxime d'une application beaucoup plus limitée et comportant *une foule d'exceptions*. C'est dans un tel sens que John Stuart Mill utilise l'expression dans le chapitre "Du fondement et des limites du principe laisser-faire ou de non-intervention" de ses *Principes d'économie politique* (Mill, John Stuart, 1848, livre V, ch. XI). Dans une telle acception, ce n'est pas, à proprement parler, un "principe", mais tout au plus une *règle générale* ; ce que Mill a parfaitement compris :

"La maxime est indiscutablement solide en tant que *règle générale* ; mais ce n'est pas difficile de constater qu'elle comporte de nombreuses et évidentes exceptions (*some very large and conspicuous exceptions*)" (Mill, 1848, p. 957).

L'exemple du marché des céréales

Lorsqu'on veut vraiment comprendre un principe ou une doctrine, en plus de connaître les doctrines rivales il est aussi très important d'étudier des exemples concrets afin de voir la manière dont ils s'appliquent dans des cas particuliers. Il n'est peut-être pas de meilleur exemple à étudier, pour bien saisir le principe laisser-faire de Turgot (et pour le distinguer du "ne rien faire"), que celui du marché des céréales et des problèmes qu'il posait au XVIIIe siècle.

Rappelons qu'à cette époque, il arrivait régulièrement que la récolte soit très abondante dans certaines régions, et déficitaire dans d'autres. Le débat portait sur la réglementation et les types d'intervention publique qui sont souhaitables face à ce problème. Turgot avait beaucoup réfléchi à la question et à deux reprises dans sa vie publique – à la tête de l'administration du Limousin et plus tard aux Finances, à Paris – il a été confronté à des disettes. Ce qui lui avait permis de développer tout un corps de doctrine sur la question.

Selon l'analyse de Turgot, ce qui se passe habituellement (mais pas toujours) c'est que le prix des céréales augmente dans les localités où la récolte a été mauvaise. Cela engendre, pour les commerçants, *un intérêt* pécuniaire *à faire le bien* : transporter du blé des endroits où la récolte a été abondante (où il est bon marché) vers les endroits où il manque (où il est plus cher). Cet intérêt privé est orienté dans la bonne direction, il ne faut donc pas lui mettre des obstacles : il faut *laisser-faire* le commerce. Turgot le répète à plusieurs reprises. Ainsi, dans l'article "Fondations" rédigé pour l'*Encyclopédie*, il écrit :

> "Les hommes sont-ils puissamment *intéressés au bien* que vous voulez leur procurer ? *laissez-les faire* !" (Turgot, 1757, p. 584-593).

Et quinze ans plus tard il écrit :

> "[les commerçants ont] un très *grand intérêt* à porter du grain des lieux où il est abondant dans ceux où il est rare ... Il s'ensuit, par conséquent, que la chose se fera 1) si aucune circonstance n'y met obstacle et 2) si on *laisse agir* le commerce" (le numéros ont été ajoutés par nous, F. V.) (Turgot, 2 décembre 1770, p. 322).

Mais, bien que ce mécanisme "naturel" soit bien orienté, Turgot n'y voyait pas un argument pour *ne rien faire*. Le mécanisme en question ne remplira pas son rôle bienfaisant sans que les individus et le Souverain ne remplissent le leur, sans qu'ils accomplissent leurs *devoirs naturels*.

Turgot voyait très bien que si l'augmentation du prix des céréales dans les régions déficitaires était *trop forte*, alors les céréales afflueraient bien vers les régions déficitaires mais les plus pauvres ne pourraient pas les acheter. Dans d'autres cas (lorsque les revenus locaux diminuent, par exemple) l'augmentation du prix pourrait être *trop faible* et ne pas couvrir le coût du transport à partir des communes excédentaires. Dans tous ces cas Turgot propose des interventions de l'État : accélération des travaux publics pour distribuer des revenus supplémentaires, primes aux commerçants pour les encourager, etc.

Dans la doctrine du droit naturel, l'État a le devoir de protéger non seulement la *liberté* et la *propriété* (deux droits naturels qui – en matière de céréales – concernent surtout les commerçants et les propriétaires) mais aussi *la vie* (un droit qui – en période de famine – concerne les pauvres de manière urgente). Turgot l'a souvent répété. Ainsi, dans une Circulaire aux Intendants il rappelle que :

> "la résolution où est Sa Majesté de n'employer d'autres moyens que ceux du commerce libre, pour assurer la subsistance de ses peuples, *ne l'empêchera pas de procurer des secours à la classe indigente* de ses sujets, dans le cas où les intempéries des saisons auraient porté les grains à un prix supérieur aux facultés des pauvres" (Turgot, 19 septembre 1774a, p. 211).

Dans une Circulaire aux Procureurs généraux il écrit :

> "Si le prix des grains s'élevait à un taux où le peuple ne pourrait atteindre avec les salaires ordinaires, Sa Majesté pourvoirait aux besoins des pauvres ... soit en facilitant au peuple les moyens de gagner par son travail des salaires suffisants, soit même, si les circonstances l'exigeaient absolument, en ordonnant qu'il soit accordé des primes [aux négociants]" (Turgot, 19 septembre 1774b, p. 213-214).

Condorcet résume très bien les "devoirs" qu'implique, pour le souverain, la doctrine des droits naturels :

> "si dans les temps de disette le gouvernement ne *doit* au peuple que la liberté et la sûreté du commerce, il *doit des secours* aux pauvres". (Condorcet, 1786, p. 42).

C'est surtout le recours aux primes et autres mesures d'incitation (les "excitations", comme on disait à l'époque) que certains historiens semblent avoir compris comme des *violations* des principes de Turgot. Mais, si ces mesures *ne transgres-*

sent aucun droit, elles sont parfaitement conformes aux principes. Ce à quoi Turgot s'opposait, ce sont :

1) les mesures de l'administration qui *violent des droits naturels* et
2) les mesures qui sont *contre-produisantes* (et qui seraient opposées par toute personne rationnelle, indépendamment de sa doctrine éthique).

Et c'était souvent de telles mesures que prenaient spontanément les administrations locales. Une des interventions les plus populaires, dans les régions déficitaires, était de faire baisser le prix du blé par décision municipale. Ce qui constitue une violation de la propriété tout en détruisant toute incitation à faire venir des secours en provenance d'autres régions :

> "Que prétend le peuple dans son aveugle emportement ? Qu'on oblige les marchands à vendre à bas prix ? Qu'on les force à perdre ? ... En ce cas, qui voudrait lui apporter du grain ?" (Turgot, 15 février 1766, p. 469).

Une autre mesure très courante était, dans les régions voisines de celles où la récolte avait été mauvaise, d'interdire la sortie du blé par crainte qu'il ne vienne à manquer aussi :

> "il suffit de consulter le plus simple bon sens pour sentir que ... l'on ne peut vivre, dans les années et les cantons où le blé manque, que du blé que l'on transporte des lieux où il est abondant ... si les habitants d'une ville particulière s'arrogent le droit d'empêcher qu'on ne transporte les grains ailleurs, les autres villes croiront avoir le même droit, et les lieux où la disette est la plus grande ... seront condamnés à mourir de faim" (Turgot, 15 février 1766, p. 470-471).

Le sens de l'expression "avoir un droit" ?

Étant donné que la préservation des "droits naturels" est la clef qui détermine, dans la doctrine de Turgot, quand l'État doit intervenir et quand il doit rester à l'écart, il semble nécessaire de se demander ce que sont exactement ces droits dits "naturels". Commençons par voir d'abord ce que l'on entend par "un droit" tout court, ni naturel ni artificiel.

Dans le discours juridique, le mot "droit" est un terme générique utilisé pour désigner certains avantages, libertés, prérogatives, privilèges, immunités, etc... Ce qui distingue *les droits* des autres avantages ou libertés auxquels une personne peut aspirer dans sa vie, c'est le fait que – dans le cas où un droit n'est pas respecté – la collectivité *doit intervenir* pour qu'il le soit. Si un citoyen est privé d'un avantage qui ne lui revient pas de droit, la collectivité peut être triste et émue mais elle n'a pas le *devoir d'intervenir* pour lui en assurer la jouissance.

Par exemple, on convient généralement que c'est un droit de chaque enfant de recevoir une éducation (et s'il ne la reçoit pas, la société doit intervenir pour qu'il en soit ainsi). Mais, a-t-il aussi droit à des leçons de musique ou de peinture, dans le cas où il aurait une disposition pour ce type d'activité ? A des cadeaux pour son anniversaire ? A des vêtements sportifs d'une certaine marque ?

On peut mettre la ligne de démarcation (entre les droits et les autres avantages et bénéfices) à des endroits différents, mais personne ne peut nier qu'une telle distinction est nécessaire dans une société organisée.

La question du critère

Dès qu'on étudie un tant soit peu l'histoire, il saute immédiatement aux yeux que – en matière de droits – les pratiques les plus diverses ont été en vigueur à des périodes différentes et, de nos jours, d'un pays à l'autre et parfois d'une région à l'autre dans le même pays. Ainsi, les planteurs dans le sud des États-Unis avaient "le droit" d'acheter et de vendre leurs esclaves, tandis qu'en France les femmes n'avaient pas le droit de sortir du pays sans l'autorisation de leur mari. Plus récemment, après l'indépendance de leur pays, les Irlandais ont perdu le droit de divorcer (et ne l'ont retrouvé qu'en 1997). Quant aux Américains, ils ont le droit de posséder des armes à feu tandis que les Suédois ont perdu le droit de donner la fessée à leurs enfants.

Devant cette grande diversité des pratiques, la question se pose de savoir comment on doit faire pour décider ce qui doit être élevé au rang de droit et ce qui ne doit pas l'être. Les réponses varient selon les doctrines éthiques.

Selon la doctrine utilitariste, un avantage doit être érigé en droit lorsque cela augmente le *bonheur de la communauté* ou *utilité générale* ; il ne doit pas l'être si cela le diminue[3]. Comme l'explique John Stuart Mill :

> "Avoir *un droit* c'est, selon moi, avoir quelque chose dont la société doit me garantir la jouissance. Si quelque contradicteur insiste et demande pourquoi elle le doit, je ne puis lui en donner d'autre raison que *l'utilité générale*" (Mill, John Stuart, 1861, p. 189).

---

3. Voir notre article "Utilitarisme", dans *Notions, Encyclopaedia Universalis*, 2005. Peut être téléchargé sur notre site web.

Et Hume écrit :

> "Si nous faisons abstraction de cette circonstance [de l'utilité générale] ... il faut admettre que le respect des droits et des propriétés est aussi dépourvu de fondement que la plus grossière et la plus vulgaire des superstitions" (Hume, 1751, p. 199).

Les partisans du droit naturel, comme Turgot, pensaient que la vie a *un but* plus noble que le bonheur et les droits *une justification* plus élevée que l'utilité générale à laquelle ils concourent. Ainsi, là où les utilitaristes justifiaient la liberté du commerce par ses *conséquences heureuses* pour la communauté, Turgot pensait que :

> "la liberté du commerce a un *motif plus noble* que celui de son utilité, quelque étendue qu'elle [cette utilité] puisse être" (Condorcet, 1786, p. 46).

Et, là où Bentham justifiait la liberté du taux d'intérêt par ses *conséquences utiles* (sur les innovations, par exemple), Turgot écrit que la justification ultime :

> "ce n'est pas même son utilité ... il est licite par *un principe plus général* et *plus respectable* encore ... je veux dire par le *droit inviolable*, attaché à la propriété, d'être maître absolu de sa chose" (Turgot, 1770, p. 170).

Les partisans de cette doctrine utilisent plusieurs critères pour distinguer les droits des autres avantages et bienfaits. Parfois la pierre de touche est la conformité avec "la Nature humaine", parfois c'est la conformité avec "la Raison" ou avec cet "ordre naturel" que la raison peut déceler dans la nature, parfois c'est la conformité avec "la Volonté de Dieu", etc...

Ainsi, en observant la nature humaine on peut découvrir un certain nombre de *principes du droit naturel* (un certain nombre de droits et devoirs sans lesquels aucune société humaine n'est concevable). Du fait, par exemple, que les enfants sont incapables de se nourrir avant d'avoir atteint un certain âge, on peut conclure au droit naturel des enfants à être nourris par leurs parents (et au devoir naturel que ceux-ci ont de les nourrir). Du fait que la peau des hommes n'est pas recouverte de fourrure, on peut conclure qu'ils ont le droit de tuer d'autres animaux et d'emprunter la leur. Du fait qu'ils n'ont ni griffes ni crocs pour se défendre, qu'ils doivent *coopérer* pour se protéger des fauves (et qu'ils peuvent exiger cette coopération à titre de droit).

A partir des principes généraux de ce type, pensait Turgot, on peut déduire une législation complète. Il allait même très loin dans cette démarche. Non seulement le code civil mais même les codes industriels et miniers, pensait-il, pouvaient être déduits des principes généraux du droit naturel. Et pour donner l'exemple il a essayé de rédiger un code complet d'exploitation minière où il répond à une foule de questions, par exemple, si un exploitant a le droit de suivre un filon ou veine de minerais lorsque celui-ci passe sous la propriété de quelqu'un d'autre. Voici ce qu'en dit Condorcet :

> "Nous citerons encore son ouvrage sur les mines et les carrières, où les lois qui doivent en régler l'exploitation et en distribuer la propriété, sont déduites des principes de la justice naturelle, et réduites à un petit nombre de règles générales et simples. On est étonné de voir que des lois qui statuent sur un objet soumis jusqu'ici chez toutes les nations à des *principes arbitraires d'utilité* ... puissent être des conséquences si claires des principes les plus généraux et les plus certains du droit naturel ... M. Turgot était parvenu à voir qu'il en était de même du système des lois civiles, et qu'on pourrait *le déduire en entier* de ces mêmes principes" (Condorcet, 1786, p. 48).

Les devoirs de l'État et le statut des impôts

Tout comme les individus, les États ont – dans la doctrine du droit naturel – deux types de devoirs : de justice et de bienfaisance. Assurer que les droits de chacun soient respectés, c'est ce qu'on appelle leur *devoir de Justice*. L'État doit donc assurer que chacun jouisse paisiblement de la *vie*, la *liberté* et la *propriété*. Il doit donc se doter des institutions nécessaires à cette jouissance, comme l'armée, la police, les juges et tribunaux, les prisons, etc. Il s'ensuit que lever des impôts pour remplir ces tâches n'est pas une violation des droits (i. e. du droit de propriété) mais une condition logiquement nécessaire (exigée par *la raison*) pour protéger ceux-ci.

Mais – contrairement à l'interprétation du droit naturel que font les ultralibéraux, comme Frédéric Bastiat – dans le système de Turgot le devoir de justice de l'État s'étend bien au-delà de la protection contre les voleurs et les meurtriers. D'abord parce que, comme nous l'avons déjà dit plus haut, la vie et les propriétés doivent être protégées non seulement contre les criminels, mais aussi contre les forces nocives de la nature. Ensuite, parce que les droits naturels de l'homme ne se limitent pas à la vie, la liberté et la propriété mais comprennent aussi d'autres droits comme l'éducation des enfants, l'instruction du peuple, etc... Ainsi l'État doit veiller à ce qu'il y ait un service de pompiers contre les incendies, des digues contre les inondations, des réservoirs contre les sécheresses, des écoles pour les enfants pauvres, etc.

Mais, une fois que l'État s'est acquitté de ses devoirs de stricte Justice, il reste une foule de choses qu'il pourrait faire qui, sans être des devoirs de Justice, peuvent être fortement utiles et agréables à la population. Il peut construire des promenades et des parcs, dont le seul but est l'embellissement d'une ville et le plaisir de ses habitants ; il peut ouvrir ou subventionner des opéras, des académies de musique et de peinture, des musées, des bibliothèques, etc. ; il peut construire des routes et des ponts dont le seul but est de réduire le temps et le coût du transport ; il peut construire des canaux d'irrigation dont le seul but est d'augmenter le rendement des récoltes. Il s'agit là – dans le langage du droit naturel – non de tâches de Justice mais de Bienfaisance. Est-ce légitime de lever des impôts pour remplir ces tâches ? Condorcet se pose la question :

> "il semble que, dans les principes d'une justice rigoureuse, un impôt qui n'a pour objet *que l'utilité* devrait, pour être légitime, obtenir le consentement de tous les individus assujettis à le payer" (Condorcet, 1788, p. 280).

A première vue donc on est devant une impasse mais le droit naturel donne plusieurs solutions au problème.

Turgot sentait, d'une manière vague, que le travail humain est la source de toute amélioration du niveau de vie, mais en examinant les choses de plus près il constatait que le travail n'augmente pas le nombre de choses qui existent, il ne fait que changer leur forme. Il concluait que le travail ne crée pas vraiment des choses nouvelles. La terre, par contre (et plus généralement la Nature), produit des choses nouvelles. Un kilogramme de semences se transforme en vingt kilogrammes de récolte ; douze bovins se transforment, au bout d'un an, en vingt ou plus.

Une partie de ce que la terre et la Nature produisent revient de droit à ceux qui la travaillent, une autre partie est nécessaire pour remplacer les semences et les capitaux consommés pendant le processus de production mais, pensait-il, il reste une portion au-delà, une "portion libre" sur laquelle ni les travailleurs ni les propriétaires n'ont droit. Puisque cette portion est, en quelque sorte, un cadeau de la Nature, il semble qu'elle n'appartient à personne en particulier mais à la société dans son ensemble. Comme le dit Condorcet :

> "La reproduction de chaque année offre *une portion disponible* ... le possesseur de cette portion disponible ne la doit point immédiatement à son travail ; c'est donc sur cette portion disponible annuelle que, *sans blesser aucun droit*, la puissance sociale peut établir le fonds nécessaire aux dépenses[4]". (Condorcet, 1795, p.153).

4. Il s'agit ici des dépenses de l'État destinées à embellir le pays, rendre la vie plus agréable, etc. Les dépenses destinées à protéger les droits naturels sont justifiées autrement.

CONCLUSION

Le but de cette réflexion a été de prévenir contre l'habitude si répandue, dans ce que l'on appelle la littérature secondaire, d'attribuer aux libéraux classiques (Smith et Turgot notamment) un absurde *principe de non-intervention* de l'État .

Si on leur attribue de tels principes, les créateurs des systèmes théoriques qui ont inspiré les réformes libérales des XVIIIe et XIXe siècles apparaissent comme prônant un idéal de société *absurde et utopique*. Et les nombreuses mesures d'intervention publique qu'ils proposaient apparaissent comme des *contradictions grossières* avancées par des penseurs peu cohérents et prêts à contredire leurs principes à la moindre difficulté. C'est malheureusement, en grande partie, la manière dont enseignent l'histoire des idées les grands "vulgarisateurs" comme Elie Halévy, Louis Dumont et quelques autres.

BIBLIOGRAPHIE

Bentham, Jeremy (1781). *An Introduction to the Principles of Morals and Legislation*, Clarendon-Oxford University Press, Oxford, 1970.

Condorcet (1786), *Vie de Monsieur Turgot*, éditions ADEP, Paris, 1997. Peut être téléchargé au site www.economiepolitique.net .

Condorcet (1788), *Essai sur la constitution et les fonctions des assemblées provinciales*, *Œuvres*, Édition O'connor-Arago, F. Didiot Frères, Paris 1847-49, vol. VIII, p. 280.

Condorcet (1795), *Esquisse d'un tableau historique des progrès de l'esprit humain*, Librairie philosphique J. Vrin, 1970.

Dupont de Nemours (1811), *Mémoires sur la vie, l'administration et les ouvrages de M. Turgot, Ministre d'État*, deuxième édition. Tome premier des *Œuvres de M. Turgot, Ministre d'État*, Imprimerie A. Belin, Paris, 1811.

Halévy, Elie (1904). *La formation du radicalisme philosophique*, Félix Alcan, Paris, 1901-1904.

Hume, David (1751) *An Enquiry Concerning the Principles of Morals*, Clarendon-Oxford University Press-Oxford, Oxford, 1975.

Keynes, John Maynard (1926), *The End of Laissez-faire*, Hogarth Press, Londres, 1927.

Lalande, André (1902-1923). Entrée "Principe", *Vocabulaire technique et critique de la philosophie*, Presses Universitaires de France, 1988.

Malthus, Thomas Robert (1820). *Principles of Political Economy*, Londres, W. Pickering, 1836.

Mill, John Stuart (1836), "On the Definition of Political Economy", *Collected Works*, University of Toronto Press, Routledge & Kegan Paul, vol. 4, p. 335.

Mill, John Stuart (1848). *Principles of Political Economy*, édition Ashley 1909 et Kelley reprints 1987.

Mill, John Stuart (1859), *On Liberty*, dans *On Liberty and other Essays*, Oxford University Press, 1991.

Mill, John Stuart (1861), *Utilitarianism*, dans *On Liberty and other Essays*, Oxford University Press, 1991.

Mill, John Stuart (1870), "Leslie on the Land Question", *Collected Works*, University of Toronto Press, Routledge & Kegan Paul, vol. V.

Neymark, Alfred (1885). *Turgot et ses doctrines*, tome II, Librairie Guillaumin, Paris.

Peyronnet, Jean-Claude (1983). "Le libéralisme à l'épreuve", in Christian Bordes et Jean Morange, *Turgot, économiste et administrateur*, Presses Universitaires de France.

Robbins, Lionnel (1953). *The Theory of Economic Policy in Classical Political Economy*, Macmillan, Londres.
Robert, Le Nouveau Petit (1997). Entrée "Principe".
Schumpeter, Joseph (1952). *History of Economic Analysis*, Allen and Unwin, Londres, 1986.
Smith, Adam (1776), *The Wealth of Nations*, the Glasgow edition.
Turgot (1754). "Deuxième lettre à un grand vicaire", *Œuvres*, tome I, ed. Schelle, pp. 412-425.
Turgot (1757). "Fondations", article dans *l'Encyclopédie*, *Œuvres*, tome I, ed. Schelle, pp. 584-593.
Turgot (1762). "Première circulaire aux Curés, 3 mai 1762", *Œuvres*, tome I, ed. Schelle.
Turgot (15 février 1766). "Circulaire aux officiers de police des villes", *Œuvres*, tome 2, ed. Schelle.
Turgot (25 mars 1767). "Lettre à Hume", *Œuvres*, ed. Schelle, tome II, pp. 658-665.
Turgot (16 décembre 1769 au 29 octobre 1770). "Lettres au Contrôleur Général sur la disette du Limousin", *Œuvres*, tome III, ed. Schelle. Pp. 117-154.
Turgot (1770). Réflexion XXIII *in* "Mémoire sur les prêts d'argent", *Œuvres*, tome III, ed. Schelle, pp. 154-202.
Turgot (2 décembre 1770). "Septième lettre à l'Abbé Terray sur le Commerce des Grains", *Œuvres*, tome III, ed. Schelle, pp. 313-355.
Turgot (19 septembre 1774a). "Circulaires notifiant l'Arrêt du Conseil aux Intendants", *Œuvres*, tome 4, ed. Schelle, pp. 210-212.
Turgot (19 septembre 1774b). "Circulaire aux Procureurs généraux", *Œuvres*, tome 4, ed. Schelle, pp. 212-214.
Turgot (8 mai 1775). "Circulaire aux Intendants", *Œuvres*, tome 4, ed. Schelle, pp. 514-515.

DÉBATS

LA *THÉORIE GÉNÉRALE* ET L'ANALYSE DYNAMIQUE

Michaël ASSOUS[1]

Résumé :
Cette note s'interroge sur l'opportunité de recourir à un modèle statique pour restituer le message de la *Théorie générale*. Parce que les phénomènes décrits par Keynes sont *dynamiques*, notamment ceux décrits dans le chapitre 19 de la *Théorie générale*, nous pensons qu'ils doivent être décrits dans un modèle *dynamique*. Décider de raisonner à partir d'un modèle statique comme le fait Franck Van de Velde dans son ouvrage *Monnaie, Chômage et Capitalisme*, c'est courir le risque de faire de la rigidité des salaires monétaires et des prix la marque distinctive de la théorie keynésienne et se condamner comme les auteurs de la synthèse néoclassique à faire du modèle keynésien un cas particulier de la théorie classique.

Abstract: Dynamics analysis and the *General Theory*
In this short note, we wonder on the opportunity to express Keynes's central message with a static model. Because the phenomena described by Keynes are dynamic, especially the ones described in chapter 19 of the *General Theory*, we think that they must be analysed with a dynamic model. Deciding to use a static model as Franck Van de Velde does it in its book *Monnaie, Chômage et Capitalisme* is likely to lead to the idea that the main Keynesian propositions depend on the fixed price assumption and to emphasize, as the authors of the neo-Classical synthesis did, that Keyesian models are a special case of the classical theory.

Classification JEL : B22, E12

L'ouvrage *Monnaie, Chômage et Capitalisme*, de Franck Van de Velde entend rendre compte de l'unité et de l'apport de la pensée de Keynes. Dans une première étape, l'étude pointe les divergences entre Keynes et la théorie néo-classique. Le message de Keynes est ensuite précisé au moyen d'un modèle permettant de mettre en évidence au moins un équilibre avec chômage involontaire. Ce résultat, insiste Franck van de Velde, Keynes le déduit dans les conditions de flexibilité des salaires et des prix, point développé à partir du chapitre 19 de la *Théorie générale*. L'argument fondamental est qu'une réduction du taux de salaire monétaire, parce qu'elle

1. PHARE, Université de Paris 1 Panthéon-Sorbonne, Maison des sciences économiques, bureau 326, 106-112, boulevard de l'Hôpital, 75647 Paris cedex 13. E-mail : michael.assous@univ-paris1.fr. Je remercie Claire Pignol, Claude Marguet et Goulven Rubin pour leurs remarques et suggestions. L'auteur reste évidemment seul responsable des omissions et erreurs qui pourraient exister.

est susceptible de déprimer la demande effective, n'assure pas nécessairement le retour au plein emploi. La lecture de Franck Van de Velde nous semble fondamentalement conforme au message de Keynes. Par contre, nous ne pensons pas qu'un modèle statique, comme celui qu'il élabore, soit à même de le restituer complètement : les phénomènes décrits par Keynes sont *dynamiques*, nous pensons qu'ils doivent être décrits dans un modèle *dynamique*. Décider de raisonner à partir d'un modèle statique comme le fait ici Franck Van de Velde, c'est courir le risque de faire de la rigidité des salaires monétaires et des prix la marque distinctive de la théorie keynésienne et se condamner comme les auteurs de la synthèse néoclassique à faire du modèle keynésien un cas particulier de la théorie classique.

Un des objectifs de la *Théorie générale* est de démontrer la possibilité d'un chômage involontaire. Dans les chapitres 1 à 18, Keynes définit une analyse statique en termes d'équilibre de courte période, d'équilibre temporaire (au sens de Hicks, 1939). Comme il nous le rappelle au début du chapitre 18, il nous faut prendre comme données deux catégories de variables : les fondamentaux usuels d'une part et la quantité de monnaie, les salaires monétaires et l'état des anticipations de l'autre. Or, même si son analyse s'écarte significativement de l'analyse classique, la démonstration de l'existence d'un continuum d'équilibres à salaire fixe est insuffisante pour montrer que le chômage involontaire est possible. Si l'on bloque un mécanisme d'ajustement concurrentiel en fixant un prix, il est normal du point de vue classique qu'il en résulte du chômage. Pour démontrer le caractère involontaire du chômage, il faut encore montrer que ce chômage ne peut être amélioré par le mécanisme spontané du marché. C'est dans ce but que Keynes passe d'une analyse statique à une analyse dynamique dans laquelle la question centrale devient celle de la stabilité de l'équilibre de plein emploi.

Plus précisément, c'est en déterminant les conditions dans lesquelles l'équilibre de plein emploi est instable qu'il est possible de mettre en évidence la conclusion de Keynes selon laquelle la rigidité des salaires n'est pas la cause du chômage mais au contraire la garantie d'un certain niveau d'emploi. Si l'analyse statique n'est pas adéquate, c'est parce qu'elle implique nécessairement d'écarter certains arguments essentiels. Dans ce cas, en effet, seuls jouent ceux provoqués par des niveaux de prix et de salaire plus faibles et non ceux provoqués par leur variation au cours du processus d'ajustement qui sont susceptibles de les neutraliser.

Un niveau de salaire plus faible, en réduisant les coûts des entreprises peut augmenter l'emploi à condition que leurs recettes restent inchangées. Mais une telle condition, en raison de la baisse de la demande globale de consommation n'a aucune raison d'être réalisée. Pour un niveau inchangé de l'investissement, l'équilibre sera rétabli par une baisse des prix exactement proportionnelle à celle des salaires. Au final, la production et l'emploi demeureront inchangés. Les salaires réels, les marges de profit réelles, en fait toutes les variables réelles resteront inchangées.

L'effet d'un niveau de salaire et de prix plus faible sur lequel il est possible de compter est le fameux effet Keynes. A la suite de la baisse des prix, les revenus nominaux diminuent tandis que la masse monétaire exprimée en valeur augmente. En conséquence, la demande de liquidité pour motifs de transaction est réduite. Une partie de la liquidité excédentaire est alors utilisée à l'achat de titres, il en résulte une baisse du taux d'intérêt et du même coup un accroissement de l'investissement. Encore renforcé par le multiplicateur, l'effet Keynes est en mesure de stimuler la production et l'emploi[2]. C'est ce raisonnement qui fait dire à Keynes que la déflation des salaires et des prix, similaire à une augmentation de la quantité de monnaie, est un équivalent un peu étrange d'une politique monétaire. Keynes lui-même avait vu les conditions qui neutralisent cet effet. Quand les taux d'intérêt qui s'appliquent aux investissements sont au plus bas, une augmentation de la quantité réelle de monnaie, qu'elle résulte de l'intervention active de la banque centrale ou de la déflation peut s'avérer inefficace : c'est le cas de la trappe à liquidité.

Dans ce cas, le seul effet susceptible d'accroître l'emploi est l'effet Pigou. La réévaluation en termes réels des encaisses monétaires et des autres actifs libellés en monnaie, en augmentant le patrimoine net des consommateurs, peut induire un accroissement de la consommation suffisamment important pour restaurer l'équilibre de plein emploi. Il est vrai, comme l'indique Kalecki (1944), que lorsque les dépôts bancaires comptabilisés comme de la monnaie ont une contrepartie directe ou indirecte dans la dette privée, la seule monnaie susceptible de constituer un élément du patrimoine net du secteur privé est celle ayant l'or pour contrepartie. Comme en convient Pigou, la base monétaire laissée aux prix pour agir sur la consommation est très restreinte. Mais comme Leontief l'a observé, une déflation suffisante peut permettre d'acquérir la totalité du produit avec 10 cents. Bien sûr, les effets d'une réévaluation des dettes sont susceptibles de modifier la répartition de la richesse entre débiteurs et créanciers et d'éclipser les effets positifs de la hausse de la valeur réelle de la richesse nette de l'économie. Pigou n'ignorait pas que les débiteurs ont

2. Keynes écrit l'équation monétaire : $M = PL_1(y) + L_2(r)$ où M désigne la quantité nominale de monnaie supposée fixe, P le niveau général des prix, y le produit réel et r le taux d'intérêt nominal. Franck Van de Velde rappelle que cette relation implique que "la demande de monnaie pour motif de spéculation (ou encore le partage de la richesse financière des agents entre monnaie et titres) est indépendante du prix monétaire des biens". Comme l'indique à ce sujet Patinkin, (1965, p. 254 et suiv ., note K2 p. 637 et suiv.) cela signifie, puisque les grandeurs M et r sont nominales, que la demande de monnaie spéculative est affectée par l'illusion monétaire. En effet, si les individus "are confronted with a doubled price level, ...their demand for nominal balances $L_2(r)$ remains invariant, so that their demand for real speculative balances will decrease" (P. 254, cité par Benetti (1998). Cette critique est juste. Pour autant, l'effet Keynes n'est pas remis en cause. Il ne le serait que si l'illusion monétaire portait sur toute la demande de monnaie et non seulement sur la demande spéculative, ou, ce qui revient au même, si la demande de monnaie était identifiée à la seule demande spéculative, ce qui n'est évidemment pas conforme à l'argument de Keynes (Benetti (1998)).

par nature une propension marginale à consommer plus élevée que celle des créanciers. Il comprenait donc parfaitement que lorsque les prix et les salaires baissent pendant le processus d'ajustement, le service de la dette risque d'absorber une fraction supérieure du revenu des débiteurs et, via la réduction de leurs fonds propres, de les disqualifier pour solliciter de nouveaux crédits. Pigou avait aussi conscience que devant la détérioration de leurs fonds propres, les entreprises débitrices étaient susceptibles de donner la priorité à la restauration de leur structure financière sur l'investissement réel. En somme, il était prêt à reconnaître que le déclin de la valeur marchande réelle des capitaux propres des entreprises pouvait dépasser très largement les gains des créditeurs. Mais une séquence dans laquelle les prix et les salaires diminuent et les dettes gênent les débiteurs - qui n'ont jamais anticipé les niveaux effectifs de prix et de salaire - ne peut être décrite que par une analyse dynamique.

Quand on réalise une analyse statique, on doit admettre que l'évolution des prix a été correctement anticipée. C'est pourquoi dans ce type d'analyse, quand bien même la richesse nette de l'économie est très faible, l'effet Pigou suffit à restaurer l'équilibre. Imaginons en effet deux économies en tout point identiques dans lesquelles les taux de salaire réels, les autres prix réels et les quantités réelles sont les mêmes. Admettons maintenant qu'au cours de la période, les prix et les salaires diminuent deux fois plus dans la première économie que dans la seconde. Si les dettes sont contractées avec la prescience de l'évolution des prix dans chacune des deux économies, on est bien forcé de reconnaître que le plein emploi sera plus rapidement atteint dans la première économie que dans la seconde.

Bien sûr, la révision des anticipations de long terme découlant de l'extrapolation d'une tendance à la baisse des salaires et des prix, en risquant de déprimer l'efficacité marginale du capital et donc l'investissement, sera aussi décisive pendant le processus d'ajustement. Si les forces qui abaissent les salaires et les prix sont faibles, la sous-production prolongée des capacités de production peut compromettre gravement l'efficacité marginale du capital. Dans les récessions de brève ou moyenne durée, les investissements sont maintenus par la conviction que l'emploi élevé et la prospérité sont la norme en longue période. Cependant, dès que cette confiance est détruite, il est terriblement difficile de la ranimer. Mais une telle analyse dans laquelle les anticipations de long terme ne seraient pas forcément vérifiées relève de la dynamique et non de la statique. La condition d'équilibre stationnaire impose en effet la réalisation des anticipations de long terme. Ainsi, pour rendre compte des effets déstabilisants provoqués par la baisse des salaires, il est donc nécessaire de raisonner dans un cadre dynamique[3].

---

3. James Tobin (1975, 1993) met l'accent, en particulier, sur l'effet déstabilisateur des endettements en utilisant des modèles qui mélangent des caractéristiques keynésiennes et néo-classiques. Cette voie a

Il faut reconnaître cependant que l'analyse dynamique présente de graves inconvénients. Comme cela arrive souvent en matière d'ajustement, le résultat dépend de la force des effets favorables de niveau de salaire et de prix plus faibles par rapport aux effets défavorables de leur variation. D'autre part, les conclusions de ce type de modèles n'ont pas toujours un caractère général dans la mesure où elles dépendent des valeurs des coefficients de réaction. Enfin, les difficultés pour résoudre les modèles dynamiques obligent parfois à adopter les méthodes de simulation, au demeurant incertaines. Mais tenter de les améliorer ne demeure-t-il pas un défi passionnant pour les économistes ?

---

aussi été approfondie par P. Howitt (1978) ou plus récemment par H. Klausinger (2002) et P. Flaashel, R. Francke et W. Semmler (1996) ;

BIBLIOGRAPHIE

Benetti, C. (1998) La structure logique de la *Théorie générale* de Keynes, *Cahiers d'Économie Politique*, 30-32, pp. 11-48.

Flaaschel P.; Franke R. et Semmler W. (1996), *Non-linear Macrodynamics-Instability, Fluctuations and Growth in Monetary Economies*, Cambridge, MIT Press

Howitt, P. (1978) "The limits to stability of a full employment equilibrium", *Scandianvian Journal of Economics*, 80, pp. 265-282.

Tobin, J. (1975) "Keynesian models of recession and depression", *American Economic Review* (Papers and Proceedings), 55, pp. 195-202.

Tobin, J. (1993) "Price Flexibility and output Flexibility: an old Keynesian View", *Journal of Economic Perspectives*, 7, pp 45-65.

Van de Velde, F (2004), *Monnaie, Chômage et Capitalisme*, Presses Universitaires du Septentrion.

SUR FRANCK VAN DE VELDE - KEYNES

Arnaud BERTHOUD

Résumé :
Question à F. Van de Velde : au cœur du capitalisme se trouve l'argent qui circule sous la forme d'un prêt remboursé avec intérêt – la monnaie de crédit et l'intérêt bancaire. L'intérêt bancaire est la pierre d'angle du capitalisme. Quelle est la nature ou la légitimité de cette grandeur ? Pourquoi Keynes ne traite-t-il pas cette question ?

Le point fort de l'ouvrage de F. Van de Velde porte sur l'opposition entre Keynes et Ricardo. Ricardo, c'est "l'économie réelle de production" ; Keynes, "c'est l'économie monétaire de production". "Économie de production" comme état de la richesse globale d'une société donnée dont il s'agit d'examiner, dans les deux cas, les conditions de reproduction et de répartition des différentes formes de produit ; "économie réelle" chez Ricardo, parce que la richesse et le désir des agents ont pour forme majeure des biens et des marchandises et "économie monétaire" chez Keynes, parce que la richesse et le désir des agents ont pour forme majeure la monnaie elle-même ou l'argent. C'est de cette manière que Keynes comprend le capitalisme et veut se situer dans la ligne des mercantilistes, de Hume ou de Marx. L'argent est la forme principale de richesse dans toutes les sociétés modernes et le problème économique n'est pas de déterminer les conditions de viabilité d'une société économique en général, mais les conditions de viabilité d'une économie dont la croissance et l'équilibre dépendent de cette passion fondamentale. Or l'argent auquel s'adresse le désir dans le capitalisme, c'est l'argent qui circule sous la forme d'un prêt remboursé avec intérêt. Au cœur du capitalisme se trouvent donc le prêt et l'institution bancaire qui en assure l'extension universelle. C'est le prêt ou le circuit "qui double au sens comptable du terme les opérations économiques de production, répartition et accumulation des biens réels" (p.151). C'est le prêt ou le circuit de l'argent comme créances ou dettes qui donne aux échanges leurs formes spécifiques de marché et qui rattache leurs conditions particulières d'équilibre à son mouvement général ou à son "enchaînement de quatre phases depuis la création de la monnaie jusqu'à la résorption en passant par la création et l'appropriation du produit" (p.158). Tous les marchés sont ainsi faits d'une relation entre une grandeur exprimant une forme du produit et une grandeur exprimant l'argent ou ce que F.V. à la suite de Keynes appelle la monnaie de crédit et dont le prêt est la source. C'est le cas en particulier du marché du travail ou de la relation salariale pour laquelle la monnaie fonctionne comme "intermédiaire de production" avant de fonctionner et de pouvoir fonctionner sur le marché des biens comme intermédiaire d'échange ou sur le marché financier comme réserve de valeur (p.165). Selon F.V., l'insistance sur la fonction d'intermédiaire de production de la monnaie de crédit traduit ainsi d'une manière privilégiée l'opposition de Keynes à Ricardo - et avec Ricardo, tous "les klassiques".

Quelle est plus précisément cette fonction ? Trois fonctions monétaires, trois marchés fondamentaux comme autant d'institutions et de règles, dit F.V. p.196. A ces marchés correspondent à leur tour des acteurs et leurs motifs. Ainsi au moyen de paiement correspondent le marché des biens, les ménages et les entrepreneurs avec leurs motifs de consommateurs et d'investisseurs ; à la réserve de valeur correspondent le marché des actifs financiers, les spéculateurs et leurs motifs relatifs aux gains financiers. A quoi correspond "l'intermédiaire de production" ? Cette fonction concerne en fait deux institutions différentes : l'échange salarial ou marché du travail où se rencontrent les motifs des entrepreneurs et les motifs des travailleurs ; le prêt-emprunt où se confrontent les motifs des banquiers et les motifs des entrepreneurs. En cela, elle est stratégique. En reliant deux institutions aussi différentes que la banque et le salariat, elle donne à l'économie sa forme. Elle est en fait une fonction d'organisation de l'économie, comme le suggère une note p. 129. Ici, la monnaie de crédit n'est donc pas seulement "un intermédiaire". Elle est quelque chose de plus : elle exprime directement le fait que l'économie est une hiérarchie d'acteurs différents où les uns dominent les autres en imposant leurs motifs et leurs règles. Le banquier s'impose à l'entrepreneur et l'entrepreneur s'impose au travailleur. Le prêt enveloppe les marchés à titre de moments ; le marché du travail, le salariat ou la forme monétaire du revenu du travail détermine les autres formes marchandes. C'est ainsi qu'il y a "enchaînement".

Il faut donc souligner que le prêt-emprunt entre banquiers et entrepreneurs est une opération irréductible aux échanges qui commencent seulement à sa suite. Quelle est la grandeur par laquelle indiquer alors la différence des actes et des motifs ? Il s'agit de l'intérêt bancaire ou de l'intérêt perçu à l'occasion de la création de la monnaie de crédit – intérêt qui n'est pas une monétisation d'un intérêt réel mais toujours et immédiatement un intérêt monétaire ou un intérêt perçu sur prêt d'argent. Il est d'une autre espèce que l'intérêt financier qui vaut sur le marché des actifs financiers et dont les étagements indiquent les degrés de liquidité. Quelle est précisément cette espèce ou la nature de l'intérêt bancaire : non pas quels sont les facteurs qui déterminent son niveau en plus ou en moins, mais d'abord et plus profondément quelle est la nature de cette grandeur c'est-à-dire aussi la rationalité ou la légitimité de son existence ? Keynes répond-il à cette question ? L'étude de F.V. semble bien ignorer ce point. Dire qu'il est une institution acquise semble une esquive. Il faut dire davantage, mais quoi ? Il ne peut pas être tenu pour un prix – par exemple le prix d'un service temporel - puisqu'il n'y a pas véritablement échange à ce premier stade du circuit, mais seulement prêt – échange défini comme relation de dépendance mutuelle dont le prix est le caractère distinctif ; prêt défini comme relation de dépendance unilatérale dont la durée limitée est le caractère distinctif. Il ne peut pas être non plus tenu pour une prime de risque dont la grandeur mesurerait la fragilité et la défaillance possible de l'emprunteur, puisqu'il est calculé anonymement comme un pourcentage sur un montant donné et non pas comme une somme fixe liée à une opération personnelle. Il ne peut pas enfin être tenu pour une part anticipée du revenu ou du profit que l'entrepreneur penserait pouvoir tirer de sa production, parce que ce serait retomber alors dans l'économie réelle de production de forme ricardienne ? La question semble sans réponse.

Mais faut-il poser cette question ou, plus précisément, faut-il demander à Keynes puis à F.V. d'instruire une question sur la nature, la rationalité et la légitimité du taux d'intérêt dans le prêt d'argent ? D'un côté, oui : la question porte en fait sur la nature de la monnaie de crédit par opposition à la nature de la monnaie dans l'échange. Celle-ci apparaît le plus souvent comme marchandise dont la valeur est fixée par la règle marchande ou par simple convention – ici première étymologie, monnaie, nomisma, règle ou convention. Celle-là apparaît comme enfant de l'intérêt - selon le jeu de mot proposé par Aristote : intérêt, tokos, enfant engendrant son propre père, le capital - ou comme valeur gagée par un objet sacré - selon la seconde étymologie, monnaie, moneta, objet sacré déposé dans le temple de Junon la déesse de la prédiction et de l'avertissement, moneo. Mais désigner des étymologies ou raconter des genèses, ce n'est que faire écho à des définitions d'usage, ce n'est pas composer une définition réelle ou une définition conceptuelle délimitant l'essence ou la nature d'une chose. Oui, il semble qu'on puisse exiger de Keynes - et d'une étude sur sa pensée - que la nature de la monnaie de crédit soit délimitée par une définition construite par opposition à la monnaie d'échange, puisque la monnaie de crédit est tenue par lui pour le premier objet économique dans le capitalisme. D'un autre côté, non : exiger de Keynes l'attitude spéculative à la base d'une définition conceptuelle, ce serait vouloir le hisser à l'étage philosophique d'Aristote, de Marx ou de Walras où son pragmatisme n'a que faire. Il ne s'agit pas pour lui, comme on l'a dit, de proposer les notions d'une théorie pure sur l'économie ou la monnaie en s'adressant à son lecteur comme à un pur esprit. Il s'agit comme Ricardo d'énoncer à l'adresse de l'homme d'État les notions d'une économie politique permettant à celui-ci d'agir ou de ne pas agir en connaissance de cause. "L'économie monétaire de production" ou la connaissance des conditions de reproduction et de répartition de la richesse globale sous l'effet du jeu de la monnaie de crédit relève "d'un choix de variables que l'autorité centrale est capable de contrôler ou de gouverner délibérément dans le genre de système où nous vivons réellement" (T.G. 1969, p.253). Dans cette perspective, l'attitude spéculative est "vaine ou inutile" comme le dit Pascal à propos de la physique de Descartes et les définitions d'usage suffisent en faisant des notions de bons outils et des moyens d'action acceptables par le bon sens : le sens de la monnaie de crédit s'épuise alors dans la connaissance de son fonctionnement.

Que dire en définitive sur la question ? Faut-il oui ou non regretter que la monnaie de crédit et l'intérêt bancaire soient donnés comme des variables "contrôlables" sans en connaître plus avant la nature ou l'essence ? Peut-être le seul reproche à faire à F.V. est de ne pas avoir exposé franchement la difficulté et son enjeu. Sous quelle forme d'ailleurs en résumer l'enjeu ? Je propose de relire ce texte fort connu de Keynes écrit en 1919 dans "Les Conséquences Économiques de la Paix" en écho à une idée de Lénine. "Il n'y a pas de moyen plus subtil et plus sûr de renverser les bases d'une société que de corrompre sa monnaie. Le processus met au service de la destruction toutes les forces cachées de l'économie et s'exerce d'une manière que pas un homme sur un million n'est capable de diagnostiquer" (1971, p.149). Keynes pense évidemment à l'inflation. On peut aller plus loin et considérer que ce qui protège le mieux les sociétés capitalistes de la destruction et sa monnaie de crédit de "la corruption", ce n'est pas l'absence d'inflation qui concerne aussi bien toute forme de monnaie, mais c'est d'abord la complicité ou l'aveuglement consensuel de nos sociétés sur l'irrationalité, l'illégitimité ou l'injustice du taux d'intérêt.

LA PLACE DE LA MONNAIE CHEZ KEYNES EN RÉPONSE À QUELQUES COMMENTAIRES

Franck VAN DE VELDE

Dans sa recension de *Monnaie, Chômage et Capitalisme*[1], G. Rubin (G. R.) oppose deux types de coordination : coordination néo-classique par les prix et coordination keynésienne par la monnaie. En opposition à ce point de vue, je voudrais soutenir l'idée que l'intégration de la monnaie à l'économie réelle constitue la condition d'une véritable coordination par les prix. En analyse keynésienne, la coordination des agents économique est bien assurée par les prix, mais c'est la prise en compte de l'ensemble des fonctions de la monnaie qui rend possible cette coordination marchande.

Comme G. R., par "coordination marchande", j'entends la mise en compatibilité des plans individuels par équilibration des marchés. Ceci étant admis, deux questions apparaissent : quelle équilibration ? Quels marchés ? C'est en réponse à ces deux questions que se révèle le fondement de la rupture introduite par Keynes et que l'importance déterminante de la monnaie se fait jour.

Quelle équilibration ? Une équilibration vraiment marchande présuppose la monnaie. Elle signifie en effet que l'équilibre est le produit des actions des agents eux-mêmes, qu'il est le résultat des réactions effectives des agents au déséquilibre. Or, ce qui permet aux agents d'agir en déséquilibre, c'est-à-dire alors que leurs plans ne sont pas encore compatibles, c'est justement l'existence de la monnaie. C'est l'existence de la monnaie qui permet l'existence du déséquilibre, l'action des agents en déséquilibre et, finalement, l'équilibration comme produit de l'action des agents eux-mêmes.

Mais l'incidence de la prise en compte de la monnaie ne s'arrête pas là. L'institution monétaire détermine en outre la structuration de l'économie en marchés, la nature des marchés qui sont maintenus en équilibre par les réactions des agents au déséquilibre.

1. *Cahiers d'Économie Politique*, n°52, juin 2007.

Quels marchés sont équilibrés par variations des prix et des quantités, grâce à l'existence de la monnaie ? Comme les néo-classiques, Keynes conçoit l'économie moderne comme un système de marchés interdépendants. Cependant, d'une théorie à l'autre, les marchés fondamentaux autour desquels l'économie est organisée ne sont pas du tout les mêmes. Et ce qui détermine le passage des marchés néo-classiques aux marchés keynésiens c'est encore une fois la prise en compte de la monnaie et, plus précisément, l'intégration à l'économie réelle de la monnaie de crédit, c'est-à-dire de cette forme de monnaie consubstantielle à l'économie capitaliste de marché.

La représentation néo-classique du monde économique est organisée autour de deux marchés parfaitement fictifs : un marché du travail contre biens d'un côté, et un marché des biens présents contre biens futurs de l'autre. L'essentiel se passe sur le marché du travail. C'est là que sont déterminés le salaire réel et l'emploi et, au-delà, le revenu réel et son partage entre revenus de la propriété et du travail. Le fonctionnement du marché des "fonds prêtables" détermine quant à lui le taux d'intérêt et le partage de la production entre consommation et investissement.

Pourquoi une telle représentation ? On peut y voir deux raisons. L'intérêt analytique d'abord. Dans une telle représentation, il existe deux lieux distincts pour la confrontation directe des deux types de préférences des ménages d'un côté, et des deux espèces de contraintes technologiques des entrepreneurs de l'autre. Le marché du travail néo-classique permet la confrontation des préférences des ménages relatives au loisir et à la consommation avec les contraintes de production des entrepreneurs. Quant au marché des fonds prêtables, il assure la confrontation des préférences pour le présent des ménages et des contraintes technologiques d'investissement des entrepreneurs. En dehors de son intérêt analytique, d'où a pu venir l'idée d'une telle représentation ? Les néo-classiques partent de l'idée que les comportements d'offre et de demande de travail sont déterminés par la valeur du salaire réel. De là ils déduisent que tout se passe (et qu'on peut raisonner) comme s'il existait un marché sur lequel le travail s'échange directement contre des biens produits. Or, une économie dans laquelle existerait un tel marché serait nécessairement régie par la loi des débouchés. Un déséquilibre de surproduction générale et un chômage causé par une insuffisance de la demande globale y seraient tout simplement inconcevables.

La prise en compte de la monnaie se traduit par une réorganisation complète du système des marchés. Le marché néo-classique du travail contre biens se trouve scindé en deux marchés keynésiens : du travail contre salaire monétaire d'un côté, des biens de consommation contre dépenses des ménages de l'autre. Quant au marché des "fonds prêtables", il se retrouve divisé en deux marchés, correspondant respectivement aux aspects réel et financier du capital : marché des biens capitaux produits contre dépenses d'investissement des entreprises d'un côté, et marché des titres contre monnaie de l'autre. Si l'on regroupe les deux marchés de biens en un seul, on obtient une organisation de la production, de la répartition et des échanges autour de trois marchés qui n'ont rien d'imaginaire et qui correspondent exactement aux trois fonctions de la monnaie de crédit. Au marché du travail correspond la fonction d'intermédiaire de production, qui constitue la fonction première de la monnaie. Au marché des biens correspond la fonction de moyen de paiement. Et au marché des titres est associée la fonction de réserve de valeur.

Dans le cadre de l'économie monétaire de production, c'est-à-dire de la représentation keynésienne de la structuration en marchés de l'économie, le marché de loin le plus important est celui des biens. C'est sur ce marché que sont déterminés l'emploi, la production et sa répartition entre salaires et profit. L'emploi y est déterminé par les comportements de production et d'investissement des entrepreneurs et par le comportement d'épargne des ménages. Le comportement d'offre de travail des ménages n'intervient pas dans la réalisation de l'équilibre sur le marché des biens, c'est-à-dire dans la détermination du niveau de l'emploi. C'est pour cette raison que l'équilibre du marché des biens n'a aucune raison a priori de correspondre à une situation de plein emploi.

Le fondement de l'opposition systématique de Keynes aux néo-classiques est donc de nature macro-économique ou institutionnelle, non pas micro-économique ou comportementale. D'une théorie à l'autre le comportement des joueurs est identique, mais les règles du jeu sont profondément différentes. L'économie moderne est certes une économie de marché, mais une économie capitaliste de marché, et même une économie marchande parce que capitaliste. En un mot, une "économie monétaire de production", dans laquelle la fonction première de la monnaie est celle d'instrument de rémunération du travail. C'est de là que procède la série des oppositions de Keynes aux néo-classiques, au premier rang desquelles la substitution du principe de la demande effective à la loi des débouchés et de la théorie de la préférence pour la liquidité à la théorie des fonds prêtables.

Réponse à Michaël Assous

L'intervention de M. A. est centrée sur la question de savoir si, dans une situation de sous-emploi liée à une insuffisance de la demande globale, une baisse du salaire monétaire serait susceptible de ramener l'économie vers le plein emploi.

C'est effectivement sur cette question que se sont concentrés la plupart des débats qui ont suivi immédiatement la publication de la *Théorie Générale*. Or cette question n'a de sens que dans le cadre analytique élaboré par Keynes. La baisse des salaires monétaires n'est en effet susceptible d'avoir un effet favorable sur l'emploi qu'à travers son effet sur la demande de biens pour investissement des entreprises (effet Keynes) ou sur la demande de consommation des ménages (effet d'encaisses réelles), et nullement à travers une baisse du salaire réel. Lorsque le débat a été lancé, tout se passait donc comme si tous les participants se situaient dans le nouveau cadre analytique élaboré par Keynes. Par des détours fort compliqués, le débat s'est néanmoins achevé, quelques décennies plus tard, par un retour pur et simple aux classiques.

Keynes raisonne effectivement en deux temps. Il étudie d'abord le fonctionnement des marchés des biens et de la monnaie contre titres pour une valeur donnée du salaire monétaire. Et, dans un deuxième temps (chap. XIX de la *Théorie Générale*), il étudie les effets sur l'équilibre d'une éventuelle baisse du salaire monétaire provoquée par le chômage. Il est important de rappeler que dans le premier temps du raisonnement, si le salaire monétaire est donné, le prix du bien et donc le salaire réel sont parfaitement flexibles. Il nous semble donc abusif de parler de "rigidité des salaires *et des prix*", comme le fait M. A. à la suite de la plupart des auteurs de manuels.

Il existe deux arguments majeurs à l'encontre de l'efficacité de "l'effet Keynes". Si la création monétaire destinée à répondre au motif de transaction est endogène, l'effet sur le taux d'intérêt d'une baisse des salaires et des prix nominaux perd tout fondement, comme l'indique explicitement Keynes : "Si la quantité de monnaie est elle-même fonction du niveau des salaires et des prix, il n'y a alors rien à espérer dans cette direction" (Keynes, 1936, p. 266). Le second argument, sur lequel Keynes revient également plusieurs fois, est que si la baisse du salaire monétaire est susceptible d'avoir le moindre effet, la politique monétaire constitue alors un moyen beaucoup plus simple et efficace d'obtenir le même résultat.

Quant à l'effet Pigou, aux diverses restrictions signalées par M. A., on peut ajouter le scepticisme de son "inventeur" lui-même: "Les exercices auxquels nous nous sommes livrés dans la dernière section sont des exercices d'école qui peuvent contribuer à éclairer la pensée, mais qui n'ont quasiment aucune chance de se retrouver jamais sur l'échiquier de la vie réelle." (Pigou, 1947, p. 251)

Ce en quoi M. A. a tout à fait raison, c'est qu'il est indispensable de distinguer entre la comparaison de deux économies ne différant que sous le rapport du niveau général des salaires monétaires d'une part, et l'étude de l'évolution d'une économie soumise à une baisse des salaires monétaires d'autre part. Le second problème relève effectivement d'une analyse dynamique. Il est incontestable que Keynes ne construit pas de "modèle dynamique", sans doute en raison des difficultés et inconvénients de ce genre d'analyse que M. A. évoque lui-même à la fin de son texte. S'il ne construit pas de modèle dynamique, Keynes raisonne néanmoins "dynamiquement" en insistant sur l'importance des anticipations de poursuite de la baisse des salaires et des prix : "Si la réduction des salaires monétaires est perçue comme devant être une réduction par rapport aux salaires futurs, elle sera favorable à l'investissement, parce qu'elle accroîtra l'efficacité marginale du capital, et elle pourra favoriser la consommation. Par contre, si la baisse amène à penser qu'il y aura une nouvelle baisse à l'avenir, l'effet est alors inverse. Une telle anticipation réduira l'efficacité du capital et conduira à reporter les dépenses d'investissement et de consommation" (Keynes, 1936, p. 263).

Réponse à Arnaud Berthoud

La différence entre l'économie réelle de Ricardo et l'économie monétaire de Keynes ne me semble pas se situer principalement au niveau de la "passion fondamentale" qui anime les agents : désir des marchandises dans un cas, passion pour la monnaie elle-même dans l'autre. Insister sur l'argent comme objet de la "passion fondamentale" de l'agent keynésien peut conduire à se focaliser sur les méfaits de la thésaurisation. Or, chez Keynes, ce n'est pas tant la thésaurisation que l'épargne, qu'elle soit placée ou non, qui peut poser problème, en cas d'insuffisance de l'incitation à investir. Plus généralement, la monnaie importe, non pas tellement en tant qu'objet privilégié des désirs des agents, qu'en tant que mode d'organisation de la production, de la répartition et des échanges de marchandises. L'introduction de la fonction de rémunération du travail de la monnaie a pour conséquence analytique que le salaire réel ne peut plus être déterminé dès le moment de la production, indépendamment des conditions d'écoulement du produit, comme c'est le cas chez Ricardo. C'est l'introduction du salaire monétaire qui permet de rompre avec la version classique de la loi des débouchés.

Il est certain cependant que le personnage central de la théorie ricardienne est un entrepreneur entièrement voué à l'accumulation du capital, le financier étant presque totalement absent du tableau. Chez Keynes par contre, tous les éléments se trouvent réunis d'un conflit entre entrepreneur et financier et, plus généralement, entre production et appropriation.

Il est incontestable que chez Keynes, la monnaie de crédit et l'intérêt bancaire sont pris comme donnés "sans en connaître plus avant la nature ou l'essence". Il n'empêche que Keynes a chamboulé de fond en comble la théorie du taux d'intérêt. Au lieu que celui-ci soit déterminé, comme chez les classiques aussi bien que les néo-classiques, par les facteurs réels de la productivité marginale du capital et de la dévalorisation psychologique du futur par rapport au présent, le taux d'intérêt "keynésien" se retrouve déterminé par la préférence pour la liquidité et la quantité de monnaie mise à la disposition des agents par le système bancaire. En un mot, l'intérêt n'est plus le prix de la renonciation à la consommation, mais le prix de la renonciation à la liquidité. Une variable déterminée de la sorte est susceptible de manipulation par "l'autorité centrale" et cette possibilité de manipulation constitue déjà une remise en cause de facto de la légitimité et de la justice de l'intérêt.

Pour en revenir à la comparaison entre Keynes et Ricardo, on retrouve chez les deux auteurs le même thème de "l'euthanasie des rentiers", de la libération de la production de l'emprise de la propriété. Dans le capitalisme émergent caractérisé par un système financier encore embryonnaire dont Ricardo fait la théorie, le revenu de la propriété par excellence c'est la rente foncière, et l'euthanasie des rentiers doit être obtenue par l'abolition des lois sur les blés. Dans le capitalisme parvenu à maturité de Keynes, c'est l'intérêt qui est emblématique des revenus de pure possession, et c'est une politique monétaire systématique d'argent à bon marché délivrée de toute crainte excessive de l'inflation qui doit permettre d'éviter que la propriété n'étouffe la production.

BIBLIOGRAPHIE

Keynes J. M. (1936), *The General Theory of Employment, Interest and Money, in* The Collected Writings of John Maynard Keynes, Vol. VII, London, Macmillan, 1973.

Pigou A. C. (1947), "Economic Progress in a Stable Environment", *Economica*, 14, August, p. 180-88.

UNE RÉPONSE À ARNAUD BERTHOUD

Frédéric LORDON[1]

On peut difficilement rêver mieux, présentant un programme de recherche spinoziste en sciences sociales, que d'être lu et commenté par Arnaud Berthoud, peut-être le plus philosophe des économistes. Mais cette chance ne va pas sans les inconvénients symétriques de ses avantages, car, philosophe, Arnaud Berthoud l'est presque trop ! La difficulté est réelle tant lui répondre exige d'en revenir à ce qu'il y a de plus philosophique dans la philosophie de Spinoza... c'est-à-dire à cela même que l'acclimatation du spinozisme en sciences sociales pourrait parfaitement – et en fait préfèrerait – tenir à l'écart. Ce n'est pas qu'il y aurait des parties honteuses du spinozisme qu'il faudrait cacher ! C'est plutôt que la différence des registres intellectuels de la philosophie et des sciences sociales est déjà en soi assez grande, et pose suffisamment de problèmes comme ça, pour que la difficulté marginale de "l'unité supplémentaire de philosophie" soit considérable. Or, en nous amenant dans les régions de la connaissance du troisième genre et de l'infinie puissance de Dieu, Arnaud Berthoud porte le débat à son plus haut niveau philosophique – probablement trop haut pour ce dont il s'agit vraiment : non pas lire Spinoza pour devenir un philosophe spinoziste de plus, mais le lire pour tirer de son œuvre ce qui s'adresse directement aux sciences sociales et leur parle de *leurs* problèmes.

Il n'y a donc pas lieu de s'étonner que la question de la pertinence pour les sciences sociales du détour de production spinoziste emporte sa propre réponse dès lors que ce détour est abordé par les aspects les plus philosophiquement exigeants du spinozisme... qui se trouvent être *de fait* les plus éloignés d'une possible utilisation en sciences sociales. On ne devrait pas être surpris en effet que l'invitation faite aux hommes à *"se transformer en idée pour se fondre à nouveau dans l'unique substance divine"* (p. 166)[2] ou à *"se faire [...] concept, idée ou substance logique et quasi-mathématique pour se faire joie et amour"* (p. 170) n'ait pas grand-chose pour parler au sociologue ou à l'économiste... Par parenthèses, et à débattre d'un point de vue strictement philosophique, il n'est pas certain qu'il faille entendre la voie

1. CNRS, CSE.
2. Dorénavant, par défaut d'autre indication, toutes les citations sont tirées du texte d'Arnaud Berthoud "Une réponse à Frédéric Lordon", *Cahiers d'Économie Politique*, n° 53, décembre 2007.

éthique spinoziste vers la béatitude comme un appel à "se faire idée ou concept" tant l'homme est corps pour Spinoza, jusques et y compris dans le procès de la libération dont, conformément à la thèse dite du parallélisme, la part corporelle ne le cède en rien à la part mentale – (Eth., V, 39) ne rappelle-t-elle pas que celui *"qui a un corps apte à un très grand nombre de choses, a un esprit dont la plus grande part est éternelle"* ?

En réalité, la réponse qu'il faudrait faire à Arnaud Berthoud est tout autre. La vraie réponse c'est que la partie proprement éthique de l'*Éthique*, à savoir sa partie V, "l'amour intellectuel de Dieu", la considération des choses "sous l'espèce de l'éternité", la "connaissance du troisième genre" et sa "science intuitive", n'intéressent que le commentaire philosophique, ou bien ceux qui veulent faire du cheminement libérateur esquissé par Spinoza une forme de vie personnelle, mais que, de toutes ces choses, les sciences sociales, en première approximation, n'ont rien à faire et ne peuvent rien faire. C'est pourquoi la réponse à la question que pose Arnaud Berthoud de savoir en quoi *"le désir ou la vie d'un sage sans feu ni lieu, qu'elle soit faite de fausse ou de vraie joie*[3]*, peut concerner les sciences sociales"* (p. 166) s'impose d'elle-même : il ne les concerne en rien. Les sciences sociales n'ont pas pour objet la vie des sages mais celle des hommes ordinaires. Ceux-là n'ont pas la moindre idée de ce qu'est la connaissance du troisième genre, ni même du deuxième, l'éternité n'est pour eux qu'un mot, généralement compris de travers, leur condition est l'hétéronomie de la vie passionnelle, dans le meilleur des cas tempérée de quelques onces de raison, bref *"les hommes tels qu'ils sont et non tels qu'on voudrait qu'ils fussent"* (TP, I, 1)[4]. Or Spinoza ne nous laisse nullement démuni pour parler de ces hommes ordinaires là, passionnés, aliénés, hétéronomes – nous ! –, il leur consacre même l'essentiel de son temps : appendice de la partie I, parties II, III et IV (pour moitié), enfin les traités politiques. C'est bien là que se trouve le spinozisme susceptible d'intéresser les sciences sociales – et non dans l'ontologie de la substance de la partie I ou dans la fulgurante échappée libératrice de la partie V.

Ce spinozisme-là commence avec le concept de conatus, effort de la persévérance dans l'être et énergie même de l'action. Mais là encore, deux lectures s'offrent, qui sont toutes parfaitement conformes au texte de l'*Éthique*, mais dont une seulement est utile aux sciences sociales. La première est ontologique et rappelle que chaque mode (chaque étant) n'est doté de puissance que par une sorte de délégation de la puissance infinie du Dieu-Nature, présente et comme "irradiée" en chaque chose. *"Dieu est cause immanente de toutes choses et non pas cause transitive"*

3. Au demeurant, s'il est vraiment un sage, ses joies ne peuvent être que "vraies" - en termes spinozistes : des "affects *actifs*" (par opposition aux affects passifs).
4. Soit *Traité politique*, chapitre I, paragraphe 1, dans la traduction de Charles Ramond, *Epiméthée*, PUF, 2005.

énonce (Eth., I, 18). En ce sens, Arnaud Berthoud est à coup sûr dans le vrai quand il rappelle que *"agir n'est rien d'autre qu'être une partie du divin, de la nature ou de l'unique substance – tout le reste n'étant que soumission, servitude ou passions tristes qui font le lit des produits de l'imagination et des notions confuses, inadéquates ou sans correspondance avec le déploiement de la substance"* (p. 166). Mais c'est pourtant ce "tout le reste" qui concerne les sciences sociales... Car la conscience d'être "partie du divin" est, là encore, réservée soit au commentaire extérieur des métaphysiciens, soit à la vie intérieure des sages. Pour tous les autres, le conatus, puissance à la fois causante et causée, demande plutôt à être restitué dans la chaîne infinie des déterminations des choses par les choses : *"Une chose singulière, ou, en d'autres termes, une chose quelconque qui est finie et dont l'existence est déterminée, ne peut exister ni être déterminée à agir, qu'elle ne soit déterminée à l'existence et à l'action par une autre cause qui est également finie et dont l'existence est déterminée ; et à son tour, cette cause ne peut pas non plus exister (etc.)"* (Eth., I, 28). Et voilà où philosophie et sciences sociales vont se distinguer : d'un côté la causalité divine immanente, de l'autre la causalité transitive intermodale. Que les modes humains "se causent entre eux", c'est-à-dire s'entr'affectent, inter individuellement et collectivement, voilà une proposition qui fait sens du point de vue des sciences sociales, et même, affirmant l'absolu empire de la détermination, exprime sous sa forme la plus haute l'idéal d'intelligibilité intégrale du réel qui est normalement celui de toute science. Une science sociale spinoziste peut bien garder en tête la métaphysique de la substance divine si elle en a le loisir, ou plutôt – tout de même... – pour se souvenir de ce qui fonde ontologiquement ses hypothèses. Mais son lieu propre, c'est le plan modal.

On peut ainsi comprendre l'immanence d'une manière moins abstraitement ontologique que ne le suggère la causalité divine. A l'usage des sciences sociales, sa formule pourrait être la suivante : il y a le monde et rien d'autre. A qui la trouverait banale, on suggère de tenter de la suivre jusque dans ses dernières conséquences... Car le monde sans aucun supplément, le monde sans transcendance est un monde sans norme ni valeur surplombantes. Spinoza dit alors logiquement du réel qu'il est perfection (Eth., I, 33, scolie II). A tout instant, tout état du monde en général, et de chaque chose en particulier, est parfait. Depuis le sort fait par Voltaire à Leibniz, on sait la difficulté de tenir ce genre de position. Votre maison s'écroule ? C'est parfait. Vous perdez un bras ? Parfait encore. Même les mieux disposés des correspondants de Spinoza ont du mal. Et nous donc... Alors Spinoza explique longuement. Considérer la disposition de ses deux bras comme "normale" n'est que l'effet de l'habitude que nous en avons eue avant la perte, et que nous prolongeons par le spectacle que les autres continuent d'offrir. Mais l'habitude n'est convertie en norme que par un tour de l'imagination. Les hommes n'eussent-ils été formés qu'avec un seul bras, l'idée d'en regretter un deuxième ne nous traverserait pas un instant l'esprit. Sauf les distorsions de l'imagination, le réel est donc toujours parfait, par quoi il faut simplement comprendre qu'il ne peut être autre qu'il n'est – conséquence en fait logique de la plénitude du déterminisme. Inutile d'inventer une référence ou une norme d'après laquelle ce réel serait déficitaire et nous donnerait le sentiment du "manque", l'imperfection n'est qu'un être d'imagination.

Ce qu'on appellera par facilité "l'esprit moderne" renâcle ici violemment à l'idée de ce qui lui semble une sorte de quiétisme ou de fatalisme prônant l'acceptation du monde tel qu'il est. Arnaud Berthoud d'une certaine manière se fait l'écho de cette réticence profonde qu'il porte à son niveau pertinent d'exaspération : le politique. *"La politique ne serait donc pas dans l'attente, comme le pense Kant, et elle ne supposerait pas un temps historique orienté par l'attente du meilleur. Elle serait un fait naturel qui ramasse et épuise dans l'actualité de son être à tout moment toutes ses possibilités et toutes ses virtualités"* (p. 167). C'est bien là une fois de plus que se manifeste la différence des points de vue respectifs de la philosophie et des sciences sociales. Si le philosophe est fondé à affirmer l'identité du réel et de la perfection, son homologue *social scientist* voit, lui, les choses tout autrement, et pour une raison très simple : c'est que les hommes voient les choses tout autrement ! A l'inverse du philosophe qui a pour tâche première de faire la critique des errements de l'imagination, le chercheur en sciences sociales a, lui, pour devoir d'en étudier la *productivité*. Que les hommes "délirent", comme le dit plus d'une fois Spinoza, n'est pas le problème, ce délire a des effets, il produit un monde ! Que le réel soit parfait, il y a peu de chance qu'on le leur fasse avaler. Et qu'ils l'acceptent tel qu'il est, pas davantage. Ils le trouvent déficitaire, souvent pénible, et ne cessent pas de former des idées sur ce qui le rendrait satisfaisant à leurs yeux. En conséquence, ils désirent et ils s'activent. Au niveau collectif, cette activité est une politique.

Il est temps de dire que la distinction du philosophe et du *social scientist* spinozistes a été un peu surjouée pour les besoins de la cause. Car, à la vérité, le philosophe spinoziste, conforme à son mot d'ordre de réalisme tel qu'il est énoncé dès l'ouverture du *Traité politique*, mais aussi dans la préface de la troisième partie de l'*Éthique*, a tout autant le souci de la vérité de l'immanence que de la méconnaissance dans laquelle en sont ordinairement les hommes, et de ce qui suit de cet état de méconnaissance – redisons que la plus grande part de l'œuvre de Spinoza est consacrée à penser les hommes "tels qu'ils sont". C'est donc à un super-philosophe, et qui n'aurait en fait rien de spinoziste, que s'adresse la critique d'Arnaud Berthoud. Un super-philosophe qui rentrerait chez lui une fois pensée la "perfection du réel" et laisserait les sciences sociales en plan avec cette seule idée – vraie, mais inutile. Mais ce n'est pas du tout ce que fait le spinozisme – philosophie et sciences sociales confondues. Le spinozisme pense *génétiquement* l'incompréhension de l'immanence par les hommes, leur sentiment de l'imperfection, et tout ce qui en résulte. Il en résulte un monde qu'il ne suffit pas de dire délirant – même s'il l'est objectivement ! – pour le disqualifier et s'exonérer de le penser – disqualifier est bien la dernière chose à laquelle pense Spinoza, dont on sait le parti de *"ne pas rire, [...], ne pas dé-*

plorer, encore moins [...] maudire, mais seulement comprendre" (TP, I, 4). Dans ce monde-là, la tension vers le meilleur est partout présente, aux niveaux aussi bien individuel que collectif. Le spinozisme d'ailleurs en rend parfaitement compte, non pas en ajoutant foi aux élaborations imaginaires spontanées des hommes et à leur croyance en des normes de perfection à réaliser, mais en identifiant dans la puissance expansive du conatus et dans le jeu des affects les moteurs véritables de la mise en mouvement. L'affect triste est une diminution de la puissance d'agir, indique Spinoza en une définition qui éloigne de tout psychologisme, l'affect joyeux, une augmentation (Eth., III, def. III). D'où suit que le conatus s'efforce en réaction, dans un cas pour recouvrer ses pertes, dans l'autre pour conserver, voire accroître, son gain. Être "sujet" du monde social, c'est en permanence être affecté, par des voies extraordinairement multiples et complexes. C'est dans ce jeu des affections des hommes par les hommes, aussi médiatisées soient-elles – et elles le sont hautement – qu'une science sociale spinoziste trouve son véritable objet.

Recouvrer ses pertes et conserver ses gains (de puissance) : voilà en effet un utilitarisme. Arnaud Berthoud en identifie parfaitement la caractéristique la plus déconcertante : c'est un *"utilitarisme sans valeur"* (p. 168). D'une certaine manière, c'est la même difficulté qu'Arnaud Berthoud décline méthodiquement dans tous ses registres. Dire l'absence des valeurs, en effet, n'est pas autre chose qu'en revenir à la thèse fondamentale de l'immanence : il n'y a aucun surplomb, ni transcendance ni ciel des normes. Mais dire qu'il n'y a pas de valeur en soi n'est en aucun cas nier qu'il y ait des "faits de valeur" dans le monde social. C'est même peu dire que l'hallucination valorisante est active : elle prolifère ! De même que l'identité philosophique de la réalité et de la perfection n'a jamais empêché les hommes de trouver le monde imparfait, de même l'absence de valeur en soi n'empêche pas que le délire valorisant soit d'une luxuriante productivité, et la croyance en ces valeurs produites d'une remarquable fermeté. A quoi sert la thèse de l'immanence dans ces conditions ? Non pas à nier ces faits de valeur, mais à ne pas se raconter d'histoire à leur propos. Et notamment à refuser de leur accorder ce que, par construction, ils réclament obstinément, à savoir de valoir *absolument*. Arnaud Berthoud cite une phrase de Thucydide qu'on croirait sortie du *Traité politique* : *"Toujours par une nécessité de nature, tout être exerce tout le pouvoir dont il dispose"*. Et pose ensuite la question : *"Quelle différence entre l'utilitarisme de la puissance que Lordon prête à Spinoza et ce propos d'historien sous le point de vue duquel tout valeur, toute justice ou toute légitimation morale devient nécessairement à son tour une force contre d'autres forces ?"*. La réponse est qu'il n'y en a pas. On parle de Spinoza, mais il faudrait citer Pascal : *"Ne pouvant faire qu'il soit force d'obéir à la justice, on a fait qu'il soit juste d'obéir à la force. Ne pouvant fortifier la justice, on a justifié la force..."*[5].

5. Pascal, *Pensées*, Lafuma, 81, p. 509, *Œuvres complètes*, Seuil, 2002.

Dès lors qu'il est acquis qu'elle n'a nullement pour intention de dénier un fait social aussi massif que la valorisation, la lucidité critique spinoziste devrait être trouvée bienvenue. Et ceci d'autant plus qu'elle ne s'arrête pas à faire voir le caractère d'illusion de la valorisation, mais se propose d'en analyser minutieusement les mécanismes de production, les modes opératoires et les ressorts de sa formidable efficacité. Dans un registre proche du renversement pascalien entre force et justice, la thèse spinoziste de l'immanence inverse littéralement l'ordre dans lesquels sont communément pensés désir et valeur. Loin que ce soit une valeur préexistante qui détermine les orientations du désir, ce sont au contraire les investissements du désir qui sont créateurs/instituteurs de valeur : *"Nous ne nous efforçons pas vers quelque objet, nous ne le voulons, ne le poursuivons ni ne le désirons pas parce qu'il est un bien, mais au contraire nous ne jugeons qu'un objet est un bien que parce que nous nous efforçons vers lui, parce que nous le voulons, le poursuivons et le désirons"* (Eth., III, 9, scolie). Mais alors d'où vient que nous le désirions ? Du jeu des affects. Une chose nous a affectés tristement ? Cette expérience nous détermine à la haïr, à la repousser et à la dire repoussante. Une autre chose nous a affectés joyeusement ? Cette *expérience* convertit la joie en amour, et l'amour en idée du bien : *"la connaissance du bien et du mal n'est rien d'autre qu'un affect de joie ou de tristesse en tant que nous en sommes conscients"* (Eth., IV, 8). Une multitude de déterminations organise ce jeu des affects, depuis l'aléa des rencontres de choses (Eth., III, 15) jusqu'au mimétisme des affects, notamment du désir (Eth., III, 27), en passant par des effets associatifs de contamination accidentelle d'affects (Eth., III, 15, cor.), et beaucoup d'autres effets, sociaux et institutionnels ; mais pas la valeur-en-soi qui serait là en attente d'être reconnue par nous.

Ainsi Spinoza, farouche négateur de la valeur objective, ne cesse pas de parler de la production des faits de valeur et n'est pas loin de considérer la rage avec laquelle nous "y" croyons comme un effet de la profonde ignorance dans laquelle nous nous trouvons de ce qui les a véritablement engendrés. Car – immanence toujours – ces "valeurs" ne tombent d'aucun ciel, elles sont toutes produites... par les hommes eux-mêmes ! Cerner les mécanismes de cette production, éminemment collective faut-il le dire, et qui met en jeu toute l'architectonique institutionnelle de la société, est peut-être l'une des promesses les plus intéressantes du spinozisme en sciences sociales. De cette production, le *Traité politique* donne le principe fondamental, sous sa forme la plus générale : c'est la *puissance de la multitude.* On ne dit pas aisément en quoi elle consiste en si peu de place. Le mieux est donc sans doute d'indiquer dans quels domaines on est susceptible de la voir à l'œuvre. Arnaud Berthoud demande d'ailleurs sur quelles matières concrètes le spinozisme pourrait opérer – et prouver son utilité en sciences sociales. Il a raison, c'est la seule démonstration qui vaille. Si le domaine monétaire s'est imposé comme l'une de ces matières, c'est parce que, comme le soutient André Orléan depuis longtemps, la question fondamentale qui s'y pose est celle de l'acceptation collective, c'est-à-dire du "faire autorité" ou du "s'imposer socialement". Or ce ne sont là que d'autres manières de dire le fait de *valoir*. Le modèle conceptuel de genèse de la monnaie que nous avons proposé[6] fait reposer entièrement l'émergence et la stabilisation d'un candidat unique à l'incarnation de la richesse sur l'opération de la puissance de la multitude, en tant qu'elle est créatrice d'*affects communs*. A ce modèle abstrait, l'expérience monétaire du Cartel des gauches[7] offre une situation historique particulièrement propice à mettre en évidence l'articulation des effets de *potentia multitudinis* et les productions de l'imaginaire collectif telles qu'elles s'expriment dans des affirmations de valeur – celle de la parité-or d'avant-guerre du Franc par exemple.

Pour ne pas entrer un seul instant dans les prétentions des "valorisants", le spinozisme n'en saisit donc pas moins, et pleinement, les faits de valeur qu'il restitue selon une génétique imaginaire et affective. A la question de savoir à quoi le spinozisme pourrait trouver à s'appliquer, c'est alors Durkheim d'une certaine manière qui fournit la réponse : *"les principaux phénomènes sociaux, religion, morale, droit, économie, esthétique, ne sont autre chose que des systèmes de valeur"*[8]. Il est vrai que tout le texte "Jugements de valeur et jugements de réalité" est d'un stupéfiant spinozisme... De ce qui fait l'efficacité du social comme force collective de détermination/normalisation des comportements individuels, Durkheim a l'intuition très vive, à laquelle il donne le nom de "puissance morale de la société". Mais il n'en a pas le concept. Or celui-ci peut être trouvé chez Spinoza et n'est autre que la puissance de la multitude. On se doute que ce n'est pas le simple fait de changer "société" en "multitude" qui fait passer de l'intuition au concept... C'est d'avoir une théorie articulée de la puissance et des affects, de leurs effets au niveau individuel et de leurs compositions au niveau collectif, de la façon dont les puissances investissent les choses du monde pour y planter du sens et dont ce sens s'étend et se structure en un imaginaire collectif, une théorie des constructions institutionnelles comme enchâssements de ce sens et de cet imaginaire collectif, c'est-à-dire des canaux de la puissance de la multitude, bref des multiples voies par lesquelles le corps social ne cesse de s'auto-affecter.

En définitive, je me demande si toutes les objections d'Arnaud Berthoud ne se ramènent pas en fait à une, qui est l'expression d'une sorte de prudence rationnelle : la proposition générale d'un spinozisme en sciences sociales ne lui semble pas complètement inintéressante, mais il demande à voir. Quitte à déformer gravement son

---

6. Frédéric Lordon et André Orléan, "Genèse de l'État et genèse de la monnaie : le modèle de la *potentia multitudinis*", in Y. Citton et F. Lordon (dir.), *Spinoza et les sciences sociales. De la puissance de la multitude à l'économie des affects*, coll. "Caute !", Éditions Amsterdam, 2008, téléchargeable à l'adresse : http://webu2.upmf-grenoble.fr/regulation/wp/document/RR_serieMF_2006-1.pdf
7. Frédéric Lordon, André Orléan, "La croyance monétaire, sa puissance et ses formes. Le Cartel des gauches et le “Mur de l'argent”", présentation au séminaire ARC2, Université Panthéon-Sorbonne, 11 février 2008.
8. Émile Durkheim, "Jugements de valeur et jugements de réalité", in *Sociologie et philosophie*, Quadrige, PUF, 1924, 1996.

intention réelle, et donc par un accès de *wishful thinking* où l'on reconnaîtra sans peine une forme typique du délire de l'imagination, j'aime à entendre cette demande, et spécialement de la part d'un lecteur aussi exigeant que lui, comme une sorte de crédit : demander à voir, n'est-ce pas au moins présupposer qu'il pourrait y avoir quelque chose à voir ?[9]

9; Impossible de le caser dans ce développement et impossible de ne pas le dire : je voudrais marquer mon désaccord avec la lecture économique d'Arnaud Berthoud et contester que la marchandise "fasse accéder aux notions communes" (c'est-à-dire à la connaissance par la raison, p. 169) ou que la politique spinoziste soit d'une quelconque manière respect de "la leçon libérale de non-intervention" (p. 170). Rien dans l'œuvre de Spinoza ne me semble de nature à étayer ces propositions.

NOTE BIBLIOGRAPHIQUE

REVIEW TO C. BIDARD-E. KLIMOVSKY, *CAPITAL, SALAIRE ET CRISES-UNE APPROCHE CLASSIQUE,* PARIS, DUNOD, 2006 (avec la collaboration de Carlo Benetti)

Enrico BELLINO

The increasing hyper-specialization of economic theory over the past decades has lost its global outlook on economic issues. This phenomenon might be linked to the distinctive traits of the Neoclassical paradigm of analysis which has become dominant since the last part of XIX century. It is fundamentally an *individualistic* paradigm with the great ambition of tracing the explanation of every economic problem back to the individual decisions of the agents involved. The common theoretical reference framework of this school is the Walrasian general equilibrium model. It is a sort of 'closed' model which starts from a description of individual preferences and finishes with depicting the market outcomes of individuals' decisions. The assumptions introduced in this model have become more and more general but progressively abstract; consequently, results are increasingly indeterminate and incapable of explaining actual economic facts (the inter-temporal interpretation of general equilibrium is an example of this tendency). Each attempt to amend this trend and focus on certain complex aspects of individual decision problems, in order to obtain more realistic and definite results-game theory and asymmetric information are two macro examples-produces results that no longer suitably fit into the general theoretical model. These difficulties have given rise to myriad contributions which provide a highly specialized, but often disarticulated, vision of economic reality.

Bidard and Klimovsky's *Capital, salaires and crises* (Paris, Dunod, 2006) lead economic analysis in another direction. Topics dealt with are the big issues analysed by Classical political economy, that is, value, prices, income distribution, accumulation, etc. Their analytical reference framework is constituted by the modem reappraisal of the Classical approach described in Sraffa's *Production of Commodities* and the vide literature connected. Nevertheless, the authors often develop their analysis quite autonomously from the tore of Sraffian literature. The exposition of the main part of the book provides for smooth reading and does not assume any previous knowledge of the topics. The degree of formalization is not high. Wherever possible, the authors prefer to present issues by means of economic reasoning; formalizations never prevail over economic insight. Often, the reader has the impression of being led with simplicity into entangled economic problems. The authors recognize a high degree of gratitude to Carlo Benetti, with whom they discussed each chapter of their book; and more particularly the fourth part which is the outcome of a joint collaboration.

Four parts make up the book. Part one ('Le modèle de base'), describes the fundamental relations of a single production economy similar to that outlined by Sraffa (1960). In particular, the notion of labor is analyzed as a measure and as a determinant of value within the Classical approach and in connection to the theory of income distribution. It is interesting to note the distinction made by the authors between two roses that tan be ascribed to Sraffa's Standard commodity. On the one band, the latter is seen as a 'homothetic commodity', that is, an aggregate in which 'the various commodities are represented among its aggregate means of production *in the same proportions* as they are among its products' (Sraffa (1960, p. 19)). Thanks to this characteristic, the Standard commodity makes it possible when used as *numéraire* to analyze distributive relationships independently of prices. On the other hand, the Standard commodity is seen as an `invariable measure of value', in the sense that if used as *numéraire* the price variations of each commodity tan be observed `in isolation', that is, without downloading on them the variations of the relative value of the *numéraire.* The subdivision of the two roses of the Standard commodity is almost absent in the abundant literature on the topic[1]; nevertheless, it appears very useful to fully appreciate its potentiality.

Part one concludes with the analysis of the choke of techniques. Interesting issues are raised regarding the way in which the adoption of a given technique is actually implemented in a system. The main point the authors make is as follows: suppose that the choice of techniques is brought about in a decentralized way, and that each industry selects the method which entails the lowest cost of production. Suppose, moreover, that a given technique (let us call it α) is adopted and that a further method of production of one basic commodity becomes available. The evaluation of adopting this new method is done on the basis of the *ruling* price system, that is, prices determined by technique α. If on this basis the new method for producing the commodity is adopted-as it entails a lower cost of production than the method included in technique a-the price system will change. On the basis of this new price system, should the adoption of the new method be confirmed or rejected? Bidard and Klimovsky devote special care to disentangling this and other similar questions. While this endeavour is valuable, as these issues are bypassed or remain hidden behind formalism in various works, it should be recalled that many of these points have been already settled by Levhari (1965, first part) for the case

1; A similar subdivision is proposed in Bellino (2004).

of basic commodities and by Garegnani (1968) for the general case; Pasinetti (1977, section 4.3) also gives a synthetic but complete account of the subject.

The second part of the book is devoted to fixed capital and joint production while the third part is focused upon natural resources. These topics contain several arguments which are quite complicated form a formal point of view, yet they are presented with extraordinary clarity and simplicity in the book. A non expert reader can follow and understand almost all of the logic. These parts of the book contain also the authors' key disagreements with existing literature on these topics. But, these controversies, although interesting; are hard to follow for a non trained reader; moreover, the polemic is addressed toward a single, monolithic 'post Sraffan' point of view, which is difficult to be clearly identified. At times, reference is made to authors (Lippi, Kurz, Salvadori, Schefold) with regard to their analysis of final demand and quantities. More detailed references of the different works criticized would have been useful, both to orientate the reader and to avoid further interpretative disputes in fields that are already controversial on their own. An interesting reference that could be fruitfully inserted here is Piccioni (1997) who provides a critical evaluation of some of the above contributions on joint production as well as a seminal attempt to treat the topics in a manner more coherent with Sraffa's methodology.

Part four of the book is devoted to the analysis of accumulation and crises. This section contains the more innovative results. The authors present a framework that includes a Classical theory of value and distribution that is though conceived as an alternative to the Ricardian approach and that can be applied to situations of equilibrium and disequilibrium. The authors break with the traditional view which conceives the relation between the long period equilibrium and the actual configuration of an economic system in terms of 'gravitation' of the latter towards the former as a consequence of capital mobility originating from the differentials in profit rates among industries. Bidard and Klimovsky have Robert Torrens, and in particular his *Essay on the Production of Wealth* (Torrens (1821)), in mind when undertake this analysis. In their framework (whose genesis has been shared with Carlo Benetti) the dynamics is essentially driven by capitalists' desire to accumulate. They describe the relations among growth rates, prices and profit rates of a two-commodity economy. In disequilibrium; sectoral profit rates are allowed to differ from each other in relation to the need to finance the growth of the respective industries. The system's 'complete equilibrium' is defined by the equality between the growth rates of each industry ('physical reproduction equilibrium') and by the equality between their profit rates ('profitability equilibrium'). After specifying a rationing procedure in case of excess demand for one of the two commodities, the authors describe the possible evolution of the system under certain alternative settings. Different dynamic behaviors can appear: a physical reproduction equilibrium coupled with profitability disequilibrium; convergence towards a stationary state; cyclical growth with periodic crises in one of the two markets in turn; and reproduction crises. The analysis of these dynamics is developed mainly in written form and sometimes it is difficult for the reader to follow the authors through all their sequences.

Anyway, the whole analysis presented in this part is surely an interesting attempt to guide Classical analysis in a new direction. At the moment the authors are refining on their results; this will help us to fully appreciate their specificities. As said before this approach is conceived by the authors as an alternative to the Classical analysis of gravitation toward which they express some doubt. For example at p. 178 the authors say:

> sur la question de savoir pourquoi les prix à une certain date sont ce qu'ils sont, le modèle classique usuel de gravitation *(Political Economy,* 1990) n'est pas plus performant que le modèle walrassien et ne propose d'autre réponse que la suivante : parce que les prix à la date précédente étaient ce qu'ils étaient.

This is obviously true. The adjustment mechanism of market prices towards natural prices often used in gravitation models is based on the idea that market prices rise or fall according to the excess demand or supply existing in the corresponding market. On this basis, given a set of initial prices for each commodity, the price at a certain date is obtained by modifying the price of the preceding period in relation to the disequilibrium registered in that market. That is all. The only objectionable issue is the use of an *adjustment mechanism* rather than *a theory* of prices in disequilibrium. But what theories can foresee in situations of disequilibrium often depends disproportionately on the set of assumptions regarding agents' behavior in disequilibrium. At times, the mere *direction* of the variable is useful in obtaining satisfactory information for describing the actual dynamics of the system. Moreover, the reference to the monographic number of *Political Economy* (1990) seems partially out of date. Bellino (1997) and Boggio (1999) both propose improvements to the description of the out-of-equilibrium price dynamics. In these works, the reference to the price of the previous period to calculate the price of the current period is assimilated into a full-cost procedure for fixing prices. Another dubious criticism to gravitation analysis is found at p. 217; the authors say:

> dans la gravitation, l'adjustment est réalisé au moyen de la mobilité des capitaux qui se déplacent des secteurs les moins rentables vers les plus rentables. Cet argument est aussi évident sur le plan intuitif que peu convaincant lorsqu'il est formulé de façon précise. Il implique par exemple que tous les capitaux s'investissent dans le secteur où le taux de profit est le plus élevé. Il en résulte un étrange processus où, *à chaque date, seule augmente la production d'un secteur tandis que celle de tous les autres baisse* (emphasis added).

The emphasized conclusion might occur just in the simplified case of a *static* long period equilibrium: as soon as this assumption is relaxed, the adjustment mechanism based on capital mobility prescribes that the quantities produced by lower profit rate industries *increase less than* those of higher profit rate industries (see, for example, *Political Economy,* 1990). In general, the mechanism of capital mobility driven by differentials in profit rates seems to be more convincing in describing investment decisions of modern economies rather than a principle according to which sectoral growth rates are self-financed by sectoral profit rates.

Notwithstanding these circumscribed divergences, the innovative framework set forth by the authors should be regarded with the highest interest. Hopefully, the book will have an appropriate diffusion as it clearly depicts the wide potentialities that the Classical approach has in explaining facts of actual economic systems!

REFERENCES

Bellino, E. (1997), "Full-Cost Pricing in the Classical Competitive Process;" *Zeitschrift für Nationalökonomie - Journal of Economics*, 65(1):41-54.

Bellino, E. (2004), "On Sraffa's Standard commodity," *Cambridge Journal of Economics,* 28(1):121-132.

Boggio, L. (1999), "On Local Relative Stability of Large Systems with Small Parameters. The Example of a Classical Model of Competition," *Rivista di matematica per le scienze economiche e sociali,* 22, 13-30.

Garegnani, P. (1968), "Mathematical Note to Heterogeneous Capital, the Production Function and the Theory of Distribution," available at the Marshall Library of Economics, University of Cambridge, published in Italian as an appendix to the Italian edition of Beni capitali eterogenei, la funzione della produzione e la teoria della distribuzione in P. Sylos Labini (ed.) *Prezzi relativi e distribuzione del reddito,* Torino, Boringhieri, 1973, pp. 332-345; and in G. Lunghini (ed.), *Produzione, capitale e distribuzione,* Milano, ISEDI, 1975, pp. 117-125.

Levhari, D. (1965), "A Nonsubstitution Theorem and Switching of Techniques," *The Quarterly Journal of Economics,* 79(1):98-105.

Pasinetti, L. L. (1977), *Lectures in the Theory of Production.* Macmillan, London.

Piccioni, M. (1997), Joint Production and Gravitation," *Contributions to Political Economy,* 16, 103-118.

Sraffa, P. (1960), *Production of Commodities by Means of Commodities - Prelude to a Critique of Economic Theory.* Cambridge University Press, Cambridge.

Torrens, R. (1821): *An Essay on the Production of Wealth.* Longman: Hurst, Rees, Orme, and Brown, London, reprint edited by Joseph Dorfman. 1965, Kelley, New York.

L'HARMATTAN, ITALIA
Via Degli Artisti 15 ; 10124 Torino

L'HARMATTAN HONGRIE
Könyvesbolt ; Kossuth L. u. 14-16
1053 Budapest

L'HARMATTAN BURKINA FASO
Rue 15.167 Route du Pô Patte d'oie
12 BP 226
Ouagadougou 12
(00226) 50 37 54 36

ESPACE L'HARMATTAN KINSHASA
Faculté des Sciences Sociales,
Politiques et Administratives
BP243, KIN XI ; Université de Kinshasa

L'HARMATTAN GUINÉE
Almamya Rue KA 028
En face du restaurant le cèdre
OKB agency BP 3470 Conakry
(00224) 60 20 85 08
harmattanguinee@yahoo.fr

L'HARMATTAN CÔTE D'IVOIRE
M. Etien N'dah Ahmon
Résidence Karl / cité des arts
Abidjan-Cocody 03 BP 1588 Abidjan 03
(00225) 05 77 87 31

L'HARMATTAN MAURITANIE
Espace El Kettab du livre francophone
N° 472 avenue Palais des Congrès
BP 316 Nouakchott
(00222) 63 25 980

L'HARMATTAN CAMEROUN
Immeuble Olympia face à la Camair
BP 11486 Yaoundé
(237) 458.67.00/976.61.66
harmattancam@yahoo.fr

14757 - novembre 2010
Achevé d'imprimer par

1livre.com
du rêve à la réalité !

Made in United States
Orlando, FL
06 November 2026

90301620R00118